U0673160

　　本书属于 2012 年国家社科基金青年项目"英国马克思主义哲学中的阶级理论研究"(12CZX005)，并受到中南财经政法大学哲学院出版基金的资助。

国外马克思主义哲学研究丛书

（王雨辰 主编）

Transmutation and Reconstruction:
On Theory of Class Within British Marxism Philosophy

嬗变与重建

——英国马克思主义阶级理论研究

方　珏 著

人民出版社

国外马克思主义哲学研究丛书

第一批：

《日常生活批判——列斐伏尔哲学思想研究》，吴宁著，已出

《批判的社会理论及其当代重建——凯尔纳晚期马克思主义思想研究》，颜岩著，已出

《生态地批判——福斯特的生态学马克思主义思想研究》，郭剑仁著，已出

《生态批判与绿色乌托邦——生态学马克思主义理论研究》，王雨辰著，已出

第二批：

《英国生态学马克思主义研究》，倪瑞华著，已出

《民主理论的批判与重建——哈贝马斯政治哲学思想研究》，张翠著，已出

《资本全球化的逻辑与历史——罗莎·卢森堡资本积累理论研究》，熊敏著，已出

《生态学马克思主义流派研究》，王雨辰主编，即出

《伦理批判与道德乌托邦——西方马克思主义伦理思想研究》，王雨辰著，已出

《拉康与后马克思主义思潮》，严泽胜著，已出

《大卫·哈维的历史—地理唯物主义理论研究》，张佳著，已出

《生态学马克思主义与生态文明研究》，王雨辰著，已出

第三批：

《嬗变与重建——英国马克思主义阶级理论研究》，方珏著，已出

《生态学马克思主义与后发国家生态文明理论研究》，王雨辰著，已出

从西方马克思主义研究到
国外马克思主义研究(代总序)

王雨辰

我国学术界对西方马克思主义的系统研究如果从徐崇温先生在 1982 年出版的《西方马克思主义》一书算起,至今也不过 25 年时间。然而,这 25 年时间,既是中国改革开放不断深化和中国特色社会主义建设取得巨大成就的时期,同时也是我国学术界对马克思主义哲学研究和认识不断走向深入的时期。社会历史条件的变化和理论视阈的不断拓展,使得我国的西方马克思主义研究呈现出三个突出特点:其一是研究者立足于不同的哲学理念和对马克思主义哲学的不同理解,使得他们对于如何研究和评价西方马克思主义这一问题出现了不同的意见分歧乃至激烈的争论。其二是西方马克思主义研究和中国马克思主义哲学的发展之间出现了双向互动的格局,中国马克思主义哲学的发展促进了人们更加深刻地研究和把握西方马克思主义理论的实质,而西方马克思主义则成为中国马克思主义哲学理论创新的重要思想资源。其三是西方马克思主义研究水平不断提高,研究群体不断扩大,研究范围逐渐从西方马克思主义研究拓展到国外马克思主义研究,"国外马克思主义研究"成为马克思主义理论学科下一个独立的二级学科。回顾和分析上述三个特点形成的过程和所包含的信息,对于我们深化国外马克思主义研究是具有重要意义的。

我国学术界在对西方马克思主义研究过程中形成的上述三个特点,实际上也标识着西方马克思主义研究经历的三个不同历史阶段。按照我国西方马克思主义研究的主要奠基人徐崇温先生的说法,西方马克思主义研究并非是出于理论自觉，而"从一开始就是由努力完成政治任务所带动起来的：在1977—1978年间，胡乔木来中国社会科学院主持工作后不久，找学术情报、哲学等研究所的领导前去领受任务时说，中央某领导出访欧洲期间，接触到一种叫'西方马克思主义'的思潮，要我院搞一份材料出来供参考"。① 问题的关键并不在于此，关键在于西方马克思主义传入时所处的社会历史背景和理论背景存在着双重的错位。从社会历史背景看，虽然经过了拨乱反正和改革开放，但总的说来我国仍处于从前现代向现代社会过渡的起步阶段，加上"左"的教条主义残余思想的影响，西方马克思主义理论家对现代性的批判等话语系统一时还很难为我国学术界所理解；从理论背景看，"辩证唯物主义与历史唯物主义"被认为是解释马克思主义理论的唯一正统，而西方马克思主义就是在反对这种解读模式中产生和发展起来的。因此，当时西方马克思主义被看做是打了引号的马克思主义思潮，即非马克思主义或反马克思主义思潮。这一时期的主要工作是引进和评介西方马克思主义的主要代表性著作和代表性观点，为日后深入研究西方马克思主义理论作了一些准备性工作。随着我国改革开放的深入，特别是1986年以后，客观上要求正确认识和评价包括西方马克思主义在内的西方哲学和文化思潮，同时，人们从不同角度、不同哲学理念理解马克思主义哲学，并批判地反思了"辩证唯物主义与历史唯物主义"的教科书体系的理论得失，体现了人们对马克思主义哲学本质的更深入的探索和理解。理论视角的变化，使人们对于如何理解、认识和评价西方马克思主义理论产生了不同意见分歧，学术界出现了一场声势浩大的关于西方马克思主义研究的争论热潮，争论的目的就是要摆脱在"辩证唯物主义与历史唯物主义"教科书体系中建构出的西方马克思主义图景。这场争论不仅使学术界熟悉了西方马克思主义的理论命题，深化了对西方马克思主义的认识，而且使得西方马克思主义理论成为我国马克思主义哲学研究和理论创新的重要思想资源，形成了两者之间的双向互动关系。

　　关于西方马克思主义理论对于中国马克思主义哲学理论创新的影响，我

---

① 　徐崇温：《徐崇温自选集》，重庆出版社1999年版，第1页。

国著名学者张一兵先生曾经指出:"最初接触这一新的理论领域,还是在读研究生的时候。其时是在徐崇温先生撰写的《西方马克思主义》(1982)中第一次听说了这个思想流派的。在当时的直觉中,有一种深深的震惊:研究马克思哲学还能这样出彩。"①而为了获得对西方马克思主义的批判权,迫使他重新阅读马克思主义理论文本,即"回到马克思"②。改革开放以来,中国马克思主义哲学在关于"异化和人道主义"、"主体性问题"、"实践唯物主义哲学体系"、"马克思主义人学"以及"现代性问题"的探讨中,我们都可以或多或少地看出西方马克思主义理论的影响,以至于有学者认为我国学术界出现了对马克思主义哲学的"以西解马"的解读模式。③ 无论是否存在这种解读模式,但西方马克思主义理论家对马克思主义哲学的解读为中国马克思主义哲学的理论创新提供了重要的理论参照系,这一点则是确定无疑的。

进入到 20 世纪 90 年代,我国西方马克思主义研究的格局发生了根本性转换。具体体现在:一是研究主题进一步扩张。中国社会主义市场经济发展中出现的问题,使得西方马克思主义对资本主义的社会批判、技术理性批判、消费主义文化批判、生态批判等,获得了学术界广泛的共鸣,使得学术界从如何认识和评价西方马克思主义哲学理论进一步扩展到研究其社会批判理论和现代性理论。二是研究方式从过去的宏大叙事转向了微观研究和追踪研究,学术界不仅出版多部西方马克思主义通史著作,同时也出版了多部研究专题性问题、研究代表人物的著作。在追踪研究方面,分析学、生态学马克思主义逐渐纳入到人们的研究视阈中,更为重要的是,学术界开始关注"后现代马克思主义"、"后马克思主义"、"后马克思哲学思潮"等,并用"国外马克思主义"统称这些在后现代思潮中理解、评价马克思主义哲学的理论流派,"国外马克思主义研究"也成为马克思主义理论下的一个独立的二级学科,从而实现了从西方马克思主义研究到国外马克思主义研究的转换。

---

① 张一兵:《文本的深度耕犁——西方马克思主义经典文本解读》,中国人民大学出版社 2004 年版,第 482 页。

② 张一兵:《深度解读:卢卡奇与西方马克思主义》,《哲学动态》1999 年第 8 期。

③ 王东:《马克思学新奠基》,北京大学出版社 2006 年版,第三章。

　　回顾我国学术界从西方马克思主义研究走向国外马克思主义研究的历程,给我们比较深刻的经验和教训是:应当立足于怎样的哲学方法论来认识和评价不同模式的马克思主义哲学? 这实际上又是一个如何理解马克思主义哲学本质的问题。笔者的看法是,如果拘泥于马克思主义哲学的一种模式,以此为裁判权,那么就势必不可能客观地看待和认识其他马克思主义理论流派,也不符合马克思主义的理论本性。问题的关键应该在于是否能够运用马克思主义基本理论回答和解决不同民族在不同的社会历史条件下所面临的时代问题。这事实上也意味着马克思主义哲学既会在实践过程中为自己的发展开辟道路,同时也意味着马克思主义哲学的多流派发展是其必然结局。而这一切正是马克思主义所坚持的"理论与实践相统一"的理论本性使然。跳出非此即彼的形而上学思维方式,深入了解西方社会的发展及其存在的问题,是我们研究国外马克思主义的基础和前提。

　　但是,也需要指出从西方马克思主义研究走向国外马克思主义研究实际上也暗含问题。其一是我国学术界对"西方马克思主义"概念的内涵与外延存在着不同的理解,并由此引发争论,争论的核心是它到底是否反对列宁主义。应该说,西方马克思主义在对马克思哲学的理解上的确和恩格斯、列宁是有差别的,但是"有差别"是否就是反对"列宁主义",这是一个需要细致研究的问题。部分学者为了避免研究之前预先设定主观框架,于是用一个比较中性的"国外马克思主义"地域性概念代替"西方马克思主义"概念。然而,"西方马克思主义"毕竟是有特殊内涵的,即它是在马克思主义阵营内产生,以探索西方社会主义革命道路为目的的一股思潮。只是后来在马克思主义阵营中教条主义的压制之下,才不得不在西方共产党外发展。不论其理论是否正确,但是它和马克思主义理论存在着千丝万缕的联系。国外马克思主义研究实际上是对国外出于各种目的研究马克思主义而形成各种理论思潮的总称。这其中既有同情马克思主义和社会主义的流派,也有为反对马克思主义而研究马克思主义的流派,还存在着仅仅只是借鉴马克思的理论和方法,与马克思保持名义联系的后现代思想家。显然,研究国外马克思主义中的其他思潮在价值和意义上根本无法和研究西方马克思主义相提并论。其二是我国西方马克思主义研究虽然取得较大进展,但是并不能说已经很深刻。特别是对西方马克思主义的专题性问题研究、人物研究还存在着较大的空白。事实上,学术界关注和研究西方马克思主义的群体在不断缩小,更多的是引进和评价 20 世纪后期出现的各种后现代马克思主义思潮,这种研究从学术史的角度是必要的。但是因此而冷落对西方马克思主义的研究则是令人担心的,也是需要我们认真思考的。

　　"西方马克思主义研究"一直是笔者所在的中南财经政法大学哲学系马克思主义哲学学科点的重要研究方向。自 1981 年获得马克思主义哲学硕士点以来,就一直开设"西方马克思主义哲学"课程和研究方向。2006 年我们又以"西方马克思主义哲学"为马克思主义哲学第一研究方向,获得博士学位授予权。近年来我们先后从复旦大学、南京大学、武汉大学等高等院校引进学术带头人和年轻博士,形成了学术结构和年龄结构较为合理的学术团队,并把研究领域从西方马克思主义进一步拓展到国外马克思主义研究。2006 年,以马克思主义哲学学科点为主体,包括国外马克思主义研究、马克思主义基本原理和马克思主义中国化研究在内的学科点,被纳入学校"211 工程"建设项目。这套丛书就是我校"211 工程"建设项目的内在组成部分,其中的著作或者是我们学术团队部分教师的各级各类研究课题,或者他们的博士论文。我们希望通过这套丛书的持续不断的出版和若干年的努力,不仅进一步搞好我们的学科建设,形成我们的学科特色,而且为推进我国的国外马克思主义研究贡献我们微薄的力量。

目　　录

导　　论

　　阶级作为一个概念是与众不同的，因为它不仅跨越了哲学、社会学、历史学与人类学等学科边界，而且也进入到日常生活之中。与之相应，作为西方社会学、政治学和政治经济学等学科一直以来争论最为激烈的研究领域，阶级问题的研究——无论理论自身，抑或方法——始终充满着诸多的分歧。特别是，伴随着20世纪西方社会进入到后工业社会以来，阶级一度被认为是消亡了①，尽管它一直都深刻存在着。时至今日，21世纪全球化进程和2008年再度爆发的金融危机使之更加清晰可见。那么，我们又该如何理解阶级的"复出"以及由此产生的阶级理论的变化呢？对于曾经一度面临着被"消解"态势的历史唯物主义的阶级概念，我们又能思考些什么？今天，还有多少马克思主义者在坚持使用阶级这一概念并以之作为解放理论的革命主体呢？这种坚持意味着什么？我们又应如何去重新审视马克思与马克思之后的马克思主义者们关于阶级的理论创造呢？对这些问题的追问构成了本书原初的基本关切点，因为恰恰就如马克思所深刻阐明的——"一个时代的迫切问题，有着和任何在内容上有根据的因而也是合理的问题共同的命运：主要的困难不是答案，而是问题。因此，真正的批判要分析的不是答案，而是问题"，但关键不仅在于此，而在于它更应该"是时代的格言，是表现时代自己内心状态的最实际的呼声"②，而作为真正时代精神精华的哲学则必须把问题作为自己的研究对象。这也就意味着，对于不断生成、运动且变化着的历史环境所提出的问题，

---

① Jan Pakulski & Malcolm Waters, *The Death of Class*, London: Sage, 1996.
② 参见《马克思恩格斯全集》第1卷，人民出版社2002年版，第203页。

人们需要据此对于现存的概念范畴、思想体系与理论假设进行反思、批判、修正与重建,因为"马克思主义反对任何形式的理论实体主义,强调理论必须随着生活实践的变化而变化,它自身的定位就是'理论与实践的统一'"①。有鉴于马克思主义的这一特殊性质与理论定位,人们不能简单地、肤浅地、庸俗地以教条主义的方式来理解、对待理论,即从理论到理论;与之相反,要以历史主义的原则将理论自身视为一种历史现象,即以理论它所置身于其中、并试图对之进行解释与改变的历史环境来对待理论自身。

那么,面对着世界不断变化的社会现实,尤其是资本主义危机频发的当下,理论与现实的相互激荡,使得在"马克思主义的复兴"浪潮之中的我们必须更加重视且深入到对马克思主义哲学的基础理论问题的研究中去。毫无疑问的是,对阶级——"作为一般历史理论特别是'历史唯物主义'的核心概念"②——以及与之联系密切的概念,如生产方式或经济基础等的研究自然也就再次成为理论热点之一。在诸多关涉阶级问题的国外马克思主义理论研究中,有的对马克思的阶级概念进行了辩护、延伸与发展,有的对之进行质疑、修正与解构。其中,本书之所以选择英国马克思主义哲学中的阶级理论作为研究对象,简言之,主要是因为如下原因:

第一,从现实角度看,作为世界上第一个完成了工业革命的资本主义国家,较之于世界上其他任何资本主义国家,英国社会不仅有着十分悠久的阶级传统,而且更早地形成了发达资本主义社会的阶级结构,具有一定的代表性。与此同时,直到目前为止,英国仍然是一个君主立宪制国家,与阶级紧密相关的等级观念仍在人们的思想意识中根深蒂固,加之早期国际共产主义运动中的社会主义学说的流行,无论是英国普通民众③还是理论界④都一直关注"阶

---

① 汤姆·洛克曼:《马克思主义之后的马克思》,杨学功、徐素华译,东方出版社2008年版,"译者的话"第7页。

② 埃里克·欧林·赖特:《阶级分析方法》,马磊、吴菲等译,复旦大学出版社2011年版,第1页。

③ 参见埃里克·欧林·赖特:《阶级分析方法》,马磊、吴菲等译,复旦大学出版社2011年版,"序言"第1—2页。

④ 作者注:相较于欧洲大陆的理论界,英国社会科学界多年来一直出版和发表了大量的关于阶级问题研究的著作与统计资料,从而提供了相当多的理论和实证资料。

级"这个议题及其相关理论。

第二,从马克思主义哲学的形成来看,英国也在其中占据着十分重要的特殊地位。作为世界上第一次广泛的、真正群众性的、政治性的无产阶级革命运动,19世纪英国的宪章运动是科学社会主义的现实来源之一;而作为资本的母国,英国也是恩格斯最早接受政治经济学和空想社会主义学说,研究资本主义的地方,其中广为人所知的就是,根据对19世纪40年代曼彻斯特等地工厂的实际考察,恩格斯写下了著名的《英国工人阶级状况》一书;此外,英国更是马克思自19世纪50年代起就一直长期生活、思考、写作与最后长眠的地方,《资本论》正是在那里完成的。可以说,作为资本主义发展中"工业较发达的国家"①,英国也为马克思的资本主义研究与批判提供了范本。特别是马克思的阶级理论也与英国启蒙思想家——在马克思之前,他们已经看到资本主义现代化进程中的英国社会内部各个阶层之间的冲突——有着不解之缘,如果说英国启蒙思想家们基于经验主义的哲学传统,只是简单地从交换、分配的角度来理解社会各阶层的冲突,并将之仅仅理解为物质层面的矛盾,于是"'粗俗的'人的理智把阶级差别变成了'钱包大小的差别'"②,同时也就"把阶级矛盾变成了'各行业之间的争吵'"③,那么只有当马克思将对这一问题根源的思考由交换、分配领域转至生产领域时,阶级冲突的本质才能通过生产力与生产关系的矛盾运动加以科学揭示。可以说,马克思的阶级理论正是在超越英国启蒙思想家的经验主义的基础之上有了质的飞跃。

第三,从英国马克思主义哲学的发展来看,阶级问题始终都是其关注的理论主题之一。如果结合对这一论题的研究方法来看,英国马克思主义哲学中的阶级理论在不同的理论框架中,获得了不同的规定。更进一步来说,英国马克思主义哲学中的阶级理论:首先,是基于当代资本主义的发展,对以历史唯物主义为基础的解放主体理论的一种有益的探索;其次,在研究主题、研究范式和理论路向上出现了一系列的新发展、新变化和新特点,其实质与根源植根

---

① 《马克思恩格斯文集》第5卷,人民出版社2009年版,第8页。
② 《马克思恩格斯全集》第4卷,人民出版社1958年版,第343页。
③ 《马克思恩格斯全集》第4卷,人民出版社1958年版,第343页。

于对历史现实的观照、文化传统的渊源、社会运动的变迁和思想理论的传承与发展;最后,英国马克思主义哲学中阶级理论的复兴是全球反资本主义和反全球化运动之下"左"派政治和马克思主义哲学的复兴,并非西方马克思主义哲学在逻辑上的简单延伸。这就表明,关注英国马克思主义哲学中的阶级理论、并考察其在不同历史时期的嬗变与发展,不仅有助于我们理解英国马克思主义哲学的理论传统与文化个性,而且有助于反思阶级理论在其嬗变中的得与失。

第四,就马克思主义哲学发展的当代性意义而言,英国马克思主义哲学中的阶级理论的发展与变化,表明了一种在时代发展中坚持历史唯物主义立场的理论创造。"他山之石,可以攻玉",我们希望通过英国马克思主义哲学中的阶级理论研究,对目前处于全球化语境中的现实中国的发展有所启发,尤其是对改革开放以来中国社会转型中出现的新问题有所借鉴。毋庸讳言,改革开放以后,随着对极左意识形态的批判,历史唯物主义的阶级分析方法不但从政治论述中逐渐淡出,而且在学术研究上也似乎日益让人避之不及。事实上,这种将阶级分析与极左意识形态简单勾连在一起的做法,使得阶级分析无声无息地被边缘化了——例如,在概念的使用上,很多学者用"阶层"取代"阶级",用"身份政治"取代"阶级政治"①,这种看似在学术研究中的"去意识形态化"与"客观中立化"本身就是一种意识形态。可见,通过对英国马克思主义哲学中的阶级理论的系统考察,在当下纷繁的学术论争与喧嚣的意识形态之中理解并把握历史唯物主义的阶级理论,就其实质而言,也是对马克思主义哲学的一种坚持、发展与运用,并有助于在现实层面推动社会转型时期中国社会的健康与和谐发展。

因此,本书的研究思路如下:首先,通过厘清马克思恩格斯经典文本视域中的阶级概念,以及考察英国马克思主义哲学的历史进程与理论个性,在概念的一般性意义和文化传统的特殊性意义相互作用的基础上,将之作为本书的

---

① 身份政治,作为权利与同化的新自由主义话语,它主张的是资产阶级的个人主义的政治,其流行在一定意义上给阶级政治产生了毁灭性的后果。参见 Beverley Skeggs, *Class, Self, Culture*, Routledge, 2004, pp.57-58。

双重阐释视角。其次,根据历时性考察与共时性考察相结合的原则,主要对英国马克思主义哲学中阶级理论的历史学研究范式、政治学研究范式以及"回归"政治经济学的研究范式进行研究,由此勾勒出英国马克思主义哲学中的阶级理论的整体图景。最后,对本研究进行回顾性总结。当然,需要指出的是,囿于笔者的研究能力等诸多因素,本书的研究也有局限,在很多方面更多地是提出问题,而不是聚焦于答案本身,即关键在于重新理解阶级分析这一曾被忽视、但在现在需要仔细研究与推敲的探讨途径。或许在这个意义上,阶级问题的提出,就像评述柏格森哲学时莫里斯·梅洛-庞蒂所强调的那样——"……对他来说,哲学不是对已经记载在存在中并钳制我们的好奇心的答案的发现,他不仅要求哲学创立答案,而且要求它创设问题。他在 1935 年写道,'……真正的哲学探索在于创设对问题的姿态并创立问题的答案……'因此,当他正确地提出问题差不多就是问题的解决时,这不是指我们在寻找时就已经找到答案,而是说我们已经创设了它。"①

① 莫里斯·梅洛 庞蒂:《哲学赞词》,杨大春译,商务印书馆 2000 年版,第 8—9 页。

第一章　英国马克思主义哲学中阶级理论研究的阐释视角

概莫例外的是,英国马克思主义哲学中阶级理论的确立与发展,始终是围绕着马克思主义的阶级与阶级斗争理论这一主轴展开的一种理论创造,显然,这是由于"当代阶级理论均为马克思主义的后裔"①。因此,对它的研究,一方面要求我们回溯到马克思主义的理论传统之中,在词源学考察的基础上对马克思文本视域中的阶级概念进行厘清,由此切入并力图理解马克思文本视域中的阶级概念的深层意涵,从而在概念层面为本书研究提供阐释的一般性视角;另一方面,也要求通过对英国马克思主义哲学的历史进程的整体性考察,揭示出其文化传统与个性以及在理论发展过程之中所明确呈现出的两大分析传统,进而在历史层面为本书研究提供阐释的特殊性视角。

第一节　马克思文本视域中阶级概念的厘清

马克思的"阶级"概念,作为马克思主义哲学发展中的一个基础理论问题,它主要关涉的是历史唯物主义中的革命主体问题。2008 金融危机之后,整个世界出现了暗流涌动的逆全球化趋势,使得身处晚近资本主义时代的人

---

① 埃里克·欧林·赖特:《阶级分析方法》,马磊、吴菲等译,复旦大学出版社 2011 年版,第181 页。

们不得不重新思考阶级的问题。在这里,如果我们将对这一问题的研究视域回溯拓展到马克思主义哲学史的早期阶段,便会发现存在着大量的围绕阶级概念所展开的讨论,更遑论在经典西方马克思主义中存在着对此的大量论述。与之相较,当下国内学界对阶级的研究仿佛是一个"冷门"①,甚至在近年来深受各种西方学术话语——"阶级过时论"②、"阶级消亡论"③与"阶级终结论"④论调——的影响,这正如戴维·格伦斯基和加布里埃尔·加列斯库所言:"阶级分析传统不断受到后现代主义者、反马克思主义者以及其他一些批评家的诟病,他们认为,阶级概念在理解现代或后现代社会的不平等方面,变得越来越不合时宜。"⑤可以说,这种状况的出现很大程度上是由很多阶级分析学者自己造成的,因为他们的学术研究关注的都是高度一致性的阶级结构,这种抽象的阶级结构只存在于象牙塔中,却从没有触碰过活生生的生活世界。当人们不自觉地默认了阶级分析传统的唯名论地位,进而变得在各种批评,尤其是来自后马克思主义者的批判面前变得不堪一击的时候,我们有必要再次回到马克思那里,这是因为马克思对于阶级以及与之相关的资本主义生产方式的天才分析与批判并没有直接陷入经验的事实,而是由此出发并通过辩证

---

①　近年来这一现象有所转变,出现了一些研究阶级的专题成果,如《重审马克思的"阶级"概念》(孙亮著,江苏人民出版社 2016 年版)、《国外马克思主义的"新阶级理论"研究》(糜海波著,南京大学出版社 2013 年版)等。

②　作者注:通常,老生常谈的看法是认为,马克思的阶级理论只适合于"产业无产阶级"的意义上,而随着 20 世纪尤其是第二次世界大战后资本主义社会的发展,这种无产阶级的人数和社会重要性的相对缩小,所以,这一理论已经变得过时了。甚至,有些西方学者主张"阶级"概念本身就已过时,如特里·尼克尔斯·克拉克和西摩·马丁·利普赛特。参见戴维·李、布莱恩·主编:《关于阶级的冲突》,姜辉译,重庆出版社 2005 年版,第 52 页。

③　作者注:以安东尼·吉登斯、P·帕尔库斯基和 M·沃特斯等人为代表,认为,阶级正在消亡,大多数的发达国家已经不再是阶级社会,因此阶级政治分析的方法已经完全过时。参见崔树义:《当代英国阶级状况》,浙江大学出版社 2006 年版,"序"第 3 页。

④　作者注:以安德烈·高兹等为代表,主要强调随着西方后工业社会机构的急剧变化,当代发达资本主义社会的工人阶级已经不再是原来的工人阶级,无产者作为一个阶级正在终结和告别历史。参见 André Gorz, *Farewell to the Working Class*, translated by Michael Sonenescher, Pluto Press, 1980.

⑤　埃里克·欧林·赖特:《阶级分析方法》,马磊、吴菲等译,复旦大学出版社 2011 年版,第58 页。

法与政治经济学批判的双重视角深入到了这一问题的历史本质之中。于是，进一步辨明上述论调产生的缘由是十分必要的，简单说来，这主要是因为：作为资本与劳动分离之后的必然产物，阶级呈现为一种现代性现象，它在资本主义自身的发展过程中渐渐随着被由资本逻辑所塑形的拜物教意识形态所遮蔽。所以说，对阶级概念的思考至少要从以下三个方面进行展开：其一，对马克思本人的阶级概念的溯源及思考；其二，在承认当代社会与马克思所处时代的资本主义社会的连续性与断裂性的双重维度上，思考与探讨马克思的阶级概念对于今天人们对各种新式的抵抗主体的建构的有效性；其三，深入考察新的"去阶级"的主体建构是否真的有效，这种抵抗是否真的宣告了革命的不可能性。也正是在对上述问题进行思考的过程中，我们发现，面对着资本主义发展出现的新变化，马克思的阶级概念——作为切入资本主义的固有矛盾的一个重要抓手——相较于其他的社会理论传统，它在马克思主义传统之中仍然有着更大的理论抱负。于是，如果说"马克思主义是关于资本主义的科学，或为了给资本主义和马克思主义这两个术语以更深刻的含义，我们还可以说马克思主义是关于资本主义固有矛盾的科学"①，那么阶级概念也从未消亡，作为一种分析话语它仍然能够把握并切中时代的现实！

一、双重视角下的马克思的阶级概念

"马克思的阶级理论不仅对于马克思的历史哲学来说是必要的，而且对于资本主义社会的动力分析来说也是必要的。"②可以说，正是为了解释、说明与分析现存世界的不平等、社会冲突、社会运动及各种形式的政治过程，这一理论自诞生之日起就力图对一种历史科学理论进行建构。可见，阶级在马克思的研究工作中占有核心地位，这几乎无可怀疑；但是，马克思却从未给阶级概念下一个精确的定义。因此，马克思的阶级概念的深层内涵，在文本上就以一种或隐或显的方式散落于马克思不同时期著作的各个角落之中，从而造成

---

① 《詹姆逊全集》第 1 卷，王逢振译，中国人民大学出版社 2004 年版，第 308 页。

② Ralf Dahrendorf, *Class and Class Conflict in Industrial Society*, Stanford University Press, 1959, p.8.

了后来的研究者们对于这一概念的理解与阐释难度。因此,本书首先尝试着从考察马克思不同时期的文本,并从经济与政治的双重视角对马克思的阶级这一概念进行辨析。那么,如何理解马克思的阶级概念呢?

事实上,马克思最接近给阶级下一个精确的定义的时候,是在他《资本论》手稿的最后时期,但令人遗憾地戛然而止了,其中他这样问道:"首先要解答的一个问题是:是什么形成了阶级? 这个问题自然由另外一个问题的解答而得到解答:是什么使雇佣工人、资本家和土地所有者成为社会三大阶级的成员?"①在这里,阶级,在马克思看来,它是直接"嵌入"②(embedded)在生产关系之中,亦即是"嵌入"在作为生产关系的特征的所有权及其控制模式之中,由此,各式各样的阶级组成了现实社会。这就意味着,马克思既把阶级概念当做其历史科学中的一个分析概念来使用,又将之视为一个描述性的、历时性的概念加以使用。

此外,马克思在《哲学的贫困》中,通过批判蒲鲁东这一方式,对"自在阶级"与"自为阶级"的辩证关系进行阐释,首先说明了自在的阶级产生的历史条件,认为"人们是在一定的生产关系中制造呢绒、麻布和丝织品的"③,"经济条件首先把大批的居民变成劳动者。资本的统治为这批人创造了同等的地位和共同的利害关系。所以,这批人对资本说来已经形成一个阶级,但还不是自为的阶级"。④ 可见,马克思充分揭示了,无产者正是在资本主义生产资料的所有权关系中表现为一种绝对的贫困,它被剥削得一无所有。面对这种非人的现实,无产者在自我异化的过程中要么在彻底的唯灵论的宗教性中得到满足,要么只能走上一条依靠自身力量瓦解现有的生产资料所有制关系的道路。这就充分说明了历史主体产生的必然性与社会政治变革的铁的规律性。毫无疑问,在这里,马克思的阶级概念揭示了生产领域中生产资料所有权分配

---

① 《马克思恩格斯文集》第 7 卷,人民出版社 2009 年版,第 1002 页。
② 在这里,借用了卡尔·波兰尼分析"市场社会"问题时所使用的概念,参见卡尔·波兰尼:《大转型:我们时代的政治与经济起源》,冯钢、刘阳译,杭州:浙江人民出版社,2007 年版,第50 页。
③ 《马克思恩格斯文集》第 7 卷,人民出版社 2009 年版,第 602 页。
④ 《马克思恩格斯文集》第 7 卷,人民出版社 2009 年版,第 654 页。

对社会权力的分配的决定作用,进而形成了统治与被统治的社会关系,这恰恰就构成了资本家与无产阶级之间对抗性阶级关系形成的根本原因。由于人在其现实性上总是处于一定的社会关系之中,因此由资本建构出来的生产关系中的人便呈现为一种"阶级人",作为资本主义社会中资本逻辑塑形的人格化,它因而成为瓦解资本逻辑的真实主体,因此对于阶级社会的分析,是要建立在对阶级关系的物质承担者即"阶级人"的基础之上。也正因为此,阶级分析才有可能成为把握社会政治本质的独特方法。当然,这种对政治问题的经济学视角的说明,恰恰揭示出经济对于政治的一种基础性作用。这与很多人将阶级问题仅仅只理解为政治问题是截然不同的,尽管阶级与政治密不可分。

可是在经历了 20 世纪社会"大转型"的风风雨雨之后,在今天的这个"后"时代(后现代主义、后理论、后革命、后真相甚至是后人类等),我们又将如何理解历史唯物主义的阶级概念? 较于马克思所生活与指认的那个资本主义自由发展的时代——其中阶级对抗日益激烈,今天的这个时代显然已经发生了且继续发生着巨大的变化,而与之相应的便是这仿佛也成为一个拒斥革命、拒斥主体和拒斥阶级的时代。对西方的很多后理论家们来说,"马克思主义最为过时之处在于它过分痴迷于乏味的阶级问题。马克思主义者们似乎没有注意到,自马克思写作的那个年代以来,社会阶级的图景业已变得面目全非,特别是,他们甜蜜幻想着即将带来社会主义的工人阶级几乎消失得无影无踪。在我们生活的社会中,阶级问题越来越没有意义,社会流动性越来越大,谈论阶级斗争就犹如讨论在火刑柱上烧死异教徒那样荒谬。具有革命精神的工人,就犹如邪恶的资本家,不过是马克思主义者的凭空想象。"[①]在这些后理论家们眼中,人类解放是由独立于经济基础的各种激进立场的主体所促发的,是以普遍的人类的善和社会秩序为合理诉求的主体的一种话语链接,于是,历史的主体被主体的立场所置换。那么,我们又如何看待马克思的阶级概念以及基于生产资料所有制分析的阶级分析方法的有效性,以及它到后马克思主

---

① 特里·伊格尔顿:《马克思为什么是对的》,李杨、任文科、郑义译,新星出版社 2011 年版,第 163 页。

义这里彻底沦变为"阶级的碎片化"这一过程,包括如何理解、评价当代激进政治作为一种新兴力量对于历史唯物主义阶级政治的全然漠视,只局限在政治领域之内来思考政治本身,而不愿深入到政治的经济视角中,并由此形成了与当代资本主义社会的一种共谋性关系呢? 这就需要我们从理论源头上清理马克思的阶级概念发生偏转的思想脉络。

　　这一点在后面的研究中将有具体论述,简而言之,我们试图从马克斯·韦伯开始,审查由他所开创的分析传统即对于经济决定论的批判构成了后来对马克思进行"重建"的基本路径。在此,我们需要看到的是,尽管韦伯所提出的问题是真问题,但遗憾的是这一问题是与马克思不相关的问题,因此这种批判只能愈加远离马克思,因为在批判经济决定论的同时,他对恩格斯所言"归根到底"意义上的生产领域的阶级分析方案给予了彻底的置换,进而转变为自己所强调的"市场位置"的思维逻辑。如此一来,后理论家们试图批判甚至于反对马克思的一个重要手段,就是以偏离生产来重新理解马克思。一旦质疑生产,也就与质疑阶级共同构成了一致的话语,他们通常认为"马克思主义将世间万物都归结为经济因素。它不过是经济决定论的又一种表现形式。艺术、宗教、政治、法律、战争、道德、历史变迁……所有这些都被简单地视为经济或阶级斗争的反映。马克思主义对人类历史错综复杂的本质视而不见,而试图建立一种非黑即白的单一历史观。醉心于经济的马克思说到底不过是他所反对的资本主义制度的倒影。他的思想与多元论者对当代世界的人是背道而驰。当代世界的人认识到,这个世界丰富多彩的历史经验不能被硬塞到一个刻板的单一框架中,但马克思却没有意识到这一点"①。在这里,这种对于马克思的误解事实上表达出了马克思的阶级概念在福特主义时代的被解构、在后福特主义时代被试图终结的种种理论言说。历史唯物主义的阶级概念,旨在揭示生产中劳动与资本的秘密关系,阶级不过是一种特定的生产关系的物质承担者,经济范畴的人格化表现为资产阶级和无产阶级,作为阶级存在的一

---

　　①　特里·伊格尔顿:《马克思为什么是对的》,李杨、任文科、郑义译,新星出版社 2011 年版,第 110 页。

种反映,阶级意识被阶级存在所决定。于是在今天,我们面临如下困境:一方面,阶级是历史唯物主义的重要概念;另一方面,一种新的革命尝试的开启恰恰是以"去阶级化"的方式来进行,其中对最为典型的后马克思主义而言,他们认为自己是"代表一种根据苏联帝国解体和柏林墙倒塌等错位的文化事件来恢复马克思主义理论生机的尝试"①。那么,这种尝试对历史唯物主义而言是一种真实的重建,抑或是如斯图亚特·西姆所言"虚假黎明"的应答?这就需要我们对英国后马克思主义者的阶级理论进行批判性研究。

另外,由于在现实的经验的生活世界中"工人阶级队伍的急剧萎缩以及东西方两极对立格局的消失,阶级政治的突出性和'左'与右的传统分界也模糊了"②。对很多自由主义传统下的思想家来说,由于阶级斗争关涉与解决的只是政治问题,因此通过诉诸理性法则自身———一般常常表现为程序正义、商议民主和公共性批判的方式———加以实现。究其实质来说,上述诸方式并不是对现存生产关系的彻底颠覆,仅仅是将政治理解为一种在一些团体、社会群体与党派之间以更加理性的方式运用政治程序与手段进行利益商讨和调停的过程。可以说,它完完全全表现出了自身的不真实性与不彻底性,而这一点,马克思早就对此进行过揭示与批判。

对他来说,阶级斗争是要消灭上述问题产生的自身合法性的基础,并非对于具体政治问题的解决,即通过完全彻底地改变这种状态产生的现实前提进而结束这种状态,即结束统治与被统治的状况本身。在马克思那里,无产者如果要获得真正意义上的解放,那么其自身唯有以反抗资产阶级的财产所有权为自身的本质内容,"劳动者在经济上受劳动资料即生活源泉的垄断者的支配,是一切形式的奴役的基础,是一切社会贫困、精神沉沦和政治依附的基础;因而工人阶级的解放是一项伟大的目标,一切政治运动都应该作为手段服从这一目标。"③鉴于此,马克思恩格斯曾十分明确坚定地提出:"将近 40 年来,

①　斯图亚特·西姆:《后马克思主义思想史》,吕增奎、陈红译,江苏人民出版社 2011 年版,第 7 页。

②　吉登斯:《失控的世界》,周红云译,江西人民出版社 2001 年版,第 93 页。

③　《马克思恩格斯文集》第 3 卷,人民出版社 2009 年版,第 226 页。

我们一贯强调阶级斗争,认为它是历史的直接动力,特别是一贯强调资产阶级和无产阶级之间的阶级斗争,认为它是现代社会变革的巨大杠杆;所以我们决不能和那些想把这个阶级斗争从运动中勾销的人们一道走"[1]。不过,这种对以阶级方式进行思考的政治在当代西方政治哲学的各种理论话语中常常被认为是陈旧的、过时的,并被冠以所谓的"老式的政治"之名,取而代之的是那些主张"不存在什么客观的阶级利益,而是存在许多不同的对抗点"[2]的"新式的政治",就强调通过各种新社会运动——各类边缘性群体的自我权利诉求运动——来取代阶级运动,这些以超越阶级边界进行的运动究其本质来说是对阶级政治的基础的削弱,也是对基于阶级的政治行为的弱化。关于这一问题,艾伦·M.伍德(Ellen Meiksins Wood)曾明确指出,作为马克思早就批判过的"真正的社会主义"的当代重现,这一运动的后马克思主义喧嚣实质上不过是对于马克思恩格斯思想的一种倒退。但是,关键并不在于指出这一问题,重要的是需要认真思考,当下全球化语境中的工人阶级何以会被碎片化为了边缘性群体? 马克思的阶级与阶级分析理论难道真的已经在今天彻底失去解释的效力?

　　毫无疑问,在马克思看来,"经济条件首先把大批的居民变成劳动者。资本的统治为这批人创造了同等的地位和共同的利害关系。所以,这批人对资本说来已经形成一个阶级,但还不是自为的阶级。"[3]十分清楚的是,在这里,一个社会的经济存在条件成为阶级形成最为根本性的条件。那么,什么是自为的阶级呢? 显然对马克思而言,自为的阶级强调的是在思想意识层面所形成的某种关于自身利益的"共识"的阶级。他指出,在由劳动和资本所构成的现实生产关系之中,"人作为单纯的劳动人的抽象存在,因而这种劳动人每天都可能由他的充实的无沦为绝对的无,沦为他的社会的从而也是现实的非存在。"[4]这就意味着,在资本主义的生产关系中,被异化的不仅仅是无产者,同

①　《马克思恩格斯文集》第 3 卷,人民出版社 2009 年版,第 484 页。
②　罗斯玛丽·克朗普顿:《阶级与分层》,陈光金译,复旦大学出版社 2001 年版,第 37 页。
③　《马克思恩格斯文集》第 1 卷,人民出版社 2009 年版,第 654 页。
④　《马克思恩格斯文集》第 1 卷,人民出版社 2009 年版,第 172 页。

样资产者也成为资本逻辑的异化物;问题在于,当无产者与资产者同时被异化的时候,为什么只有无产者会走向革命而资产者则不会呢？这是因为:尽管与无产者一样,资本家也被异化了,但在异化中资本家感受到的是自我满足,因为资本家在这种自我异化中实现了人的存在的外观,从而证明了自身的强大;在异化中,无产阶级发现与证明的却是自身的无力与非人的生存的现实,感到的是压抑、痛苦与自我毁灭,所以"只有他们对统治阶级感到愤怒,他们才是人;如果他们驯顺地让人把挽轭套在脖子上,只想把挽轭下的生活弄得比较舒适些,而不想打碎这个挽轭,那他们就真的成了牲口"①。毋庸置疑,无产者需要意识到,资本家——作为无产者的对立面——并不只是无产者自身的私敌,更是其通向人类解放的自我救赎进程中的一个环节,因此阶级意识的生发就导源于这一强烈的异化感之中。因此,无产阶级阶级意识在根本上就必然指向无产者所置身于其中的经济关系。换句话说,阶级意识最初不过是一种意欲挣脱现存的经济关系的呈现,那么在这个意义上,无产阶级阶级意识就被理解为一种"私有财产的扬弃,是人的一切感觉和特性的彻底解放,但这种扬弃之所以是这种解放,正是因为这些感觉和特性无论在主体还是客体上都成为人的"②。

综上所述,在马克思那里,阶级是真实的社会力量,具有改变世界的能力,他的阶级分析并不仅仅局限在描述结构化的社会不平等的特有形式——尽管它可以在各种由识别阶级的生产方式的关系中找到对这种结构化的解释。他的阶级概念尽管是不精确的,但唯有从经济与政治的双重视角出发,我们才能刺破现代西方政治哲学的思想迷雾——诚如在《无阶级的神话和阶级分析的"死亡"》中戴维·李和布莱恩·特纳所言,这种迷雾就表现为——"民众围绕阶级这个术语的产生的模糊和混乱,反映在学术领域中。一些作者现在建议干脆抛弃'阶级'这个词,原因是关于'阶级'的各种各样的可能的政治和哲学的含义使得它对于独立分析没有什么用处了。"③毋庸置疑,若想要对上述类

---

① 《马克思恩格斯文集》第 1 卷,人民出版社 2009 年版,第 428 页。
② 《马克思恩格斯文集》第 1 卷,人民出版社 2009 年版,第 190 页。
③ 戴维·李、布莱恩·特纳主编:《关于阶级的冲突》,姜辉译,重庆出版社 2005 年版,第 2 页。

似观点有一个清晰的认知与清醒的判断,就需要我们不仅仅只从经济与政治的双重视角来理解马克思的阶级概念,而且要从总体上把握其具体内涵。

如前所述,毋庸讳言"阶级的概念是马克思主义理论的核心概念"①,可是不禁让人觉得遗憾的是马克思恩格斯并没有对阶级概念本身以专篇的形式进行正面的阐释,于是就造成了后来的研究者不得不通过阅读他们在不同历史背景下对阶级关系所做的具体阐述,进而对阶级概念进行辨析。如此一来,所有关于马克思的阶级理论的说法在一定程度上都被视为对《资本论》关于阶级的"千字残篇"(第三卷第二部分第五十二章)的续写,在这里,如果借用"所有理解都是误解"这一伽达默尔解释学的相对主义观点来看的话,那么,一个对马克思阶级概念含义的客观揭示则无法再存在,就如雷蒙·阿隆所说的那样,"要分析马克思的阶级概念,我们面对的是一种很独特的情况,即一个学说中最重要的概念却相对地不确定"②。面对于此,我们认为,只有通过对阶级的词源学考察以及对马克思文本的疏解才能加以澄清。

二、阶级概念的词源学考察

不言而喻,阶级(class)无论是在学术领域还是在现实世界中都是一个错综复杂的词,这种复杂性既在词义的层面上、又在"社会分工"(social division of labor)这个特殊意蕴的描述与表征上得以呈现。阶级一词的拉丁词 classis——意指根据罗马人们的财产所做的区分——在 16 世纪末以拉丁文的形式成为英文词(复数形式为 classes 或 classies)。然而,classis 主要用于和罗马历史相关的事物,后词义被引申成为教会组织的一个专门术语。接着,它变成一个普遍的用语,指涉"分类上的部、门"(division)或是"群、类"(group)。17 世纪成为了英文词的 class 在这个世纪的末期开始被广泛用来当做一个群体(group)抑或一个部门(division),但这一时期的复杂性就在于 class 既可用于

——————

① 雷蒙·阿隆:《阶级斗争——工业社会新讲》,周以光译,译林出版社 2003 年版,第14页。

② 雷蒙·阿隆:《阶级斗争——工业社会新讲》,周以光译,译林出版社 2003 年版,第15页。

描述植物与动物,也可用于描述人,而不具有现代的社会意涵。直到 1770 到 1840 年间——显然,这也是工业革命与社会重新整合的关键性时期,也是 class 作为一个具有现代性意蕴概念的初始阶段,它以相对的固定名称称呼特定的阶层,如劳工阶级(working class)、下层阶级(lower class)、中产阶级 (middle class)以及上层阶级(upper class)等。在这里,我们不难区分出该词的两种完全不同的意涵:其一,作为一个普遍词语,它用以指涉任何群体;其二,作为一个特别词语,它用以描述社会组织。

伴随着 class 一词对其他意指"社会分层"的旧名词(如"rank,order,estate 与 degree"①)的逐渐取代,人们的认知也发生了变化,即人们越来越相信社会地位是建构的,而不全然是先天赋予的。可以说,class 一词的普遍使用是与工业革命所带来的经济变化以及法国大革命所产生的政治冲突的历史背景密不可分的。而 1818 年欧文在出版的《代表劳动阶级的两份请愿书》中,明确使用了工人阶级(working class)一词,强调了其中"有用的"或"生产的"意涵。在 19 世纪初大量使用 class 一词的过程中,新的意涵开始出现了,即"有一个阶级联合起来对抗另外一个阶级"②,这就意味着二元对立的分类方式开始呈现,尽管在当时是以不同的面貌。进而,它还可以继续细分为三部分:"社会群体"的上、中、下的区分;而根据约翰·斯图亚特·密尔的看法,"现代化的经济群体"可区分为三种阶级,即地主、资本家和劳工;抑或是马克思在《资本论》中所言的社会三大阶级——雇佣工人、资本家和土地所有者。但在实际的资本主义发展中,一分为三的分类方式,渐渐地被新的二元对立模式所取代——如用马克思的术语来说,就是无产阶级(proletariat)与资产阶级(bourgeoisie)。然而,让人感到棘手的是,在不同的阶层里,class 的含义却一直在指涉"群体"或是指涉"经济关系"之间摇摆不定。假使我们从经济关系的视角

---

① 作者注:这些词本身就包含了地位、阶层与分类等意涵的隐喻,是属于"人的地位是由其出身所决定"的旧社会的产物。参见雷蒙·威廉斯:《关键词》,刘建基译,生活·读书·新知三联出版社 2005 年版,第 54 页。

② 雷蒙·威廉斯:《关键词》,刘建基译,生活·读书·新知三联出版社 2005 年版,第 61—62 页。

看,class 可以被视为一种"类别(category)"(如靠工资生活的人),或者是一种"形构群(formation)"(如工人阶级)。很明显,"类别(category)"和"形构群(formation)"是有所区别的,可是阶级(class)却拥有这两种含义。所以,当class 出现时,往往带来的是含义的含混不清,并使得由此衍生的许多词汇(如:阶级意识、阶级斗争、阶级冲突、阶级战争与阶级偏见等)的意义同样含混不清。这也就直接导致了后来持续不断发生的争论。但无论如何,在当代的诸多讨论与论争中,所有这些关于 class 的各种不同意蕴一一呈现,通常也没有很清楚的区别,因此有必要重复 class 所涵盖的基本意蕴,大致说来可概括为:"(一)group(群、组或类;就客观的意义而言):社会或经济上的各种不同类别。(二)rank(阶层、阶级):相对的社会地位;藉由出身(birth)或流动(mobility)所产生。(三)formation(形构群):可以感知的经济关系;社会、政治与文化组织机构。"①

从上面的考察我们可以看出,阶级一词在自身的演变过程中呈现出了多义性、歧义性与复杂性,正是这些特质使得理解它本身就是十分困难的。同时,在这里需要指出的是,并不是马克思第一次开创了以阶级来理解与分析社会的独特视角,尽管今天的人们一提到阶级时往往会不假思索地指向马克思。人们不应该忘却,正是在 1852 年 3 月 5 日致约·魏德迈的信中,马克思这样说道:"至于讲到我,无论是发现现代社会中有阶级存在或发现各阶级间的斗争,都不是我的功劳。在我以前很久,资产阶级历史编纂学家就已经叙述过阶级斗争的历史发展,资产阶级的经济学家也已经对各个阶级做过经济上的分析。我所加上的新内容就是证明了下列几点:(1)阶级的存在仅仅同生产发展的一定历史阶段相联系;(2)阶级斗争必然导致无产阶级专政;(3)这个专政不过是达到消灭一切阶级和进入无阶级社会的过渡……"②在这里,马克思清楚地表明了阶级理论并非其理论独创,他的创造性成果表现为以阶级分析方法为主要内容的历史唯物主义。需要说明的是,本研究并无意于对自古希

---

① 参见雷蒙·威廉斯:《关键词》,刘建基译,生活·读书·新知三联出版社 2005 年版,第64—65 页。

② 《马克思恩格斯文集》第 10 卷,人民山版社 2009 年版,第 106 页。

腊以来到马克思之前的阶级理论进行谱系学的考察,接下来我们的重点在于分析马克思阶级概念的诠释困境及其形成的必要要素。

三、马克思阶级概念的诠释困境与形成的必要要素

伴随着阶级分析的时代与社会环境的变化,尤其是在经历了苏东共产主义的溃败之后,"集权政治、环境破坏和侵犯人权的历史被曝光,也使西方马克思主义的激进理论框架在知识分子圈内成了问题"①。显然,今天任何对于历史唯物主义阶级概念的重新解读都不能、也无法无视终结"阶级"的理论倾向。于是,在当下的历史境遇中更为值得思考的是,如何真正把握住马克思阶级概念的核心内涵,以此回应西方马克思主义甚至于后马克思主义基于拒斥、抛弃阶级的激进思想对马克思的偏离与冲击。这也是英国马克思主义哲学中阶级理论的任务之一。

其一,理解与阐释的困境。

如众所知,尽管在《资本论》第三卷的最后一章中,马克思曾以"阶级"为题并试图详细地阐发这一概念,但它最终所呈现的不过是一个千余字的残篇,再加之马克思在其文本中对于阶级概念的直接阐述并不常见,也不集中,而是常常通过一种隐性的无阶级的文字表述去展示其阶级意蕴,因此,就像弗兰克·帕金(Frank Parkin)所指出的那样,"现有的关于阶级的[马克思主义的]解释的多样性,已经使得我们很难说存在'一个'马克思主义的阶级理论。在有些方面来看,这一阵营中所存在的差异是如此之大,以至于甚至混淆了马克思主义阶级理论和资产阶级的阶级理论之间存在的简单对立"②,可见,这一现状在为后来的研究者获得诠释的相对性的理论空间的同时,亦增加了对其理解的难度。然而,只要我们转换一下思考问题的视角,就会发现,事实上更为重要的是关注这样一个关键问题,即阶级在马克思的整个思想历程中作为一种分析方法的问题。因此,我们不仅不能像诸如后马克思主义者们那样以

---

① 戴维·李、布莱恩·特纳主编:《关于阶级的冲突》,姜辉译,重庆出版社 2005 年版,第 3 页。

② 格伦斯基:《社会分层》,王俊等译,华夏出版社 2005 年版,第 144 页。

"去阶级化"的方式去呈现马克思的阶级概念,相反,我们应回到并切入马克思的文本之中对之加以理解。

首先,如前文已指出的那样,在《资本论》第三卷最后一章中,马克思追问了阶级的形成,"首先要解答的一个问题是:是什么形成阶级?这个问题自然会由另外一个问题的解答而得到解答:是什么使雇佣工人、资本家、土地所有者成为社会三大阶级的成员?"[①]在这里,马克思并没有以传统的下定义的方式直接回答,而是以描述的方式进行:"乍一看来,好像就是收入和收入源泉的同一性。正是这三大社会集团,其成员,形成这些集团的个人,分别靠工资、利润和地租来生活,也就是分别靠他们的劳动力、他们的资本和他们的土地所有权来生活。"[②]可是,对于阶级的这一理解方式,马克思紧接着又给予了明确的否认与推翻:"不过从这个观点来看,例如,医生和官吏似乎也形成两个阶级,因为他们属于两个不同的社会集团,其中每个集团的成员的收入都来自同一源泉。对于社会分工在工人、资本家和土地所有者中间造成的利益和地位的无止境的划分,——例如,土地所有者分成葡萄园所有者,耕地所有者,森林所有者,矿山所有者,浴场所有者,——似乎同样也可以这样说。"[③]令人困惑的是,对于究竟是什么构成了阶级这一个问题,马克思仍然没有给出答案。正因为如此,这也直接导致了后来的马克思主义者们关于阶级概念的长久争论。[④] 也是在此意义上,雷蒙·阿隆指出了马克思阶级概念的两难困境:一方面,这一概念本身具有模棱两可性,充满了情感色彩;而另一方面,阶级,它的确是马克思主义理论的核心。对此,他是这样说的:"企图在这个问题上做到没有偏见是不可信的,"[⑤]不过,也恰恰是因为这一概念自身的模棱两可性,它不仅"远远没有限制一个学说的成功,反而发挥了有利作用。概念本身越是不确定,阶级和阶级斗争的学说就越是容易传播"[⑥]。因此,二者看上去似乎

---

① 《马克思恩格斯文集》第 7 卷,人民出版社 2009 年版,第 1002 页。
② 《马克思恩格斯文集》第 7 卷,人民出版社 2009 年版,第 1002 页。
③ 《马克思恩格斯文集》第 7 卷,人民出版社 2009 年版,第 1002 页。
④ 格伦斯基:《社会分层》,王俊等译,华夏出版社 2005 年版,第 13 页。
⑤ 雷蒙·阿隆:《阶级斗争——工业社会新讲》,周以光译,译林出版社 2003 年版,第 14 页。
⑥ 雷蒙·阿隆:《阶级斗争——工业社会新讲》,周以光译,译林出版社 2003 年版,第 14 页。

是对立的,但实际上则是互补的。

在一些思想家那里,这种模棱两可性的表现之一便是广为流传的如《共产党宣言》中开头的那一段文字:"至今一切社会的历史都是阶级斗争的历史。自由民和奴隶、贵族和平民、领主和农奴、行会师傅和帮工,一句话,压迫者和被压迫者,始终处于相互对立的地位,进行不断的、有时隐蔽有时公开的斗争,而每一次斗争的结局都是整个社会受到革命改造或者斗争的各阶级同归于尽。"①那么,这里的阶级概念乍一看上去似乎等同于一般根据社会等级加以划分的社会集团,"阶级的对立差不多等同于压迫者和被压迫者的对立,在概念中几乎没有别的内容,只有阶级的等级概念和一个阶级对另一个阶级施加压迫的概念。"②然而,正是在其本人的另一些文本中,马克思的阶级概念则一般地被限定在现代工业社会内部由等级所划分的集团这一范畴中。于是,问题在于,现代工业社会中的阶级的特点究竟是什么呢? 在一些评论家看来,《资本论》第三卷的最后一章中对此有所体现。他们认为资本主义社会中的三个阶级的划分,其定义的标准是基于分别表现为工资、利润、地租这三种形式的收入的来源,因此,社会阶级产生于分配这一环节。对此,阿隆提出了不同的看法,认为这是对马克思阶级概念的严重曲解。事实上,马克思本人的理解恰好与之相反,即认为社会阶级诞生于组织化的生产过程之中,工资、利润与地租这三种收入本质上是由生产者与生产资料的关系所决定的③。除此以外,阿隆还进一步指出:"马克思理论的一个主要观点,社会阶级只有当它具有自我意识时才真正存在,但倘若不承认阶级斗争就不可能有阶级意识。一个阶级只有当它发现要对其他阶级进行斗争的时候,它才具有自我意识。"④

除此之外,这种模棱两可性所引发颇多争议的另一段著名文字主要出自

---

① 《马克思恩格斯文集》第 2 卷,人民出版社 2009 年版,第 31 页。

② 雷蒙·阿隆:《阶级斗争——工业社会新讲》,周以光译,译林出版社 2003 年版,第 15 页。

③ 具体来说:工资,是单纯劳动力的所有者的收入;利润,则给予了生产资料所有者即资本所有者,从而有可能剥削被雇佣的劳动者;地租,是被自己不种地的土地所有者装入腰包的。参见雷蒙·阿隆:《阶级斗争——工业社会新讲》,周以光译,译林出版社 2003 年版,第 16 页。

④ 雷蒙·阿隆:《阶级斗争——工业社会新讲》,周以光译,译林出版社 2003 年版,第 17 页。

《路易·波拿巴的雾月十八日》："他们的生活条件相同,但是彼此间并没有发生多种多样的关系。他们的生产方式不是使他们互相交往,而是使他们互相隔离。这种隔离状态由于法国的交通不便和农民的贫困而更为加强了。……数百万家庭的经济生活条件使他们的生活方式、利益和教育程度与其他阶级的生活方式、利益和教育程度各不相同并互相敌对,就这一点而言,他们是一个阶级。而各个小农彼此间只存在地域的联系,他们利益的同一性并不使他们彼此间形成共同关系,形成全国性的联系,形成政治组织,就这一点而言,他们又不是一个阶级。"①

由上可见,马克思所罗列的社会阶级,在自己不同时期的著作与历史研究中的内涵与意指是不尽相同的。那么,这种阶级的模棱两可性是否意味着,对马克思的阶级概念是否只能通过如后马克思主义者那样的以一种"去阶级化"的方式呈现,或者说,它可以借此被任意诠释呢? 毋庸置疑,我们对此的回答是"不"。

其二,形成的必要要素分析。

不得不承认的是,阶级理论于马克思而言,是构成其历史唯物主义的核心,相较于当下流行的所谓"文化批判"、"技术批判"、"消费批判"等理论话语,它对资本主义的批判是一种"具有历史高度且深入到历史本质之中"的批判。这是因为,对马克思而言,社会结构如何构成并非是他所要关注的问题,他更为关心的是基于历史主义原则的社会结构如何变迁的问题。

如前所述,马克思认为,阶级形成的根本条件是一个社会的经济的存在条件。在他那里,自在阶级的形成主要受到客观的社会经济条件的制约,但是因为无法真正地意识为自己的阶级利益进行自觉的斗争,而常常采取一种在经济生产领域内的捣毁机器抑或是反对资本家的极片面、极个别的斗争形式,所以并不是真正的阶级。在这里,这种客观的社会经济条件虽然导致了人与人之间生存境遇的差别,并由此推导出人与人在特定的社会关系中导致的必然对立;但这显然是不充分的,理解马克思的阶级概念的另一个必要条件就是阶

———————

① 《马克思恩格斯文集》第 2 卷,人民出版社 2009 年版,第 566—567 页。

级意识,就像列宁所强调到的:"当工人还没有根据各种具体而且确实的(当前的)政治事实和事件学会观察社会中其他阶级在其思想、精神和政治生活中的一切表现时,当工人还没有学会在实践中用唯物主义观点来分析和估计一切阶级、阶层和集团的活动和生活中一切方面的表现时,工人群众的觉悟是不能为真正觉悟的。"①可以说,自在阶级与自为阶级的区分实际上表达的是阶级概念中所蕴含的事实与价值的双重维度。也就是说,若是没有具有"有阶级觉悟"的政治意识,那么处于共同生活中的人与人之间只能呈现为一种差距性而非对立性的共在。于是,自在的阶级便只能是一种感性状态的存在,以致人类解放的主体性寻求只能够停留在事实的层面,无法上升到价值的层面,从而使得自在的阶级能够清楚意识到:"在斗争(我们仅仅谈到它的某些阶段)中,这批人联合起来,形成一个自为的阶级。他们所维护的利益变成阶级的利益。而阶级同阶级的斗争就是政治斗争。"②可见,如果说他们彼此之间形成任何的共同关系并非是因为利益的同一性,那么,一个阶级的形成依然无法实现。

　　那么,自在的阶级如何才能成为自为的阶级呢? 一般来说,自为的阶级主要指的是处在一定的社会关系之中的阶级个体的阶级意识。在资本主义生产关系中,无产者与有产者都是人的自我异化的表现形式。只是,在这种异化之中,有产者感到的是一种满足,无产者则感到的是自己的整体性的毁灭,因为"这个阶级,用黑格尔的话来说,就是在被唾弃的状况下对这种被唾弃的状况的愤慨,这是这个阶级由于它的人的本性同作为对这种本性的露骨的、断然的、全面的否定的生活状况发生矛盾而必然产生的愤慨"。③ 可见,这种"被唾弃的状态"即非人的现实恰恰造就了一种自我意识的萌发。事实上,马克思曾在《哲学的贫困》中就以英国的工人阶级与资本家进行斗争为例说明了自在阶级如何转变为自为阶级。他指出,竞争引起了由大工业生产而聚集在一起的陌生的人们产生了利益的分化,而整合这种利益分化的思想可能性在于

---

① 《列宁选集》第1卷,人民出版社2012年版,第354页。
② 《马克思恩格斯文集》第1卷,人民出版社2009年版,第654页。
③ 《马克思恩格斯文集》第1卷,人民出版社2009年版,第261页。

对工资的维护。对此,他进一步地阐述到:"使英国经济学家异常吃惊的是,工人们献出相当大一部分工资支援经济学家认为只是为了工资而建立的联盟。在这一斗争(真正的内战)中,未来战斗的一切必要的要素在聚集和发展着。一旦达到这一点,联盟就具有政治性质。"①可见,经由政治层面的诉求而达至经济领域不公的彻底解决,进而促使联盟的形成,自在的阶级由此成为自为的阶级。那么,被压迫阶级的解放就使得一个新社会的产生成为可能。问题在于,如何才能使得被压迫阶级走出这种非人的现实? 对马克思而言,"就必须使既得的生产力和现存的社会关系不再能够继续并存"②,这也就充分揭示出革命阶级本身就是一种生产力的性质。

对马克思来说,正是生产领域中关于生产手段所有权的分配决定了社会权力的分配,从而形成了统治与被统治的社会关系,这也正是资本家和无产阶级之间构成对抗性的阶级关系的最为根本的决定性因素。同样也是基于上述原因,拥有生产资料所有权的特定阶级便会将其阶级意识转变为一种普遍的观念,使之成为对资本主义生产关系进行辩护的思想意识——意识形态,"任何一个时代的统治思想都不过是统治阶级的思想。"③毋庸置疑,马克思深刻阐明了在资本主义社会中,资产阶级正是通过意识形态渗透的方式,使其思想意识与价值观念转变成为无产阶级思想与行为的前件。"在不同的财产形式上,在社会生存条件上,耸立着由各种不同的、表现独特的情感、幻想、思想方式和人生观构成的整个上层建筑。整个阶级在其物质条件和相应的社会关系的基础上创造和构成这一切。通过传统和教育承受了这些情感和观点的个人,会以为这些情感和观点就是他的行为的真实动机和出发点"④,这就再次充分论证了占统治地位的物质关系在观念上就表现为占统治地位的思想,同样,阶级不仅意味着表现为社会中占统治地位的物质性力量,还意味着表现占统治地位的精神性力量。

---

① 《马克思恩格斯文集》第1卷,人民出版社2009年版,第654页。
② 《马克思恩格斯文集》第1卷,人民出版社2009年版,第655页。
③ 《马克思恩格斯文集》第2卷,人民出版社2009年版,第51页。
④ 《马克思恩格斯文集》第2卷,人民出版社2009年版,第498页。

　　由是观之,我们需要进一步追问的是,自为阶级的阶级意识如何进一步走向自觉呢? 如果说被给定的阶级意识是一个政治问题的话,那么它能够在政治领域内得以解决吗? 可以说,众所周知,当马克思颠倒黑格尔的市民社会理论时,他在其中清楚地论证了现代市民社会与国家的分离,而超越这一分离的路径则在于对资本逻辑的彻底颠覆,达到一种没有资本统治的"联合体,在那里,每个人的自由发展是一切人的自由发展的条件"①。对此,马克思在《〈黑格尔法哲学批判〉导言》与《论犹太人问题》中的相关论证有助于人们的进一步理解。

　　首先,马克思区分了人类解放的两种形式,即政治解放和社会解放。那么,何谓政治解放? 马克思说:"政治解放同时也是同人民相异化的国家制度即统治者的权力所依据的旧社会的解体。政治革命是市民社会的革命。旧社会的性质是怎样的呢? 可以用一个词来表述:封建主义。"②在这里,政治解放就被定义为人同政治国家的分离和由此被二元化为公民和私人的双重身份。市民社会的革命是消灭市民社会的政治性质的革命,因此"摧毁一切等级、同业公会、行帮和特权"③是其必然结果,从而实现市民社会与国家、私人与公民的分裂。简言之,政治革命就是人从封建制度的压迫中解放出来,其实现的前提即市民社会从国家中分裂出来。毫无疑义,对马克思而言,只有政治革命是无法真正实现人的解放,这是因为,人的解放完成的标志是每个个体社会性的获得。可是,由于市民社会与国家的分裂,人被二元化为私人与公民的二重属性,这就充分说明了人还没有获得个体社会性,因此也无法成为类存在物。

　　其次,在肯定了政治解放的积极价值的同时,马克思更加指出了政治解放的不彻底性就是"把市民生活分解成几个组成部分,但没有变革这些组成部分本身,没有加以批判。它把市民社会,也就是把需要、劳动、私人利益和私人权利等领域看做自己持续存在的基础,看做无须进一步论证的前提,从而看做自己的自然基础。最后,人,正像他是市民社会的成员一样,被认为是本来意

---

① 《马克思恩格斯文集》第2卷,人民出版社2009年版,第53页。
② 《马克思恩格斯文集》第1卷,人民出版社2009年版,第44页。
③ 《马克思恩格斯文集》第1卷,人民出版社2009年版,第44页。

义上的人,与 citoyen[公民]不同的 homme[人],因为他是具有感性的、单个的、直接存在的人,而政治人只是抽象的、人为的人,寓意的人,法人。现实的人只有以利己的个体形式出现才可予以承认,真正的人只有以抽象的 citoyen[公民]形式出现才可予以承认"①。十分清楚的是,马克思把私有制视为了人异化的社会基础和历史根源,强调政治解放的不彻底性恰恰在于它没有进行消灭私有制本身的革命,没有把人从私有制的物质与精神的双重压迫之下解放出来,从而不能使人的个体获得真正的社会性。

由此,他提出要从政治解放进入到社会解放,把消灭私有制,实现人的社会解放作为人的完成的解放,亦即,"现实的个人把抽象的公民复归于自身,并且作为个人,在自己的经验生活、自己的个体劳动、自己的个体关系中间,成为类存在物"、"人认识到自身'固有的力量'是社会力量,并把这种力量组织起来因而不再把社会力量以政治力量的形式同自身分离"②。于是,消灭私有制就成为社会解放的内容。

再次,马克思不仅明确提出了消灭私有制,实现人的解放的任务,而且还找到了实现人的社会解放的现实力量——无产阶级。在马克思那里,人的社会解放不仅是人自身的解放,也是全人类的解放。那么,要实现全人类的解放必须具备两个基本前提:其一,物质的力量;其二,一定的阶级,这个阶级具有普遍的性质,它的解放与全人类的解放相一致。同时具备这两个基本前提的只有无产阶级。就前者来说,作为工业运动中制造出来的遭受普遍苦难的等级和市民社会解体而产生的群众,无产阶级组成了否定整个私有制的物质的批判力量;就后者来说,无产阶级是一个"不要求享有任何特殊的权利"③、并把自身的解放与其他一切社会领域的解放相联系的阶级——"它表明人的完全丧失,并因而只有通过人的完全回复才能回复自己本身"④。

最后,马克思对上述无产阶级的两个特征进行了概括:"无产阶级宣告迄

---

① 《马克思恩格斯文集》第 1 卷,人民出版社 2009 年版,第 46 页。
② 《马克思恩格斯文集》第 1 卷,人民出版社 2009 年版,第 46 页。
③ 《马克思恩格斯文集》第 1 卷,人民出版社 2009 年版,第 17 页。
④ 《马克思恩格斯文集》第 1 卷,人民出版社 2009 年版,第 17 页。

今为止的世界制度的解体,只不过是揭示自己本身的存在的秘密,因为它就是这个世界制度的实际解体。无产阶级要求否定私有财产,只不过是把社会已经提升为无产阶级的原则的东西,把未经无产阶级的协助就已作为社会的否定结果而体现在它身上的东西提升为社会的原则。"①这就是说,马克思实际上是以人的解放与人的类本质的复归对无产阶级的内涵进行了规定,赋予了这一概念以人本主义的哲学意义。因此,对马克思而言,无产阶级绝不仅仅是一个说明阶级的范畴,它还是一个马克思用以创造自己的意识形态理论的哲学范畴——"哲学把无产阶级当做自己的物质武器,同样,无产阶级也把哲学当做自己的精神武器"②。换而言之,马克思明确要求把自己当哲学作为无产阶级的意识形态,因此"德国人的解放就是人的解放。这个解放的头脑是哲学,它的心脏是无产阶级。哲学不消灭无产阶级,就不能成为现实;无产阶级不把哲学变成现实,就不可能消灭自身"③。这亦充分证明了马克思的无产阶级范畴的提出有助于我们更加清晰地认识到,无产阶级的阶级意识的自觉植根于生产资料的所有制关系之中,是一种"从自身产生出它的内在丰富性",因此"对私有财产的扬弃,是人的一切感觉和特性的彻底解放"④。

四、马克思阶级概念的双重维度

如前所析,阶级概念本身的多义性、歧义性和复杂性,加之马克思阶级概念在其文本中的模棱两可性,使得后来的研究者们在这一问题上始终充满了争议。但是无论如何,如果依照历史唯物主义的"历史"原则来看,阶级只有在分工和私有制生产关系的基础上,才能构成产生阶级的经济性决定因素,就是说,探究阶级的存在根源,"如果撇开经济的因素,就注定会走向失败。"⑤这也就清楚地告诉我们,对阶级的理解一定要深入到其历史性

① 《马克思恩格斯文集》第1卷,人民出版社2009年版,第17页。
② 《马克思恩格斯文集》第1卷,人民出版社2009年版,第17页。
③ 《马克思恩格斯文集》第1卷,人民出版社2009年版,第18页。
④ 《马克思恩格斯文集》第1卷,人民出版社2009年版,第190页。
⑤ 王沪宁:《政治的逻辑》,上海人民出版社1994年版,第200页。

之中,即只有深刻理解阶级产生的逻辑前提本身也是处在一定的历史过程之中的,才能够真正把握阶级本身也是属于历史的,对马克思来说,他不仅强调无产阶级消灭资产阶级,更重要的是在未来共产主义社会中阶级自身的消亡。接下来,本研究将对马克思阶级概念中的历时性维度与共时性维度做一简要分析。

一方面,马克思阶级概念的历时性维度。

其一,马克思经典文本中"阶级和等级"关系的相关论述是对阶级概念自身的历史性特征的进一步证明。也就是说,阶级是一个历史概念,有其产生、发展和灭亡的自然过程。

事实上,在前文对阶级概念的词源学考察中,我们已经可以清楚地看到阶级概念本身就是历史发展到一定阶段的产物。不过,如果说进一步从马克思本人的文本来看,这一概念所具有的历史性特征就能更加清晰地呈现出来。

在马克思那里,阶级(class)的使用有其内在意涵的转变。大致说来,在其思想发展的早期,马克思更多使用的是等级这一概念(英文中的"estate"①),但从1843年到1844年间起,马克思开始倾向于更多使用阶级(class)概念,这就恰恰折射出了他十分强调资产阶级社会与前资本主义社会的不同:"在过去的各个历史时代,我们几乎到处都可以看到社会完全划分为各个不同的等级,看到社会地位分成多种多样的层次。在古罗马,有贵族、骑士、平民、奴隶,在中世纪,有封建主、臣仆、行会师傅、帮工、农奴,而且几乎在每一个阶级内部又有一些特殊的阶层。从封建社会的灭亡中产生出来的现代资产阶级社会并没有消灭阶级对立。它只是用新的阶级、新的压迫条件、新的斗争形式代替了旧的。"②由此可见,对马克思来说,资本主义时代——现代社会——的一个显著特征就是阶级对立的两极分化,即整个社会逐渐分裂

---

①　作者注:英文词estate(阶级、地位)从中世纪开始就被广泛用来描述社会地位(social position),属于强调人的地位由其出身所决定的前资本主义社会。参见雷蒙·威廉斯:《关键词》,刘建基译,生活·读书·新知三联出版社2005年版,第53—54页。

②　《马克思恩格斯文集》第2卷,人民出版社2009年版,第31—32页。

成——资产阶级和无产阶级——两大直接对立的阶级。简言之,在过去的各个历史时代,社会结构呈现为由强调出身的等级来划分,但在资本主义时代则由更为强调"个人的流动"的阶级来划分。对此,恩格斯也曾在《哲学的贫困》1885年德文版的加注中有更进一步的说明,即"这里所谓等级是指历史意义上的封建国家的等级,这些等级有一定的和有限的特权。资产阶级革命消灭了这些等级及其特权。资产阶级社会只有阶级,因此,谁把无产阶级称为'第四等级',他就完全违背了历史"①。

那么,这种对等级和阶级的区分的意义何在? 答案在于,恩格斯在这里深刻指出了,封建等级解体之后出现的"现代社会的等级"不过是经由资本逻辑重构的一种新的不平等,只是这种"现代社会的等级"并不像过去那样作为一种社会纽带或是共同体将个人包括其中,从而具有一种人身依附性;但是,"现代社会的等级"不具有这种性质,有的只是一种物的依赖性。事实上,这种区分与转变恰恰说明了人类社会在从前资本主义时代到资本主义时代转变过程之中出现的国家与市民社会的分离,即"随着城市的出现,必然要有行政机关、警察、赋税等等,一句话,必然要有公共机构,从而也就必然要有一般政治。在这里,居民第一次划分为两大阶级,这种划分直接以分工和生产工具为基础"②。需要注意的是,这里的"城市"既不同于古希腊罗马时期的城邦,也不同于当时业已存在的封建领地,"有一些城市不是从前期历史中现成地继承下来的,而是由获得自由的农奴重新建立起来的。在这些城市里,每个人的唯一财产,除开他随身带着的几乎全是最必需的手工劳动工具构成的那一点点资本之外,就只有他的特殊的劳动"③。

其二,马克思关于分工与阶级之间关系的论述是对阶级自身的历史性特征的再次确证。

恩格斯在《反杜林论》中这样说道:"到目前为止的一切生产的基本形式

---

① 《马克思恩格斯文集》第1卷,人民出版社2009年版,第655页。
② 《马克思恩格斯文集》第1卷,人民出版社2009年版,第556页。
③ 《马克思恩格斯文集》第1卷,人民出版社2009年版,第557页。

是分工,一方面是社会内部的分工,另一方面是每一单个生产机构内部的分工。"①不过,分工的这两个方面有着不同的适用范围:"整个社会内的分工,不论是否以商品交换为中介,是各种经济的社会形态所共有的,而工场手工业分工却完全是资本主义生产方式的独特创造。"②在这里,我们可以看到分工本身也是历史性的,而正是借助于对分工自身历史发展的考察,马克思通过证明生产关系的历史性,从而说明了分工与阶级的关系。

众所周知,作为最初在古典政治经济学中的一个概念,分工是与交换相联系的概念:一方面,分工是对人的工作能力的分配;另一方面,它同样也是对人力的巧妙运用;分工带来的是交换,也就是说,交换必须以分工为基础、且使人的才能的差异变得有用的必要活动。在这个意义上,分工与交换成为社会财富的动力。但是,马克思对于古典经济学的分工概念进行了改造,在《1844 年经济学哲学手稿》结合对异化劳动和私有制的说明,在哲学批判的意义上将之上升为一个表达生产关系的范畴——分工"无非是人的活动作为真正类活动或作为类存在物的人的活动的异化的、外化的设定"③,其本质因而就是"作为类活动的人的活动"的"异化的和外化的形式"④。可以说,当马克思将分工看做是异化劳动的形式时,他也就将分工视为私有制的本质和基础,并联系私有制说明了分工的形成与消灭对于人的生命实现的意义:"分工和交换是私有财产的形式,这一情况恰恰包含着双重证明:一方面人的生命为了本身的实现曾经需要私有财产;另一方面人的生命现在需要消灭私有财产。"⑤于是值得追问的是,如果说私有制是分工的结果,那么分工又是如何产生的呢?马克思直到在《德意志意识形态》中才实现对这一问题的真正解决。

在《德意志意识形态》中,马克思就从生产力角度论述了分工的基础是生

---

① 《马克思恩格斯文集》第 9 卷,人民出版社 2009 年版,第 306 页。
② 《马克思恩格斯文集》第 5 卷,人民出版社 2009 年版,第 415—416 页。
③ 《马克思恩格斯文集》第 1 卷,人民出版社 2009 年版,第 237 页。
④ 《马克思恩格斯文集》第 1 卷,人民出版社 2009 年版,第 237 页。
⑤ 《马克思恩格斯文集》第 1 卷,人民出版社 2009 年版,第 241 页。

产力,一定形式的分工体现出的是生产力发展的水平:"一个民族的生产力发展的水平,最明显地表现于该民族分工的发展程度。任何新的生产力,只要它不是迄今为止的生产力的单纯的量的扩大(例如,开垦土地),都会引起分工的进一步发展。"①在这里,分工和私有制共同构成了生产关系的内容,这是因为"分工和私有制是相等的表达方式,对同一件事情,一个是就活动而言,另一个是就活动的产品而言"②,这就是说,分工表达的是人们的生产活动关系,私有制表达的则是人们的财产所有关系,二者的内容在任何一定的历史阶段上都相互一致,"分工的各个不同发展阶段,同时也就是所有制的各种不同形式。这就是说,分工的每一个阶段还决定个人在劳动材料、劳动工具和劳动产品方面的相互关系。"③然而,由生产力的状况所决定,二者在不同历史阶段上的具体内容又有所不同。正是通过考察"所有制(部落所有制、古典古代的公社所有制和国家所有制、封建的或等级的所有制、资本主义的所有制)"④的演变,尤其是对所有制的第三种和第四种形式的考察,马克思就阐明了严格意义上的分工,即社会的强制性分工形成于资本主义时代,它是与工业和商业的进步相联系的,也是与城市化和市民社会的出现相联系的,而由这种分工所决定的生产、分配、交换和消费之间的关系构成了资本主义生产关系的特有的内容。可以说,马克思对分工与私有制之间关系的考察,也就揭示出了"消灭分工"与"消灭阶级"的直接关联,这是因为,当分工是一种强制性的社会分工的时候,即它不是出于一种自愿,那么,人本身的活动对人自身来说必然呈现为人的生命的异化形式,沉沦为一种对立并反过来奴役人。为此,马克思在《德意志意识形态》的一个著名段落中对未来的社会中生活的可能性进行了设想,即在那里没有劳动分工,没有资本主义社会中常常将唯一的职业强加给每个人的做法。换而言之,正是通过比较分工在私有制社会和"自由人的联合体"的共产主义社会的表现,马克思不仅揭示了强制性的社会分工形成与消

---

① 《马克思恩格斯文集》第1卷,人民出版社2009年版,第520页。
② 《马克思恩格斯文集》第1卷,人民出版社2009年版,第536页。
③ 《马克思恩格斯文集》第1卷,人民出版社2009年版,第521页。
④ 参见《马克思恩格斯文集》第1卷,人民出版社2009年版,第521—523页。

灭的历史必然性,而且也揭示了阶级自身的历史性——"只要特殊利益和共同利益之间还有分裂,也就是说,只要分工还不是出于自愿,而是自然形成的,那么人本身的活动对人来说就成为一种异己的、同他对立的力量,这种力量压迫着人,而不是人驾驭着这种力量。原来,当分工一出现之后,任何人都有自己一定的特殊的活动范围,这个范围是强加于他的,他不能超出这个范围:他是一个猎人、渔夫或牧人,或者是一个批判的批判者,只要他不想失去生活资料,他就始终应该是这样的人。而在共产主义社会里,任何人都没有特殊的活动范围,而是都可以在任何部门内发展,社会调节着整个生产,因而使我有可能随自己的兴趣今天干这事,明天干那事,上午打猎,下午捕鱼,傍晚从事畜牧,晚饭后从事批判,这样就不会使我老是一个猎人、渔夫、牧人或批判者。社会活动的这种固定化,我们本身的产物聚合为一种统治我们、不受我们控制、使我们的愿望不能实现并使我们的打算落空的物质力量,这是迄今为止历史发展中的主要因素之一"。① 通过以上分析可以看出,在阶级的形成中,分工起到了至关重要的作用,伴随着分工的产生、发展与消灭,阶级也将发生着变化乃至消灭,这就进一步证成了阶级的历史性。

显然,对阶级本身的历史性特征的理解,在马克思那里是与其对资本主义的历史性的理解相一致的,这就不仅与马克思所处生活时代的那些古典经济学家们有着本质的区别,也与当下西方的诸多哲学流派将资本主义生产关系视之为一种永恒的社会存在、并为之进行辩护有着显著的不同。

如果说上文对于马克思阶级概念的历时性维度的考察,强调的是对这一概念的历时性的、动态的、过程性的解释视角,那么下文中对这一概念的共时性维度的考察则强调的是结构性的、静态的、构成性的解释视角。

另一方面,马克思阶级概念中的共时性维度,它主要表现为一种经济、政治与文化三个维度共生共在的客观结构。

如前所述,马克思在《路易·波拿巴的雾月十八日》一文中曾对阶级进行过如下定义:"数百万家庭的经济生活条件使他们的生活方式、利益和教

---

① 《马克思恩格斯文集》第 1 卷,人民山版社 2009 年版,第 537 页。

育程度与其他阶级的生活方式、利益和教育程度各不相同并互相敌对,就这一点而言,他们是一个阶级。"①同样,马克思在《哲学的贫困》中对此进一步论证到:"经济条件首先把大批的居民变成劳动者。资本的统治为这批人创造了同等的地位和共同的利害关系。所以,这批人对资本说来已经形成一个阶级,但还不是自为的阶级。在斗争(我们仅仅谈到它的某些阶段)中,这批人联合起来,形成一个自为的阶级。"②由此,马克思主要说明了阶级构成的两个要素:一,是在经济生产和流通领域中所形成的客观地位的一致性;二,是由客观地位所带来的主观利益和认同感的差异。概而言之,在马克思的眼中:一方面,阶级状况是由人与生产资料之间的关系所直接决定,人们的经济地位决定了阶级地位,只有从社会生产的发展过程、生产方式的变迁才能理解阶级的产生、发展与消亡的根源。在这个意义上,阶级"是一种客观性关系"③。另一方面,阶级又不仅仅是一种经济范畴,而是一种以经济范畴作为其根本存在、同时呈现为政治与文化的存在的共生共在的结构,即阶级意识。可以说,马克思以后的西方马克思主义者正是在后一个方面发展了其阶级概念,即以意识形态批判的方式强调了阶级概念中的政治的、文化的维度。

　　毋庸讳言,作为历史唯物主义的一个核心范畴,阶级与阶级分析方法是认识、分析和理解社会的一把钥匙,也就是说,阶级的揭示可以深刻地洞察、揭露资本主义生产关系本身的"非人道性"这一残酷本质,从而通过彻底地打破这种生产关系的途径来使每个个体获得社会性,使社会现实合乎人的本性。对于资本主义社会现实中工人阶级的处境,马克思在 1845 年 3 月《评弗里德里希·李斯特的著作〈政治经济学的国民体系〉》一文中如此描述道:"在现代制度下,如果弯腰驼背,四肢畸形,某些肌肉的片面发展和加强等,使你更有生产能力(更有劳动力),那么你的弯腰驼背,你的四肢畸形,你的片面的肌肉运动,就是一种生产力。如果你精神空虚比你充沛的精神活动更富有生产能力,

① 《马克思恩格斯文集》第 2 卷,人民出版社 2009 年版,第 566—567 页。
② 《马克思恩格斯文集》第 1 卷,人民出版社 2009 年版,第 654 页。
③ Beverley Skeggs, *Class*, *Self*, *Culture*, Routledge, 2004, p.62.

那么你的精神空虚就是一种生产力,等等,等等。如果一种职业的单调使你更有能力从事这项职业,那么单调就是一种生产力"①,那么,究竟是什么原因在根本上导致了资本主义社会中工人如此悲惨的处境?马克思将矛头直指资本主义生产资料的私有制:"私有制使我们变得如此愚蠢而片面,以致一个对象,只有当它为我们拥有的时候,就是说,当它对我们来说作为资本而存在,或者它被我们直接占有,被我们吃、喝、穿、住等等的时候,简言之,在它被我们使用的时候,才是我们的。"②并且,他还进一步阐明了扬弃资本主义私有制,瓦解资本逻辑的必然性"就在于形成一个被戴上彻底的锁链的阶级,一个并非市民社会阶级的市民社会阶级,形成一个表明一切等级解体的等级,形成一个由于自己遭受普遍苦难而具有普遍性质的领域,这个领域不要求享受任何特殊的权利,因为威胁着这个领域的不是特殊的不公正,而是普遍的不公正,它不能再求助于历史的权利,而只能求助于人的权利,它不是同德国国家制度的后果处于片面的对立,而是同这种制度的前提处于全面的对立,最后,在于形成一个若不从其他一切社会领域解放出来从而解放其他一切社会领域就不能解放自己的领域,总之,形成这样一个领域,它表明人的完全丧失,并因而只有通过人的完全回复才能回复自己本身。社会解体的这个结果,就是无产阶级这个特殊等级"③。那么,处于资本主义私有制生产关系中的阶级对抗,从一开始"而且从来就是政治运动"④,由此打破这种生产关系本身。

与此同时,阶级概念中还有着文化的维度,这一维度更为强调的是生产资料占有关系中地位相同的阶级共同拥有的思想存在方式,即上文提及的阶级意识。正如刚刚提到的那样,马克思之后的西方马克思主义者们都格外重视对这一维度的研究,无论是卢卡奇的阶级意识理论,还是葛兰西的话语霸权理论,抑或是以强调工人阶级意识的文化建构而享有盛名的 E.P.汤普森,甚至

---

① 《马克思恩格斯全集》第 42 卷,人民出版社 1979 年版,第 261—262 页。
② 《马克思恩格斯文集》第 1 卷,人民出版社 2009 年版,第 189 页。
③ 《马克思恩格斯文集》第 1 卷,人民出版社 2009 年版,第 16—17 页。
④ 《马克思恩格斯文集》第 10 卷,人民山版社 2009 年版,第 333 页。

于到提出阶级的话语建构的马克思主义者们,他们都十分强调阶级存在中文化的一面。当然,我们并不否认阶级概念中文化的维度,但也要看到,仅仅重视从这一维度出发、并试图以此消解阶级概念中作为首要的且最为根本的经济维度,最终,一方面将导致这一概念的空心化,另一方面在现实生活层面的解释力也是有限的,比如说它无法解释尤其是在一些文化相近的国家之间工人阶级政治的巨大差别。

从上述分析可以看出,对马克思阶级概念的厘清,有助于我们理解当下阶级理论发展中的复杂性,这种复杂性不仅表现在阶级概念在自身的历史演变过程中所衍生出来的多义性与歧义性,而且也表现在它在具体使用过程中的不确定性,诚如贝弗莉·斯凯格斯所言:"当我们追溯阶级的历史认识论时,我们能够发现阶级总是在其道德定义与经济定义之间滑动。"①与此同时,它更有助于我们理解历史唯物主义视域中的阶级斗争学说的理论旨趣,亦即对私有制的彻底扬弃。这一点恰恰体现出历史唯物主义中阶级斗争学说的理论个性,也正是在这一意义上,英国马克思哲学中的阶级理论可以看做对这种理论个性的发展与再创造。

第二节 英国马克思主义哲学的历史进程与理论个性②

21世纪以来,一度在国外马克思主义哲学研究中沉寂的阶级理论研究开始呈现复兴之势。其中,英国马克思主义哲学中阶级理论研究的复兴彰显出其独特的理论个性,这亦体现出了当代国外马克思主义哲学发展的新动向。特别是,2013年英国马克思主义研究的一个显著特征就是对当代资本与阶级关系的变化的关注,这与英国第十届《历史唯物主义》杂志年会所提出的——

---

① Beverley Skeggs, *Class*, *Self*, *Culture*, Routledge, 2004, p.29.

② 该部分内容作者曾以《英国马克思主义哲学的历史进程及其个性》(《哲学动态》2008年第4期,第32—35页)为题发表。

资本体现的是人与人之间的关系,而非物,因此阶级关系是其中最为主要的关系——主旨完全一致。

因此,本书的研究在对马克思的阶级概念进行澄清之后,就需要考察英国马克思主义哲学的历史发展进程,进而对"英国马克思主义哲学"这一概念本身进行划界与说明,并以此作为我们考察其阶级理论的前提性说明。在这一过程中,相较于国内学界在国外马克思主义哲学研究中对于欧洲大陆的西方马克思主义哲学的重视和研究,我们看到,至少在马克思主义哲学国别史的意义上对于英国马克思主义哲学的研究则相对较为忽略,尽管21世纪以来这一研究局面已经有所改善①。

事实上,考察一种理论体系,不仅要求我们去研究哲学家个人或哲学派别的思想,亦要对其在哲学形态和哲学传统上的异质性进行考察,毋庸置疑,这一点对英国马克思主义哲学中的阶级理论研究同样适用。基于此,通过分析、考察并阐明英国马克思主义哲学发展的内在逻辑与理论特质,试图揭示英国马克思主义哲学的理论传统以及可能的理论走向,进而为理解其阶级理论提供一个整体性的思维框架和阐释的特殊性视角。

相较于欧洲大陆马克思主义哲学的形成与发展来说,英国马克思主义哲学则经历了一个艰难的历史过程,这主要在于其发展的历史基础与文化传统相对而言十分薄弱,即英国民族文化的特性所呈现的一种植根于自身文化传统之中的根深蒂固的经验主义,以及对于欧洲大陆哲学的天然敌视。不过,就

---

①　作者注:我国学术界对英国马克思主义哲学的系统研究开始于2000年以后,其中的阶级理论研究尚处于起步阶段。目前,已出版了《国外马克思主义研究报告》(复旦大学,2007年至今)、《西方左翼论当代西方社会结构的演变》(周穗明,2008)、《阶级、文化与民族传统——爱德华·P·汤普森的历史唯物主义思想研究》(张亮,2008)、《当代英美马克思主义研究译丛》(段忠桥主编,2009)等著作,发表了一些研究论文,取得了一定的进展。特别是《英国的新马克思主义》(乔瑞金等著,2013)的出版作为国内首部以团队研究的形式对英国新马克思主义进行全面研究的专著,极大地提高了英国马克思主义哲学研究的现状。只是上述研究主要是在对英国马克思主义哲学的人物和理论观点做一般性评述的基础上,偶有零星文字涉及阶级理论,但并未对此展开专题研究;也有个别学者已开始关注阶级理论,将之与英国的文化研究、民族传统作为研究的视角展开专题研究,但研究对象集中于英国第一代新左派的阶级理论。

总体而言,英国马克思主义哲学的理论创造大致经历了两个大的历史时期,即:其一,20 世纪 20—50 年代末;其二,20 世纪 70 年代至今。它是英国激进知识分子思想与传统的一种代表。其中,作为马克思主义哲学与实用主义哲学①的结合,英国文化批判的兴起事实上就直接影响了英国新左派的缘起以及后来的文化研究思潮的出现。当然,在英国马克思主义哲学的历史进程中亦有着一些过渡阶段,但它们对英国马克思主义哲学发展的未来趋向和整体理论风貌并未产生太多影响,相反,这一点恰恰是对英国马克思主义哲学自身发展的复杂性与曲折性的一种表现。

一、英国马克思主义哲学的形成路径与特点

众所周知,英国早在 20 个世纪 20—30 年代就已成为一个发达资本主义国家。由此,整个社会出现了一系列的变化:工业生产领域的拓展,即已从单纯的物质领域拓展到文化和消费领域,由此导致了社会的主流文化从精英文化转向到大众文化;生产技术的不断革新所带来的对于社会结构的改变,如中产阶级的扩大化。这些就让大多数英国人不再感兴趣于共产主义运动,进而引发了共产主义信念的危机。此外,英国教育法在二战后的实施就为工人阶级家庭出身的学子接受高等教育提供了更多的机会,继而为马克思主义的传播与研究创造了条件。② 在这一过程中,由于克里斯托弗·考德威尔(Christo-

---

① 作者注:众所周知,实用主义主要是指 20 世纪的一种美国主流思潮,对教育、宗教、社会与艺术等领域均产生过重大影响。然而,除了流传于美国之外,实用主义也在英国颇有流传,无论是在日常生活还是在哲学、法律与文化等方面。由于实用主义的主要特点就在于将实证主义功利化,强调生活、行动与效果,而英国作为实证主义哲学的发源地之一,由实证主义演变而来的分析哲学形态以及与渊源于休谟经验主义的所谓"分析传统"一直在英国的哲学研究中把持重要地位,这就使得英国马克思主义哲学在其发展中不得不受到这种源远流长的哲学传统的影响。参见黄楠森、庄福龄、林利主编:《马克思主义哲学史》第八卷,北京出版社 1996 年版,第 165 页。

② 作者注:如英国的雷蒙德·威廉斯(Raymond Williams,1921–1988),他作为一个来自威尔士农村工人阶级社区的知识分子,其个人轨迹的变化是和社会历史的变迁联系在一起的。他经历了当时英国社会整体上的一系列变迁,如消费社会的形成等。因此,威廉斯曾用"越界"(border crossing)来形容自己所进行的跨越个人出身、社会阶层和学科分类界限的学术研究。此外,当代著名马克思主义学者特里·伊格尔顿也有着类似的经历。

pher Caudwell)的启发①,当时很多青年哲学家尝试以马克思主义的哲学观对英国社会进行研究,尤其是强调通过从民族文化、当代文学特点、性别以及英国人心理变化的角度进行分析,由此阐发了马克思主义的文化批判理论。可以说,正是这些成果推动了英国马克思主义的文化研究并使之呈现出了繁荣发展的理论态势,英国马克思主义的文化哲学传统据此得以生成。同时,对于英国社会结构新变化的分析,英国马克思主义者特别强调的是马克思的"经济基础-上层建筑"理论与劳动价值理论,进而形成了其马克思主义哲学研究中重视马克思政治经济学著作以及原理的传统。如此一来,英国马克思主义哲学理论创造的任务就以文化批判与马克思主义政治经济学研究的相互影响与作用这一方式被提出来了:创造一种基于经验层面的文化批判哲学。英国的激进知识分子为了实现这一理论创造的任务,走向了一条结合马克思主义哲学与实用主义哲学传统的致思之路。

于是,这些激进知识分子进而提出并阐发了英国社会"例外论"②(exceptionalism),认为:经历了17世纪资产阶级革命之后的英国,社会的经济基础改变了,但上层建筑却没有改变。其主要表现为英国社会占据支配主导地位的意识形态依然是贵族式的。由此可见,相较于法国资产阶级,英国资产阶级并没有完全取代贵族统治、并将自己的思想深刻地烙印在社会之中。特别是在维多利亚时代晚期,"英国贵族阶级是全欧最稳定而又是最富有的庄园主,他们极其成功地将高度资本主义化的农业生产能力与令人羡慕的文化的稳定性和连续性结合起来。这种非常有利的基础条件为资本主义的进一步发展和维护这种发展的宽松政治结构提供了先决条件"③,即资产阶级与贵族融为了

---

① 克里斯托弗·考德威尔,作为英国最早以马克思主义立场对文学的社会功用进行深入考察的英国马克思主义文论的奠基者,其较有独创性和启发性的著作——《幻觉与现实》和《垂死文化之研究》——对战后英国马克思主义理论界的文化研究产生了一定的影响。

② 英国社会"例外论"主要认为,由于英国资本主义的发展历程完全迥异于马克思主义所认可的一般模式——由法国革命所体现出的资产阶级革命的一般模式,即英国革命偏离了这种模式。如伊格尔顿就曾深受这一理论影响,并运用到其理论研究中。参见特里·伊格尔顿:《美学意识形态》,王杰等译,广西师范大学出版社1997年版,"第二章心灵的法则:夏夫兹博里、休谟、伯克"。

③ Terry Eagleton,*The Ideology of the Aesthetic*,UK: Blackwell Publishers Ltd,1990,p.31.

一体。从这个角度来看,上述格局十分不利于英国工人阶级运动的开展。这是因为,历史上的工人运动,其意识形态的确立一般说来总要借鉴资产阶级的自由、解放、革命等价值观;但是,这一方面的思想遗产在英国资产阶级那里并没有得以留存。基于此,激进知识分子们认为:无论是欧洲大陆,还是苏俄社会,二者实际上都并不具备英国社会文化消费的特点,所以,无论是欧洲大陆的西方马克思主义哲学,抑或是苏俄马克思主义哲学,它们也都没有这一方面相关的理论内容:就前者而言,当时主要是在意识形态层面而非经济的经验层面上展开了葛兰西的马克思主义哲学的文化批判转向;就后者而言,当时主要是列宁哲学对于理论向行动、意识形态到现实这一转化——它仅仅停留于政权领域,而未拓展到文化批判层面——问题的成功解决。

鉴于英国社会的实际情况,显然,无论是欧洲大陆的西方马克思主义哲学,还是苏俄的马克思主义哲学都不适用于此,英国需要且应该创造出自己的马克思主义哲学。在此情形下,最为适合英国的就是通过实用主义哲学重新阐释马克思主义哲学,这是因为实用主义哲学在理论上与马克思哲学思想有着一定的亲缘性,例如对于活动、事实与价值等的强调,可以视为对于马克思的实践哲学传统一定意义上的继承。

作为英国社会主义运动的理论成果,实用主义的马克思主义哲学可以说是对英国激进知识分子文化传统的一种体现,亦是呈现为英国马克思主义哲学的一种特殊的理论形态。于是,基于生活世界的经验基础,实用主义的马克思主义哲学进一步发展了马克思主义哲学中的人道主义和历史主义传统,创造出了一种新的马克思主义哲学传统——这种传统既不同于苏俄马克思主义哲学,也有别于欧洲大陆的西方马克思主义哲学。总起来看,这一哲学传统大致有三个特点。

其一,将文化与价值置于马克思主义哲学的核心地位,并重视且展开对这一问题的研究。众所周知,实用主义的马克思主义哲学,其理论要旨是基于英国的价值观展开对于英国的现实社会与日常生活世界的批判。由此,文化、价值得以与实在、事实区分开来,进而被理解为马克思主义哲学的主要向度。自然,这一特点之所以形成从根本上说恰恰是决定于英国的文化批判。

其二，通过"实践"的范畴对马克思辩证法进行阐发。在实用主义的马克思主义哲学家们看来，如何解决理论转化为行动、意识形态转化为现实的问题就是马克思主义哲学的根本任务，因此解决这个问题的理论就是马克思辩证法。正如前文已论及的，实用主义的马克思主义哲学——既不同于苏俄马克思主义哲学，又有别于欧洲大陆的人道主义的马克思主义哲学——对于马克思辩证法的说明，主张以一种历史进化的理论而非以人的精神能动性与认识论来看待、研究马克思辩证法：一方面，马克思辩证法作为对人的经验世界演化的证明，具有一种实证性的意义；另一方面，马克思辩证法的力量恰恰在于将人的任何心理的、意志的精神性力量转化为具体的、现实的行动。由此，马克思辩证法的实践的意义得以构成。显然，实践——作为人的能动活动——在实用主义的马克思主义哲学那里，它是实证性的而非抽象的，即这种实证性意味着能够通过效用对之进行说明、测度与解释。就这一意义而言，马克思辩证法就被定义为行动的辩证法，并由此严格区分于其在苏俄马克思主义哲学那里被定义为一种认识论与逻辑学，以及在欧洲大陆马克思主义哲学那里被界定为理论与实践的总体性。

其三，经验世界、实证的世界的现实内容就是经济。值得强调的是，这里的实证化，是在社会科学的层面上而非自然科学的层面上来说的。据此，在马克思主义哲学那里，人们现实的、具体的经济生活及经济的社会结构构成了经验世界、实证的世界的主要内容。如此一来，对于马克思政治经济学的意义的重视与强调，就成为实用主义的马克思主义哲学的题中之义，其中一个非常突出的现象就是其对于《资本论》——这一分析、考量、阐明与解释马克思主义哲学和当代生活的经典文本——的研究，出现了一大批有关政治经济学研究的理论著作。换言之，恰恰是在英国马克思主义哲学其后的创造与进展中，这一特征表现为一种普遍性，即无论人们在历史的境况下对马克思主义哲学抱持什么态度、立场，无论人们以什么样的方法和形态来理解、创造马克思主义哲学，经济的结构和形态始终都是马克思主义哲学的创造的基石，政治经济学亦始终被视为马克思主义哲学的一个有机的内在部分被研究。这一点在2008年全球金融危机发生之后的英国马克思主义哲学的理论创造中表现得尤为突出①。

　　正是通过上述英国马克思主义哲学的这一形成路径的分析,可以看出,它的重要影响就深深烙刻在英国的新左派以及之后的文化研究思潮,尤其是其中的阶级理论之中。

二、英国马克思主义哲学的发展路向及个性

　　众所周知,英国新左派的出现与崛起有着特定的社会背景:一方面,作为苏联历史进程中的一个重大转折点,1956 年,赫鲁晓夫在苏共二十大上做了题为《关于个人崇拜及其后果》的对斯大林进行揭批的秘密报告,这一事件就与后来苏军入侵匈牙利(即"匈牙利十月事件"),以及英法联军入侵苏伊士运河(即"苏伊士运河事件")一同对当时英国的"左"派知识分子构成了严重的刺激与巨大的冲击,由此产生了对于苏联社会主义和西方资本主义的双重幻灭。在这一特殊的历史境遇中,当时的英国共产党却没有任何独立性见解、亦步亦趋地紧随苏联,致使大批党员退党出走以示决裂,由此英国共产党内部发生严重分化,并在政治上逐渐衰落了下去。另一方面,资本主义社会的基本形势在第二次世界大战后亦出现了诸多方面的重要变化,特别是战后福利国家政策的实施使得英国社会也呈现出了新的面貌,如凯恩斯主义在国民经济政策制定之中的宏观调控作用日益突出,社会的福利制度——诸如医疗、教育与社会保障等——建立起来并得到长足发展,工人阶层普遍富裕,这一切就使得资本主义的运行逻辑看上去完全不同于经典马克思主义的描述,这就对当时英国的"左"翼知识分子提出了理论上的任务与要求,即重新思考社会主义的理论和实践,并希望更新、发展社会主义的理论和实践以适应新的时代。可以说,正是上述两个方面共同作用促使这些"左"翼知识分子开始走到一起,从而结成了一个松散的联盟,其主要人员构成有:一批英国前共产党员(如 R. 威

---

　　① 其理论成果可参见以 2010 年历史唯物主义年会的论文集为主体的《这场危机:社会主义纪实 2011》(*The Crisis This Time*:*Socialist Register* 2011)、《危机与左派:社会主义纪实 2012》(*The Crisis and The Left*:*Socialist Register* 2012)以及《记录阶级:社会主义纪实 2014》(*Registering Class*:*Socialist Register* 2014)。

廉斯、E.P.汤普森、克里斯托弗·希尔等)、"左"翼文化人士以及激进的大学生(如佩里·安德森、斯图亚特·霍尔等)。1958—1964年的核裁军运动(CND)继而巩固了这个联盟。不过,需要注意的是,新左派从来都不是一个严格意义上的严密的政治组织。在这一过程中,新左派积极创办各类新刊,并在各社区工人夜校积极讲学,以对文化理论与当代英国社会问题的考量不断反思、重建马克思主义的理论和实践。另外,由于19世纪伦理社会主义的熏陶与两次世界大战中的激进氛围的造就,这一代知识分子大多事必躬亲地参加英共活动、人民阵线运动以及成人教育工作等社会运动①,充分地表明了在他们的潜意识中有着强烈的使命感、世俗化的清教思想与拯救众生的宗教式的志愿主义情怀。于是,正是在文化领域而不是在政治活动中,新左派知识分子的理论建树得以体现:其一,他们以从事间接性的文化政治研究代替了鼓动造反起事、号召直接行动的街头政治;其二,他们只停留在提出问题、分析问题的层面,对于社会问题的解决并未提出具体的切实可行的社会主义革命策略以改变现存的世界。可以说,新左派——作为一场思想文化运动——以《新左派评论》作为自己的文化阵地并始终坚守之。在经历了新左派运动和越南战争等民族解放运动的不断撞击之后,英国马克思主义哲学的理论创造在20世纪50年代末至70年代初亦开始呈现出明显的变化与发展。具体说来表现在如下方面:

首先,马克思主义哲学理论主题的创造。20世纪70年代,新左派运动是支持英国马克思主义哲学的主要信念。这是因为,如果基于历史变革的视角就会发现,在革命性质问题上,新左派运动截然不同于正统马克思主义:在主体问题上,新左派运动主要是英国知识分子之中的"左"翼群体;在革命领域的问题上,新左派运动集中批判的是制度文化和意识形态问题,究其本质而言是批判资本主义制度的"文化革命"的一种呈现。那么,人们可以发现,历史上的任何"文化革命"都是具有限度的,这一限度主要在于其无法实现社会形

---

① 参见 Steven Woodhams, *History in the Making: Raymond Williams, Edward Thompson and Radical Intellectuals*, 1936-1956, The Merlin Press Ltd, 2001。

态的更替,只能带来一种社会形态内部的制度修正与变革。于是,随着人们哲学信念的转变,马克思主义哲学的理论创造主题也就随着革命性质的转换而转变。在这一过程中,理论创造主题的展开在70年代以后便集中于资本主义制度批判问题来进行,无论是对全球化问题的思考,抑或是对后现代社会的反思与批判,其主旨依然是在资本主义制度框架内对资本主义制度的不合理性进行改革,即使在哲学研究过程中关涉到经济与政治的变革问题,以及当代社会主义运动的内容,亦随着文化符号的抽象使得自身的革命性借以消解,因此成为一种资产阶级所能接受的、更加温和的马克思主义哲学。诚如伊格尔顿所言,在文化研究的繁荣背后,人们需要看到的是各类新兴的社会政治运动如种族斗争、性别政治与生态运动等的作用,因为作为这一"新社会运动"不可分割的一部分,文化已经成为政治冲突的媒介,它"不仅是我们赖以生活的一切,在很大程度上也是我们为之生活的一切"[1],与之相应的却是这一进程中阶级运动的日益式微。不过,伊格尔顿在承认其合法性之时,亦清楚地意识到是时候"让文化回归其原有的位置"[2]了。恰恰是在这个问题上,可以看到的是,像伊格尔顿之类的少数英国马克思主义者成为英国新左派内部的异质性存在。如众所知,20世纪70年代末随着福利国家制度的衰退乃至终结,英国社会中的激进气氛逐渐弥散,80年代初撒切尔-里根主义的崛起标志着保守主义的东山再起,不断压缩着新左派的活动空间。新自由主义的全球推行,使得英国及整个西方主要发达的资本主义国家的经济开始振兴,逐渐走出经济低谷的阴影,一时间社会发展呈现繁荣之势,阶级界限不断淡化,意识形态冲突的日渐消弭,资本主义无往不胜仿若"历史的终结"。但在英国新左派中,依然有一群如伊格尔顿一样的人在坚守着马克思主义,在资本主义的制度批判之中始终贯彻"应该从坏的新事物而不从好的旧事物出发"[3]的原则,始终找寻着社会主义的革命策略,始终保卫着共产主义的基本信念,由此实现了朝

---

① Terry Eagleton, *The Idea of Culture*, Blackwell Publishers Ltd, 2000, p.131.

② Terry Eagleton, *The Idea of Culture*, Blackwell Publishers Ltd, 2000, p.131.

③ 特里·伊格尔顿:《历史中的政治、哲学、爱欲》,马海良译,中国社会科学出版社1999年版,第37页。

向经典马克思主义的传统的回归。

其次，马克思主义哲学概念的内涵阐释。在这个阶段，英国马克思主义哲学的研究呈现出明显的专业化、学院化与学术化的特点，伴随着众多非马克思主义学者对于马克思主义哲学的研究以及带来的方法论启示与理论创新，英国马克思主义哲学概念的内涵也有所扩大，至少已含括如下三个方面：其一，由"老历史学派"创造并发展的马克思主义哲学，其特征是通过对本国注重历史研究这一文化传统的承继，多结合英国的历史以论证与阐明历史唯物主义原理——如经济基础与上层建筑的关系、阶级分析方法与对资本的解读——以开展马克思主义哲学的研究。其二，分析马克思主义对于马克思主义哲学的分析、修正与重构，着重提出将英国的实证主义哲学传统及英美分析哲学运用于马克思主义哲学的当代研究之中。其三，主要成员由 20 世纪 60 年代学生运动积极分子所组成的"社会学派"，强调以社会学批判为主旨的马克思主义哲学研究，表现为对于具体事物的纯学术研究的一种关注。尽管上述三个方面对马克思主义哲学研究的理论态度有所差别，观点也不尽相同，但是却有一个共同的基本点，即关注与重视对于英国社会的现实与当代人类命运共同体的历史运动的重大问题的研究，特别是关注其中的阶级问题。不言而喻，英国马克思主义哲学研究的多元化格局正是在这种同一性和差异性相互作用的过程中得以形成。

再次，马克思主义哲学发展中的国外学术理论资源与本民族文化传统之间的关系问题。可以说，这一问题始终贯穿于英国马克思主义哲学发展之中，其中最广为人知的就是 E.P.汤普森与佩里·安德森之间的旷日持久的争论[1]。这种争论的后果之一，就是 20 世纪 70 年代英国马克思主义者的结构主义与葛兰西主义的转向，更为具体地说，就是在他们系统学习、研究国外马克思主义哲学、特别是研究欧洲大陆的西方马克思主义哲学的过程中，在集体经历了 70 年代阿尔都塞的马克思主义哲学的洗礼之后，到 90 年代开始转向重视葛兰西哲学及当代价值的研究，力图通过欧洲大陆的西方马克思主义哲

---

① 由于后文对此将有详细论述，在此不展开赘述。

学的思辨的思维方式对英国哲学加以批判与改造。在这一复杂的发展过程中,一方面就像弗雷德里克·詹姆逊(Fredric Jameson)所言,这种批判与改造的重大意义就在于:"因为这种自由主义传统的破产,虽说在哲学层面上与在政治层面上同样显而易见,但这并不意味着它已失去了声誉或意识形态上的潜力。相反,这种传统的反思辨偏见,它对个别事实或事件的强调,是以牺牲该事件可能寓于其内的诸关系的网络为代价的,它继续鼓励对现存秩序的屈从,阻挠其追随者在政治上进行联想,特别阻挠他们得出本来是不可避免的结论。因此,对处于英美传统影响范围之内的我们这些人来说,学会辩证的思维,掌握辩证文化的基本原理以及它所提供的基本批评武器,已是当务之急。"①对此,伊格尔顿也是极为赞成与重视,他就常常将自己论述的思想风格称之为"辩证思维习惯的东西"②。另一方面,以阿尔都塞的结构主义的马克思主义为代表的思想资源对于英国思想界的适时引入所引发新一代"左"派知识分子的热情激荡,则表明英国马克思主义哲学研究倾向于一种更缜密的、在一定程度与政治更多相关的理论形式,并与整个欧陆的马克思主义哲学遥相呼应,共同创造了 20 世纪 70 年代中期马克思主义文化研究的繁荣时期。换而言之,阿尔都塞学派——作为一种十分重要的学术现象与思想资源——极大地唤起与激发了英国"左"派知识分子的理论想象力与创造力,使其能够一方面有力驳斥经济决定论和机械反映论,另一方面则扬弃与超越英国的实证主义、经验主义与自由人文主义哲学传统的影响。

最后,但并非不重要的是,马克思主义哲学研究领域的扩展和衍生。尽管自 20 世纪 70 年代以降,资本主义文化批判依然是英国马克思主义哲学的研究主轴,但其问题域却大大拓展了。一些后工业社会、新社会运动甚或后人类社会的议题——诸如前文提及的种族/民族问题、性别问题与生态问题、人工智能问题等——亦已成为资本主义文化批判的主题,于是批判的领域也从主观价值批判伸展到对资本主义文化制度与现代性自身的反思和批判。对此,

---

① 弗雷德里克·詹姆逊:《马克思主义与形式》,李自修译,百花洲文艺出版社 1995 年版,"序言"第 2 页。

② 特里·伊格尔顿:《后现代主义的幻象》,华明译,商务印书馆 2000 年版,第 33 页。

这些"曾在一个相当长的时间里与马克思主义合作并取得丰硕成果"①的新社会运动,逐渐取代了理论界对阶级问题的关注。可以说,直到2008年金融危机的爆发,阶级问题才得以再次"复兴"成为英国马克思主义哲学研究的主要论题之一。

因此,20世纪70年代以来英国马克思主义哲学在上述方面的理论创造充分证明了其发展已经步入一个相对多元化与多样性的时代。概而言之,这一时期它的理论特征主要在于:第一,英国马克思主义哲学的理论创造主体是知识分子,尤其是学院派的知识分子,具有十分明显的学术化、专业化倾向;第二,作为当代国外马克思主义哲学的有机构成要素,英国马克思主义哲学在思想传承上既属于西方马克思主义哲学发展的内在逻辑,但又非这一逻辑的简单延伸。第三,在批判性继承实用主义和经验主义哲学传统的基础上,英国马克思主义哲学通过对于现实政治和日常生活的关注,进而建构起其政治哲学的研究。第四,英国马克思主义哲学的理论特色始终与其时代特征紧密关联,作为马克思主义哲学在后工业时代发达资本主义国家中的一种理论形式,英国马克思主义哲学集中于与后工业社会相关的一些问题——如文化问题、现代性问题与阶级结构与革命主体问题等——的探讨上。第五,由第一点所决定,即其学术化倾向不仅使马克思主义者与非马克思主义者的边界在英国马克思主义哲学的发展中得以打破,而且也就使哲学与文学与文艺批评、历史学、人类学、社会学、经济学等学科之间的壁垒得以破除,英国马克思主义哲学就成为一种由众多当代英国学者所共同创造、努力建构的英国哲学,并因自身的批判性、反传统性成长为了英国哲学中具有能动性与否定性的哲学派别。第六,英国马克思主义哲学鉴于其多元化与异质性的理论来源,从而显现为多元发展的理论趋向。

由上可见,英国马克思主义哲学作为英国哲学、英国文化的有机组成部分,与欧洲大陆的西方马克思主义相对照,其形式和内容都呈现出明显的差

_____

① 特里·伊格尔顿:《马克思为什么是对的》,李杨、任文科、郑义译,新星出版社2011年版,第220页。

异。尽管在地缘学的意义上,二者有着一定的理论渊源,从而都属于当代西方发达资本主义国家的马克思主义哲学,但基于它们有着不同的社会结构,各自的民族文化传统,因此亦有着不同的思维传统,表现出相当大的区别,即前者主要在英美实证主义和经验主义的思维传统中进行哲学的研究与创造,后者则是在欧洲大陆辩证法的思维传统中进行哲学的追问与探索。在此意义上,从哲学传统的角度清理、分析英国马克思主义哲学的历史嬗变与理论个性,有助于对其阶级理论的思考与研究。

　　基于上述的整体性考察可以发现,"英国马克思主义哲学"的概念有着广义与狭义之分:其一,广义上的"英国马克思主义哲学",从时间跨度上主要指的是从 20 世纪 20 年代以降发展起来的英国本土化的马克思主义哲学;其二,狭义上的"英国马克思主义哲学",从时间跨度上主要指的是从 20 世纪 50 年代以来发展起来的英国本土的马克思主义哲学,它表现为一种将马克思主义哲学本土化的学术倾向与思潮①。需要指出的是,本书正是在后一个意义上来使用这一概念的,并由此对课题的研究对象进行了划界:其一,在纯粹地域性的意义上,指的是英国本土的、有别于欧洲大陆的与英语世界其他国家或地区(如加拿大、澳大利亚、美国等)的马克思主义中的阶级理论;其二,在时间上,指的是发轫于 20 世纪 50 年代发展至今的马克思主义中的阶级理论。其三,在理论上坚持的是马克思主义的基本立场与方法;在政治上坚持的是社会主义。

三、英国马克思主义哲学中阶级理论的两大分析传统

　　基于前文对于英国马克思主义哲学的整体性考察,我们已经基本廓清了进行阶级理论研究的边界。与性别、种族一样,阶级可以说向来都是英国马克思主义哲学研究的一个基础性的理论议题。实际上,英国马克思主义哲学中阶级理论的发展轨迹,呈现出英国马克思主义哲学发展中的两种不同路向。

---

　　① 作者注:对此,国内也有学者将之称为"英国新马克思主义"。参见乔瑞金等:《英国的新马克思主义》,人民出版社 2013 年版,第 1 页。

换句话说,英国马克思主义哲学中的两大分析传统也贯穿于阶级理论之中,并构造出其特有的理论风貌。

英国马克思主义哲学中的两大分析传统,实质上是英国马克思主义哲学内部理论异质性的一种表达。这种异质性从一开始就内含在英国马克思主义哲学自身之中。正如前文已提及的,20世纪50年代以来的英国马克思主义哲学的发展最初是以新左派——从一开始就是一个松散的联盟而并非政治严密的组织——为依托的,因此以新左派人士为主体的英国马克思主义者他们的思想也呈现出显著差异,这也就为后来的争论埋下了伏笔。如众所知,这一争论主要是在英国新左派第一代思想家汤普森与第二代思想家安德森之间展开的,表达的是二者所代表的"历史主义与结构主义"①这两大分析传统。

那么,何谓历史主义的②分析传统? 显然,在英国马克思主义哲学的整体图景中,这一传统主要指的是二战后由马克思主义史学家,尤其是历史学家小组中的主要成员汤普森夫妇、莫里斯·多布(Maurice Dob)、克里斯托弗·希尔(Christopher Hill)、埃里克·霍布斯鲍姆(Erik Hobsbawm)、约翰·萨维尔(John Saville)与罗德尼·希尔顿(Rodney Hilton)等为构成主体开创的研究模式。其主要特点在于:其一,在思想资源上,强调英国的本土经验,强调在学术研究中以事实说话;其二,在哲学传统上,主张英国经验主义的哲学传统;其三,在学术方法上,由于接受过正统的历史学专业训练,因而主张一种历史主义的研究方法;四,在理论个性上,致力于知识分子学术用语的本土化以及将批评和抵抗主义的社会传统本土化,以对普遍性的拒绝姿态来强调英国社会存在的特殊性,特别是反对将外来理论简单地强加、并移植嫁接给英国。

与之相对,结构主义的分析传统则指的是产生于20世纪60年代以安德

---

①　参见乔瑞金、师文兵:《历史主义与结构主义——英国新马克思主义哲学探索的主导意识》,《哲学研究》2005年第2期,第33页。

②　需要指出的是,从源头上来看,英国马克思主义哲学传统中的历史主义可以回溯到19世纪80年代的H.M.海德门,当时马克思主义在英国的传播深受普列汉诺夫的影响,其理论主张虽是科学理性主义的,但却十分重视科学的社会功能,尤其是以J.D.贝尔纳为代表,强调一种历史主义的科学观,因此早期的历史主义可以说正是这种科学主义的一种表现。显然,本书对英国马克思主义的历史主义传统的论述并不涉及早期的历史主义。

森、汤姆·奈恩(Tom Nairn)、罗宾·布莱克伯恩(Robin Blackburn)等为主体所主张的研究模式。其主要特点在于：其一，在思想资源上，重视外来的学术思想的影响，注重欧洲大陆理论、特别是经由结构主义的语言学家索绪尔和列维-施特劳斯来对马克思的核心内容进行解释的阿尔都塞的法国结构主义的马克思主义的影响；其二，在哲学传统上，主张法国理性主义的哲学传统；其三，在学术方法上，强调一种结构主义的研究方法；其四，在理论个性上，则主张一种开放性，认为外来的理论同样可以为解决英国社会的问题提供思路与资源，强调普遍性而弱化特殊性。

实际上，上述两大分析传统并不仅仅意味着汤普森与安德森间由年龄而带来的时代的差异，而且凸显出由二者所创立杂志(分别为《新理性者》与《大学与左派评论》)理念背后的社会与文化环境的差异，迈克尔·肯尼对此曾有过说明："《新理性者》创办于北方工业发达的约克郡。尽管这份期刊在其他地方也拥有读者，但是它主要是受到地方政治氛围——工人运动以及约克郡和平委员会(Yorkshire Peace Committee)这样的组织——的影响而创办的，并且对'伦敦'保持强烈的怀疑态度。"①相较于此，从一开始"就受到一批拥有多元国际背景的持不同政见者的'尾随'"②的《大学与"左"派评论》却是以伦敦—牛津为轴线的，尽管它也努力获得其他地区的支持，但始终与地方性工人阶级的生活缺乏真正的有机联系。所以说，《新理性者》与《大学与"左"派评论》的理论风格就呈现出了不同的走向：其一，前者强调更为严肃的理论探索，后者则主张一种有意开放的讨论与思考；其二，前者一直坚持从伦理与政治的角度对社会主义官僚政治进行批判，后者则更注重一种折中主义的立场，致力于建设一种更具时代特色的目标宏伟的社会主义。事实上，这两份杂志之间所呈现出的诸多思想路线的差异也就直接促发了二者合并为《新左派评论》之后汤普森与安德森之间的争论。可以说，这一争论直接关涉如何理解

---

① 迈克尔·肯尼：《第一代英国新左派》，李永新、陈剑译，江苏人民出版社2010年版，第24页。

② 迈克尔·肯尼：《第一代英国新左派》，李永新、陈剑译，江苏人民出版社2010年版，第25页。

阶级问题在英国马克思主义哲学中的阐释轨迹。

一方面,争论的发端及其表征。

如前所述,英国马克思主义知识分子的传统的巩固显然受益于马克思主义与英国经验主义的结合。这一传统直到20世纪60年代对英国文化和政治持续发挥作用。尽管受到两次世界大战的猛烈冲击与战后福利国家的强烈干扰,但相较于其他欧洲大陆的资本主义国家,英国没有经历法西斯统治与占领,其工业体系也未曾受到彻底摧毁,政治制度亦保持着连续性。同样,在英国,共产主义也没有因为战争而遭到毁灭性打击、抑或是进行革命成为社会主义国家。上述种种,就导致了英国马克思主义没有在20世纪20—50年代期间没有遭遇到生存危机,就如欧洲大陆的各国共产党曾经经历过的那样。事实上只是到了60年代,英国马克思主义才逐渐意识到西方马克思主义哲学思潮的争论与内部的分歧,并进而引发了英国马克思主义哲学内部贯穿于整个60—80年代初的剧烈争论,其标志就是安德森-奈恩命题的提出。

那么,何谓安德森-奈恩命题? 简单说来,就是佩里·安德森和汤姆·奈恩两人通过创造性地使用葛兰西的"领导权"概念,试图弄清在英国是否存在一个资产阶级或贵族的文化统治形式而提出的论题[①],认为:其一,发生于17世纪的英国资产阶级革命具有不彻底性与未完成性,它仅仅对英国社会的经济基础进行改变,却从未真正动摇、改变其上层建筑,因此英国的土地阶级内部的贵族依然是维系统治的力量;其二,恰恰是因为17世纪革命的不彻底性与妥协性,且它往往伴随着宗教斗争的形式,因此从没有形成过英国资产阶级革命的意识形态;其三,英国的工人阶级之所以缺乏革命传统,是因为不成熟的资产阶级革命导致了不成熟的工人运动,由此对于马克思主义的革命理论无法真正接受过;其四,英国工人阶级、甚至英国自身已不再是英国社会主义能否实现的关键,这是因为处在英国资本主义的不可动摇的结构中的工人阶级,根本无力改变英国社会的根本性质。因此,英国缺乏革命性的社会主义,

_____

① 参见 Perry Anderson, *Origins of the Present Crisis*, New Left Review, 23, Jan-Feb. 1964, p26-55; Tom Nairn, *Anatomy to the Labour Party*, New Left Review, 24, Mar-April. 1964, pp.43-58。

也缺乏作为这种运动的基础的革命理论。安德森批评，第一代新左派完全没有认识到这一事实。此外，在分析英国工人阶级的历史材料的过程中，安德森与奈恩还使用了当时并不熟悉的卢卡奇与萨特的"阶级意识"概念，这些做法标志着他们与传统的第一代新左派的决裂。

对此，第一代新左派显然是不能同意的，随后，以汤普森为代表的英国马克思主义者在题为《英格兰的特性》一文中予以了还击，指出安德森-奈恩论题在历史认识上是肤浅的，而在理论上是教条主义的，甚至指责他们是民族虚无主义者。于是，1968 年安德森他们又以《民族文化的构成》一文进行积极回应，但与此同时，他们也由此认识到自己的理论准备仍不充分。之后，在两大分析传统激烈争论的十来年间，安德森担任主编的《新左派评论》开始大规模有计划地系统译介欧洲大陆马克思主义理论家（如卢卡奇、葛兰西、阿多诺、马尔库塞与阿尔都塞等）的著作，并对它们进行消化、吸收与批判，由此试图向第一代新左派表明：一方面，英国并没有自己的马克思主义传统；另一方面，对于英国本土的马克思主义哲学传统道路与学术资源的建构，应当借助于西方马克思主义的理论资源的借鉴、吸收来实现。

应当指出的是，安德森他们在最初引介欧洲大陆的西方马克思主义学说之时，并没有表现出特别的理论偏好。然而，随着 1969、1970 年阿尔都塞的两部著作——《保卫马克思》与《阅读〈资本论〉》——的英文本的出版，阿尔都塞以其向结构主义人类学、精神分析学、历史科学与编年史学借用术语后所形成的语言，对马克思哲学采取了一种激进的解读。这种解读以哲学上的结构主义和政治上的反人道主义在当时西方马克思主义的诸多流派中独树一帜，并成为安德森等人极为推崇与效仿的马克思主义哲学的研究范式，可以说第二代新左派或多或少地都在不同程度上接受了这一研究范式并成为阿尔都塞的追随者。面对着阿尔都塞在英国甫一流行，汤普森就以《理论的贫困》（1978）进行了全面抨击，指出：其一，阿尔都塞的认识论缺乏一种普遍的合法性，因为它生发于有限的理论学习过程之中；其二，由于没有明确的"经验"或是处理"经验"的方法，因此阿尔都塞的认识论是马克思主义哲学传统所拒斥与批判的唯心主义思想模式；其三，由于混淆了必要的经验对话与经验主义，因此,阿尔都塞对历史唯物主义的理论实践进行了歪曲;其四,在某些方面,阿尔都塞对历史主义的批判与对历史主义的反马克思主义批判是一致的;其五,阿尔都塞的结构主义是停滞的、静止的结构主义,与马克思主张的历史方法相距甚远;其六,阿尔都塞的理论体系缺乏适当的范畴以对社会冲突或变化(特别是阶级斗争)等过程性事件进行解释或说明;其七,上述的分析恰好可以说明为什么阿尔都塞对于经济、需要等重要的理论范畴保持沉默;其八,阿尔都塞及其追随者无法处理价值问题、文化问题和政治理论问题。① 可以说,汤普森的这部著作更多的是一部充满着强烈论战气息的论文集,他以十分个性化的文学修辞学手法对于阿尔都塞的结构主义的马克思主义(加之科拉科夫斯基的人道主义的马克思主义)的哲学观、理论观与政治观进行了全面批判,认为,阿尔都塞和安德森等人主所张的结构主义的马克思主义对于历史,只是将其视为一系列抽象化的理论范畴,而非具体的、活生生的历史事件,是一种形而上学的甚至是神学的观念,也正是在这一意义上他们与"形而上学的异端"蒲鲁东并无二致。

尽管两代新左派思想上存在着连续性,但是,汤普森还是由于其咄咄逼人的批判风格引来了第二代新左派中青年学者的集体反击,在其中,安德森的《英国马克思主义的内部争论》可以说是其最著名的批判的集中体现。在该书中,安德森对汤普森的历史哲学、历史学技艺、关于马克思主义的理解以及社会主义的革命战略等进行了全方位的深入分析,从而形成了两派争论的第二次高潮。

纵观英国马克思主义哲学发展过程中的这一著名争论,我们发现,它实际上反映出的是,英国马克思主义者在面对英国自身的经验主义哲学传统与欧洲大陆,尤其是法国哲学传统之间所选择的不同理论立场与态度:如果说,汤普森"反对建立一种模式以把人们的注意力集中到革命这样戏剧性的插曲,而是把它之前与之后发生的一切都和它联系起来;坚持一种理想的革命类型,

---

① 参见 E.P.Thompson,*The Poverty of Theory,or an Orrery of Errors*,Merlin Press,1995,p.6.

然而所有违背这种类型的都将受到审判"①的话,那么汤普森所表现出的"英国性"民族主义色彩则被安德森等人看做是一种"保守"与"封闭",因此,后者的理论转向则显得更加具有国际主义色彩。究其实质而言,这也呈现出了马克思主义哲学在世界化进程中所必须要面对的问题,亦即如何处理马克思主义哲学的世界化与民族化的关系问题,即一般性与特殊性、普遍性与个别性的关系。

另一方面,争论的实质及其指向。

如前所述,英国新左派的内部争论不仅仅表达出英国马克思主义哲学内部在 20 世纪——这一人类历史上动荡不安且急剧变化的时代——对理论路线与政治实践方面的反思与探索,更揭示出在其发展过程中由不同思维范式所主导的哲学传统。

首先,以汤普森为代表的历史主义的思维范式。总体来看,这一思维范式的主要特征在于如下几方面:

其一,作为专业的历史学家,汤普森在自己对马克思主义的理解中深受历史学研究的影响,强调历史事实的客观性,对存在于历史中的一般模式和普遍规律的研究则不太重视,较为忽略理论的作用。这是因为,对汤普森来说,"历史学并不是一个生产'伟大理论'的工场。历史学的任务是要发现、解释和理解它的对象,即真实的历史。"②由此可见,汤普森就规定了历史学的研究任务是挖掘、整理历史材料和事实,而不是通过历史材料和事实进行理论的生产与论证。正是这种对于历史学的规定,使得汤普森直接地反对将历史学视为一门科学,他认为,"把历史称为一门'科学'的企图总是徒劳无益的,且容易引起诸多混乱。"③正是因为洞察到历史本身的流变性与理论概念的牢固性之间的张力,汤普森指出历史演进中诸多的偶然性决定了不可能出现相同的历史事件,也不可能产生造就历史事件的相同历史条件和环境,因此,在特定历史时期、特殊历史条件下由特定的历史事实生成的理论只适合于说明当时

---

①　E.P.Thompson, *The Poverty of Theory and Other Essays*, Monthly Review Press, 1978, p.257.

②　E.P.Thompson, *The Poverty of Theory and Other Essays*, Monthly Review Press, 1978, p.46.

③　E.P.Thompson, *The Poverty of Theory and Other Essays*, Monthly Review Press, 1978, p.231.

的历史,不具有对其他历史事实进行说明的普遍性。因此,汤普森在历史学研究中十分注重对事实、甚至于细节的考证,理论自身总是被有意地被排除在外。对于自己的这个特质,诚如他自己曾言:"在我的史学著作当中并没有很大的理论篇幅。我有意避免这一点。一方面这是个怎样与读者对话的问题,另一方面也表明了我的整个立足点和思维方式。"①然而需要指出的是,汤普森虽然拒绝以理论和原则来剪裁事实,但却强调马克思主义的方法对于历史研究的意义,亦即作为方法论的历史唯物主义和辩证法是马克思主义者的"共同实践的场域"②。

其二,汤普森在研究中强调历时性分析,注重研究对象的过程性与流变性。对他而言,历史学的研究并不排斥对概念与范畴的使用,但这些概念与范畴"是'预期而不是规律',因为它们拥有一种'特殊的适应性','必要的普遍性和灵活性',是一种'流动性的系数'"③,所以能够随着经验事实等对象的变化而变化。显然,汤普森在研究中就用概念取代了理论,认为概念的运用也是为了更好地讨论经验事实的过程性与流变性,这就最终使得概念消融在了经验事实中。

其三,由上述两点所决定,这种思维方式由于受到经验主义哲学的强烈影响,因此在研究方法上更多采用归纳法,注重对经验事实的实证考据,其研究更多是在历史学而非历史哲学的层面。

其四,强调主体意识的能动性、创造性,即强调人在历史发展过程中所具有的能动作用,这一思想突出地表现在汤普森的理论巨著《英国工人阶级的形成》一书中。在历史主义的分析传统之中,个体的存在是真实的、首要的,对其来说,即使存在作为整体的社会,那么这个整体及其秩序规则也都不过是人想象的产物,最终也是服务于社会中的每个个体,因此每一个个体的自由而全面的发展是他们追求的最终目的。可见,每个个体都存在着意识的能动性

---

① 刘为:《有立必有破——访英国著名史学家 E.P.汤普森》,《史学理论研究》1992 年第 3 期,第 110—111 页。

② E.P.Thompson, *The Poverty of Theory and Other Essays*, Monthly Review Press, 1978, p.44.

③ Perry Anderson, *Arguments Within English Marxism*, NLB and Verso, 1980, p.9.

和相对独立性,并由此强调历史发展过程中诸要素的历史性与延续性。

其次,与汤普森不同,以安德森为代表的结构主义的思维范式的主要特征则在于如下方面:

其一,如果说汤普森重事实轻理论的话,那么安德森则十分重视理论的功能与价值。对于汤普森等历史学家在英国马克思主义中的理论贡献进行了充分肯定之余,安德森明确指出了英国马克思主义研究中的不足,认为,对于任何严肃的马克思主义者抑或"左"翼而言,历史研究是极其重要的,但仅仅局限于其中是远远不够的,这是因为英国马克思主义所缺乏的恰恰是系统的批判理论。于是,对他来说,历史学的研究不应该排除理论,尽管重视历史事实和经验材料是历史学家的权利,但是缺乏理论的研究则会使得搜集考证历史事实的工作陷于资料的堆砌而变得毫无意义,只有经过系统的总结与理论的抽象才能实现历史学研究的目的。在此意义上,安德森主张借助于结构主义的方法来重新考察历史编纂得来的材料,进而获得这些材料背后所蕴含的"历史的全部法则和意义,在现有的水平上使思想体系完全适应于现在和未来"①。

其二,在研究中强调共时性分析,注重对事件起决定作用的背后的社会结构的考察,即在社会结构的整体框架内分析经验的事实材料。安德森认为,历史的过程性与流变性对于建立清晰明确的概念并无妨碍,这是因为,如果要在历史与现实杂乱的事实材料中清除不必要的具体性和复杂性,那么抽象这一思维工具的运用就是必然的,它可以将处于诸多事实背后的清晰而简洁的结构与关系呈现于人们面前,并作为抽象出来的本质与规律而具有一种真实性。正是通过对于大量历史事实和材料的清理与分析,从中把握历史变化的规律,最终界定出一种理论概念以使社会关系结构得以清晰呈现,在这一意义上,结构主义方法是解读社会历史的一把钥匙。也是在这个意义上,对安德森而言,"马克思主义主要地而且是出类拔萃地属于那种探讨整个社会的本质及其发

---

① 佩里·安德森:《当代西方马克思主义》,余文烈译,东方出版社1989年版,第18页。

展方向的思想体系的范畴。"①可见,对于社会发展总体和长时段的考察的考察,安德森更偏重于结构主义。

其三,强调社会结构对于主体的制约作用,从而导致对主体在社会结构中的创造与改造功能的忽视,进而消解了主体。由此,在社会历史发展进程中进一步主张理想的统一标准模式,强调国家、经济和政治制度的重要作用而忽略个体的价值。

通过上述分析可以看出,显然,安德森偏重的结构主义的分析传统是迥异于汤普森所一直强调的历史主义的分析传统的。而与此同时,二者的这种异质性亦深深地影响了英国马克思主义哲学中阶级理论的发展,使得他们在阶级的形成、阶级的结构与阶级研究的方法论诸方面都有不同的理解,并呈现出不同理论范式因时代变迁而发生的转换。

最后,无论如何,我们可以发现,英国马克思主义哲学中的两大分析传统在一定程度上也是对20世纪50—70年代马克思主义哲学在西方世界中整体发展的一种回应。当然,阶级理论的研究无法回避这一点,关于它的理解,往往与经济基础与上层建筑之间的关系——这一马克思思想中广受争议的主题——联系在一起。通常,这一主题被他的批评者们广泛指责为是一种经济还原主义的断言,即认为社会、政治与精神的发展是由经济基础所决定的。这样一种机械论的解读确实会对复杂的人类生活造成一种粗糙而过度的简化,而且,在马克思逝世之后,恩格斯——他的合作伙伴与革命同志——在自己给梅林等人的书信中再三重申,历史唯物主义不能被简单地理解或解释为"经济唯物主义的观点",即声称经济情势是人类行为的唯一原因。恰恰与之相反,恩格斯论证说,虽然经济关系可能在"归根结底"的意义上是决定性因素,但是其他的各种历史因素——上层建筑中政治、法、意识形态的关系——在任何特定时刻,也会对人类行动与历史进程产生影响。可是恩格斯的这一干预并未终结关于经济基础与上层建筑关系的争论。可以说,随着马克思主义哲学的发展,在西方马克思主义哲学内部出现了两大理论流派,分别代表了不同

---

① 佩里·安德森:《当代西方马克思主义》,余文烈译,东方出版社1989年版,第2页。

的哲学传统与趋向,即人道主义的马克思主义和科学的马克思主义。在很多人看来,事实上这两大流派从根本上折射出的是关于阶级理论的行动与结构之争。

在整个 20 世纪 80 时代,在包括英国在内的马克思主义理论家中,有关阶级的这种争论一直持续进行着。然而,结构主义的马克思主义分析传统不再有多大影响,这至少部分是因为"左"派在这一时期的选举中的失败。可以说,20 世纪 60 年代伴随着"左"派的乐观情绪以及马克思主义学院派的复兴,也随着 1968 年五月风暴的失败而结束。尤其是 20 世纪 80 年代见证了"新右派"——英国的撒切尔主义和美国的里根主义——的崛起,新自由主义开始占据全球舞台。包括拉克劳和墨菲、伍德在内的政治理论家,思考了在业已变化的环境中社会主义的可能性问题,这种讨论多半涉及对某些基础性的马克思主义观念进行根本性的修改,特别是对于无产阶级或工人阶级在马克思著作中所占的核心地位日益提出质疑,主要认为:其一,革命政治在工人阶级中的不在场反映了这一事实,即在经济与政治之间不存在必然的一一对应的关系;其二,在工人阶级与社会主义之间并不存在必然的或特定的关系,从而社会主义运动是可以独立于阶级而形成的,由此消解了阶级与意识之间的联系环节;其三,社会主义无论如何是与超越了物质性阶级利益的狭隘性的普遍人类目标相关的,因而可以超越阶级、面对更为广泛的大众。如此一来,争取社会主义的斗争就被想象为多种多样的民主斗争,并把对许多形式的不平等和压迫进行的抵抗整合起来。于是,这就促成了一种观点——在 21 世纪的社会来说,阶级不再是一个相关的分析性概念——的形成。那么,阶级理论的这一转折又应当如何被看待?英国马克思主义哲学中阶级理论自身的发展,实质上表达的是对于在英国这样的资本主义国家内社会主义如何实现,解放主体如何建构的思考,而两大分析传统在这一问题上所引入的政治想象,在今天依然是、且应当是马克思主义哲学家可以依据的理论资源。于是,接下来,本书将对英国马克思主义哲学中阶级理论的整体风貌逐一展开考察。

第二章　阶级理论的历史学
研究范式的确立

如前所述,我们对英国马克思主义哲学中的阶级理论的考察,关键在于要从研究范式上清理这一理论的问题与内涵。显然,在英国马克思主义哲学的发展史上,阶级理论的研究曾经出现过不同的研究范式。其中,历史学的研究范式就是由英国马克思主义史学家的代表人物汤普森、霍布斯鲍姆等人所开创的。那么,什么是历史学的研究范式呢? 简单说来,这一范式是采用历史学的研究方法,从阶级意识产生的角度来考察英国工人阶级的形成及其历史演化,说明工人阶级是如何从英国资本主义社会中分化出来的,其阶级意识的经验、文化构成及其历史前景是怎样的。接下来,我们将对此展开具体讨论。

第一节　汤普森:"历史-人类学"[①]的阶级理论

诚如哈维·凯伊(Harvey J.Kaye)所言,"作为历史学家、政论家与政治活动家,汤普森或许是最有知名度,但同时也是最富有争议的英国马克思主义史

---

① 作者注:在这里,"历史-人类学"的研究范式主要是指在对阶级问题的探讨中,强调"非经济因素"(如社会关系、文化规范)的实践功能,使得"经济过程——包括市场过程——由此总是被嵌入到文化规范与实践之中",参见 Beverley Skeggs, *Class*, *Self*, *Culture*, Routledge, 2004, pp.28-29,以及 *Anthropologies of Class*, edited by James G.Carrier and Don Kalb, Cambridge University Press, 2015, p.9, p.12。

学家。"①显然,相较于他的政论家与政治活动家的身份,汤普森更是英国"他那一代人中最有影响力的历史学家之一"②。在长期的学术研究中,汤普森建立起了一种颇具个人色彩的马克思主义历史学理论,并在研究方法上充分展示出了历史唯物主义的批判作用,亦即"如何以非资本主义的术语来思考,以挑战资本主义基本范畴的普遍性——如财产、劳动、市场等概念"③,从而以某种历史-人类学的解构颠覆了资本主义的假设。其中,在代表作《英国工人阶级的形成》以及后来的一系列著作中,他就以一种"历史-人类学"阶级理论的建构与研究继续着西方马克思主义者对这一问题的探讨。

一、问题的缘起

毫无疑问,至今我们关于阶级问题的所有争议,都是沿着马克思开辟的空间来进行的。正如前文已论及的,由于马克思在《资本论》中没有给出关于阶级的明确定义,因此"这对无产阶级的理论和实践来讲都是一种灾难"④。显然,对西方马克思主义的开创者卢卡奇来说,"革命的命运要取决于无产阶级在意识形态上的成熟程度,即取决于它的阶级意识"⑤,不过阶级意识"既不是组成阶级的单个个人所思想、所感觉的东西的总和,也不是它们的平均值"⑥,而是"理性的适当的反应,而这种反应则要归因于生产过程中特殊的典型的地位"⑦。在这里,卢卡奇对于阶级意识的强调表现出其阶级分析的经济基础转向哲学,亦即直接影响了西方马克思主义哲学在阶级问题上的研究由政治经济学的批判转向哲学的批判。也就是说,当西方马克思主义对正统马克思

---

① Harvey J.Kaye,*The British Marxism Historians*, Polity Press,1984,p.167.

② 爱德华·汤普森:《共有的习惯》,沈汉、王加丰译,上海人民出版社 2002 年版,"E·P·汤普森(代序)"第 1 页。

③ 艾伦·梅克森斯·伍德:《民主反对资本主义》,吕薇洲等译,重庆出版社 2007 年版,第14 页。

④ 卢卡奇:《历史与阶级意识》,杜章智、任立、燕宏远译,商务印书馆 1992 年版,第 98 页。

⑤ 卢卡奇:《历史与阶级意识》,杜章智、任立、燕宏远译,商务印书馆 1992 年版,第 129 页。

⑥ 卢卡奇:《历史与阶级意识》,杜章智、任立、燕宏远译,商务印书馆 1992 年版,第 105 页。

⑦ 卢卡奇:《历史与阶级意识》,杜章智、任立、燕宏远译,商务印书馆 1992 年版,第 104—105 页。

主义中将历史唯物主义误读为经济决定论的倾向进行了理论上的修正,试图凸显阶级形成的主观条件,而这也在相当程度上削弱了阶级问题的客观的物质基础。但无论如何,这恰恰是马克思主义哲学自身在其历史发展过程中的理论呈现和展开。

也是沿着这一路向,我们发现,正如艾伦·梅克森斯·伍德所认为的那样,汤普森也是在他的历史学著作中试图迎战"历史唯物主义与决定论"这一命题而展开阶级问题的研究的。汤普森在谈及《英国工人阶级的形成》时曾谈及自己的研究缘由,即试图探索当时马克思主义研究中的两大理论模型:一是传统的政治经济学,在当时十分盛行于英国学术界,尤其是在经济史领域之中占据主流话语的地位,亦即资本主义政治经济学模式;二是作为其对立面出现的"马克思主义经济主义",不过"这一模式同样包含了一种简单化的对人类行为动机的解释,它完全从经济原因出发,而把人类行为的其他各个方面都忽视了,譬如民族主义、性别、文化因素等等就都不在视野之内"①。鉴于此,汤普森十分希望可以将更为丰富的文化范畴引进历史学的研究,并以此反对粗略的经济主义和简单化的经济决定论。需要注意的是,对于处理经济基础和上层建筑的关系这一问题,汤普森"既反对那种取消历史特征的简化论的因果关系概念,也反对那种将经济的决定作用无限期推迟的概念"②,即他一方面承认这种"经济"决定论是始终存在的,而另一方面他又质疑"认为能够用'经济'术语描述一种生产方式,而将组织这一生产方式的规范、文化和关键性观念,当作第二位(不那么'真实')的东西撇在一边"③。由此出发,汤普森着重指出,"任何生产方式都同时有'经济的'和'文化的'表现形式"④,这

---

① 刘为:《有立必有破——访英国著名史学家 E.P.汤普森》,《史学理论研究》1992 年第 3 期,第 109 页。

② 艾伦·梅克森斯·伍德:《民主反对资本主义》,吕薇洲等译,重庆出版社 2007 年版,第 61 页。

③ 艾伦·梅克森斯·伍德:《民主反对资本主义》,吕薇洲等译,重庆出版社 2007 年版,第 63 页。

④ 艾伦·梅克森斯·伍德:《民主反对资本主义》,吕薇洲等译,重庆出版社 2007 年版,第 62 页。

也就意味着,对他来说:一方面,意识形态与文化有其自身的内在逻辑,且构成了社会历史过程中的一个"真实"要素;另一方面,生产方式的决定性影响同时是在经济与非经济的领域发挥作用的,这种影响无时无处不在。正是对"同时性"的这种坚持,汤普森的理论创造并不能简单地被看做是对经典马克思主义的唯物主义的修正抑或远离,而是对马克思原意的一种注解。基于此,我们来详细考察汤普森"历史-人类学"的阶级理论。

毫无疑问,汤普森是重视阶级的,这是因为,他始终将理论的研究、历史的分析与现实的分析紧密地链接在一起。当汤普森试图从历史之中去探寻社会的发展动力与前进轨迹之时,他首先思考的是在英国如何有效地开展社会主义运动。作为马克思主义史学家的他,始终坚信"一个正义而人道的未来社会的根源可以在英国过去的大众性民主斗争中发现"①,而大众性民主斗争得以开展的核心与关键就是主体意识的形成。于是,这一问题就在被称作为"英国工人阶级从步入青春到早期成熟的一本传记"②的《英国工人阶级的形成》一书中得到了展开与研究。

那么,汤普森是如何理解阶级的呢?显然从"历史-人类学"的意义上来看,在汤普森这里,"阶级是社会与文化的形成,其产生的过程只有当它在相当长的历史时期中自我形成时才能考察,若非如此看待阶级,就不可能理解阶级"③。这就清楚地说明了,汤普森认为并不存在着超历史的、绝对的主体(如阶级),只有对在特定的历史情境下的阶级进行分析,才能产生理论的与实践的成效。

二、作为中介的"经验"范畴与阶级意识

众所周知,汤普森在《英国工人阶级的形成》中反复强调,阶级是一种关

---

① 埃德温·A.罗伯茨:《英国马克思主义理论形成中科学家与历史学家》,陈晓摘译,《国外理论动态》2006 年第 1 期,第 64 页。

② 汤普森:《英国工人阶级的形成》,钱乘旦等译,译林出版社 2001 年版,"前言"第 4 页。

③ 汤普森:《英国工人阶级的形成》,钱乘旦等译,译林出版社 2001 年版,"前言"第 3—4 页。

系,而非一种东西。这一观点实质上表达出他对当时斯大林模式下的阶级观的反对与批判,正如前文所述的那样,当以斯大林模式为代表的阶级观仅仅将马克思主义的阶级的本质理解为一种实体的时候,阶级意识的产生就成为一种必然,然而在国际共产主义运动的实践层面,特别是20世纪初西方发达资本主义国家中,这种阶级意识并没有如期产生,往往需要借助于"政党"和"理论家"的灌输才能实现。正是在对这一理解的反思中,汤普森一再指出这种将阶级实体化的做法实质上是将其抽象化,阶级,它应当"是人们在亲身经历自己的历史时确定其含义的,因而归根结底是它唯一的定义"①。不言而喻,在汤普森看来,马克思的生产方式分析范式对于阶级与阶级意识的研究来说,是真正有意义的指南,这是因为借助于这一范式,阶级——它不仅"是经济的,同时也是'文化'的结构:要在理论上强调一个方面对另一个方面具有优先的地位是不可能。因此我们可以得出结论,'最后的'的起作用的决定因素在文化中,也在经济形式中。随着生产方式和生产关系的变革,男女们的经验也在发生变化。这种经验按阶级的方式进行分类,分成社会生活和意识以及男女们的赞同、抵抗和选择"②。在此意义上,阶级被视为历史的关系总和。

首先,汤普森强调了作为历史的关系总和的阶级中的经验范畴。众所周知,在汤普森的诸多文本中,他曾大量使用"经验"(experience)一词,尤其在论述阶级的形成过程中。显然,经验这个范畴对于我们理解汤普森的思想是十分重要的。显而易见,经验,在哲学中常常是在感觉经验的意义上来说的,即它是通过感觉器官所知觉到的东西,抑或是指从他人那里习得的东西,再或者凡是从外部源泉或内部反省而来的东西;在此意义上,经验与观察和实验相联系③,而经验主义则强调我们的知识——无论是其来源,还是其可靠性——都必须建立在经验的基础上。如此一来,经验这个范畴至少具有了双重意义:

---

①　汤普森:《英国工人阶级的形成》,钱乘旦等译,译林出版社2001年版,"前言"第3—4页。

②　汤普森:《民俗学、人类学与社会史》,蔡少卿编《再现过去:社会史的理论视野》,浙江人民出版社1988年版,第204页。

③　参见雷蒙·威廉斯:《关键词》,刘建基译,生活·读书·新知三联书店2005年版,第148—151、167—171页。

一,是作为名词性的概念,指的是经历的事实或存在具有客观性,另一,是作为动词性的概念,主要指意识状态的经验即体验,具有主观性。可以说,汤普森正是从其双重意义上来分析阶级的产生,他强调指出"当一批人从共同的经历中得出结论(不管这种经历是从前辈那里得来还是亲身体验),感到并明确说出他们之间有共同利益,他们的利益与其他人不同(而且常常对立)时,阶级就产生了。阶级经历主要由生产关系所决定"①,也就是说,阶级的形成尽管需要其成员有共同的经历,不过对于这种经历的感受与体验则更为重要,这是因为对经历的感受与体验、进而形成共同的心理感受对于阶级意识的形成是不可或缺的。所以,他不断地重申,"阶级与阶级意识不能分离,不能认为它们是两个分开的实体,也不能认为阶级意识是在阶级出现之后产生的,必须把确定的经验和在观念上处理这种经验看成是同一过程。"②在这里,"确定的经验"强调的是经历作为事实或存在的客观性,而"在观念上处理这种经验"则是强调有关这种经验的感受与意识,即阶级意识的产生。显然,对汤普森来说,如果不能在观念上处理这种经验,那么,阶级意识也就无法生成,当然阶级也就无法形成。于是,汤普森就通过对于经验的重视,强调了阶级的动态性、历史性与过程性。正是通过对于"经验"的强调,汤普森坚持着英国本土的经验主义传统,因为当面对着一个个活生生的、具体而真实的人时,面对着如棱镜一般的多样性时,他始终坚守着英国的民族性;与此同时,对于作为历史的关系总和——阶级——的经验性的强调,也表现出在汤普森的理论中,人不仅仅是具体而真实的,他们有思想与情感,而且也创造着历史本身、创造着自身,换言之,在汤普森那里之所以强调经验而不是结构,是因为他重视的是创造历史的人。在此意义上,汤普森始终是坚持历史唯物主义的理论立场,他坚持了马克思所强调的"人们自己创造自己的历史"③这一观点,亦即坚持了人的历史不只是在自己的活动中,而是在人的活动与其所创造出的感性世界之间的

---

　　① 汤普森:《英国工人阶级的形成》,钱乘旦等译,译林出版社 2001 年版,"前言"第 1—2 页。

　　② E.P.Thompson, *The Poverty of Theory and Other Essays*, Monthly Review Press, 1978, p.109.

　　③ 《马克思恩格斯文集》第 2 卷,人民出版社 2009 年版,第 470 页。

交互作用中展开的。

其次,汤普森对于经验的重视是为了赋予社会意识在一定范围内具有自主性。如前所述,汤普森为了批判苏联斯大林模式的马克思主义对于阶级的实体化理解,他一方面借鉴了卢卡奇的阶级意识理论,主要表现在:其一,在概念的引用上,例如"阶级意识"、"实践经历"等;其二,在一些重要观点的理解与认同上,如"人在历史中的重要性"和"人的意识对历史的重要贡献"等。另一方面,他也吸收了葛兰西的文化领导权理论,主要表现在:其一,对于工人阶级的阶级意识的形成过程以及取得文化领导权的可能途径的相关论述启发了汤普森对于英国工人阶级的考察;其二,葛兰西的文化领导权理论对于经典马克思主义中的国家理论进行了拓展,使得人们不再简单局限于政权或专政的统治范围,而是尝试以文化的视角来重新理解国家概念。基于此,汤普森就以经验为中介,试图以此来解决苏联斯大林式的马克思主义在理解与说明存在与社会意识关系时的还原论和简单化倾向。可以说,正如前文所分析的,恰恰是因为"经验"这一范畴本身所具有的二重属性,即它既是客观的、又是主观的,于是,它"是文化与非文化得以弥合的连接点,一半存在于社会存在中,一半存在于社会意识中,我们或许可以称这些经验为:经验———生活经验;经验二——感知体验"①。如果可以说"经验产生于物质生活,经验由阶级的方式所构成,因此社会存在决定了社会意识"②,那么,"社会存在的变化就带来了经验的变化;经验的变化影响着现存的社会意识,提出新的问题,为进一步的意识活动提供素材,在此意义上,经验是决定性的……'经验'在最根本的意义上是产生于'物质生活'的,以阶级方式积累而成"。③ 由此可见,汤普森运用经验这一范畴绝不是要割裂社会存在与社会意识的联系,更不是要否认历史唯物主义所赋予社会存在相对于社会意识的首要性地位,与之相反,他很明确地坚持社会存在决定社会意识这一唯物史观的基本原则的,他之所以在

---

① E.P.Thompson, *The Politics of Theory*, edited by Raphael Samuel, *People's History and Socialist Theory*, Routledge & Kegan Paul, 1981, pp.405-406.

② E.P.Thompson, *The Poverty of Theory and Other Essays*, Monthly Review Press, 1978, p.171.

③ E.P.Thompson, *The Poverty of Theory and Other Essays*, Monthly Review Press, 1978, p.171.

社会存在与社会意识之间嵌入经验这一中介,是为了更好地说明二者之间的复杂关系:经验,它不仅仅意味着主体的生活经验,更意味着主体对于这一生活经验的感知体验,于是经验自身的二重属性——客观与主观、存在与意识——就构成了链接社会存在与社会意识的一个重要环节。换言之,社会存在与社会意识之间正是由于经验的中介性作用,就不再呈现为壁垒森严的二元对立模式。因为经验这一范畴,社会存在也就被理解为一个活生生的过程,而非僵化的实体的概念;主体,由此就不再是被仅仅看做为历史的旁观者无须有所行动,相反却能够成为历史的行动者并积极投身、融入历史之中,由此,社会生活与日常生活的所有要素如"家庭关系、风俗习惯、看得见抑或看不见的社会准则、权威与服从、统治与反抗的象征形式、宗教新年和对千年王国的冲动、礼节、法律、规章和意识形态,总之,所有这一切构成了整个历史过程的遗传学,在某一点上汇聚成为人类所共有的经验,每一部分都在总体中发挥着自己的作用"①。

又次,正是借助于经验这一范畴,阶级意识对于阶级的形成以及阶级斗争的重要性由此凸显。事实上,前文在论及汤普森与安德森-奈恩的争论时已指出,汤普森及其所代表的历史学派始终坚持一种"英国性"("英格兰的特性"),对于英国的现实始终拒绝以欧洲大陆的理论对之生搬硬套地剪裁。正是在实证性考察了大量的历史材料的基础上,他们试图证明英国工人阶级亦具有强烈的政治意识与自由意识,以及拥有自己的激进与革命的传统,因此通过经济的、政治的斗争方式是有能力取得革命的胜利的。特别是,汤普森在《英国工人阶级的形成》中,对工人阶级"经历"(experience)的诸方面——从组织到政治活动,从文化娱乐方式到宗教情绪——都进行了十分详尽细致的考察,由此证明,恰恰是通过这些"工人阶级的经历",大多数的英国工人最终开始意识到他们之间存在着的共同利益,意识到工人阶级自身的利益始终截然对立于雇主们、统治者的利益,进而形成了阶级。在这里,需要注意的是,汤

---

① E.P.Thompson, *The Poverty of Theory and Other Essays*, Monthly Review Press, 1978, pp. 170–171.

普森是明确区分了阶级经历与阶级意识(汤普森文本中亦使用"阶级觉悟"这一范畴)的:"阶级经历主要由生产关系所决定,人们在出生时就进入某种生产关系,或在以后被迫进入。阶级觉悟是把阶级经历用文化的方式加以处理,它体现在传统习惯、价值体系、思想观念和组织形式中。如果说经历是可以预先确定的,阶级意识却不然。我们可以说具有相似经历的相似职业集团对问题会作出合乎逻辑的相似反应,但决不能说这里面有'规律'。阶级觉悟在不同的时间和地点会以相同的方式出现,但绝不会有完全相同的方式。"①简言之,一方面,阶级经历是由人们当下在经济结构中所处的地位所决定,是阶级形成的前提与必要条件。另一方面,阶级经历并不必然产生阶级意识,尽管相同的经济地位决定了相似的阶级经历,但是具有相似的阶级经历的集团并不能被简单等同于一个阶级。这也可以看出,汤普森是拒绝对阶级经历与阶级意识的关系做反映论式的理解,即阶级意识并非对阶级经历的一种简单反映,而是通过"文化的方式"形成的。尽管汤普森看到了对于阶级的形成,由生产关系所决定的"共同的经历"是必不可少的,但他却将"文化"由此引入到了对于阶级意识和阶级形成的阐释之中。

之所以这样,是因为英国工人阶级产生的价值对于汤普森而言恰恰在于他们在如何决定英国历史进程与现代民主自由发展之中所起到的关键作用。显然,只有立足于此,我们才能理解汤普森为何强调文化之于阶级意识的意义以及阶级意识之于阶级形成的意义。于是,在考察完英国工人阶级的共同的生活经历之后,汤普森认为,至少有以下因素对于英国工人阶级意识的形成起到了关键性的作用:其一,从 17 世纪资产阶级革命时期的"千年王国派"以来,经由班扬的《天路历程》、潘恩的《人权论》与 18 世纪之初的非国教教派组织,直至 18 世纪中叶出现的卫斯理宗所传承下来的非国教的思想与组织传统。尽管在一个如此漫长而曲折的进程中,新教非国教教派遭遇了意识形态上的战略后撤,即由其中的千年至福派所主张的"外在的王国"转向对"内在的王国"的自省,也就是说,到 18 世纪非国教教派在革命理想破灭之后,非国

---

① 汤普森:《英国工人阶级的形成》,钱乘旦等译,译林出版社 2001 年版,"前言"第 2 页。

教教派不再要求建立"圣人的国家",而是努力适应社会现实,力图与现有制度达成妥协。然而,正是在这种妥协中,非国教教派以丢弃原则的代价保全了组织,使自身传统得以延续下来,这就成为 19 世纪工人反抗斗争的一个深刻的历史根源,也是在这个意义上,汤普森强调,"理解这种后撤——以及在后撤之后还剩下什么,对于理解 18 世纪的情况以及后来工人阶级政治活动中的一个持久因素非常关键。在某种意义上,变化表现在新型的组织机构中,这些组织可以归结为两个词,即'清教'的生存活力和非国教的保护性退却。"①其二,以群众暴动、抢粮风潮和滋事骚乱等等为主要表现形式的下层民众自发而无组织的反抗行为,以及在此过程中所体现出的集体斗争意识,其背后是"全国城乡的所有工人都在为自己要求普遍的权利"②,事实上它直接缘起于英国启蒙运动中的"习惯法"与"与生俱有的权利"观念,而这种英国民众骚动的深刻性、广泛性与激烈性也为后来工人的斗争提供了历史根据。其三,以"生而自由的英国人"为主要标志的民族传统与文化认同,这一传统始自于 17 世纪英国资产阶级革命时期的平等派,后由 18 世纪贫民思想家以及各种人民运动的填补锻造,直至潘恩的《人权论》。在汤普森看来,作为"英国工人运动的奠基之作"③的《人权论》,代表了洛克政治学说中的另一半传统(一半由伯克所继承,强调以经验和传统来看待政府并考察其运作),主张"为被统治者说话,认为政府的权威来自征服,在划分为阶级的社会中加以继承"④,于是潘恩就将政府改革与无产阶级日常生活上的困境联系起来,从而为 20 世纪的社会立法提供了源泉,但更为重要的是,他所给予英国人的激进平等主义的口号在根本上触及"生而自由的英国人"的最深层反应,渗入了英国城市劳动人民的政治态度,进而为英国工人阶级意识的形成提供了理论支撑。其四,由法国大革命所激发的英国的"雅各宾传统"对于英国人民平等共和意识的培育,以及在此基础上所产生的工人群众的激进主义传统。汤普森指出,相较于法国的雅

---

① 汤普森:《英国工人阶级的形成》,钱乘旦等译,译林出版社 2001 年版,第 17—18 页。
② 汤普森:《英国工人阶级的形成》,钱乘旦等译,译林出版社 2001 年版,第 105 页。
③ 汤普森:《英国工人阶级的形成》,钱乘旦等译,译林出版社 2001 年版,第 89 页。
④ 汤普森:《英国工人阶级的形成》,钱乘旦等译,译林出版社 2001 年版,第 91 页。

各宾主义,18世纪90年代的英国雅各宾派有着自己的传统与特点,即"自我教育和理智地批评政治和宗教体制的传统;自觉的共和主义传统;以及最重要的国际主义传统"①,它们对于英国的社会运动曾产生过很大影响。可以说,上述四种因素实际上就是英国工人阶级在其形成过程中从历史中所继承下来的文化传统。正是从英国历史的实际出发,汤普森在探讨英国工人阶级的形成时,并没有进行抽象地理论演绎,而是将活生生的、具体的内容注入其中,强调了英国的特殊性,以及重事实、求实证的经验主义哲学传统。

也是在此基础上,汤普森认为,阶级意识的形成是一个漫长的过程,并基于所继承的文化传统在阶级斗争的经历中不断得到完善,由此形成了阶级。而这种对于阶级的动态考察,虽然"其中既有主观的因素,又有客观的条件。工人阶级并不像太阳那样在预定的时间升起,它出现在它自身的形成中"②,所以"工人阶级的形成不仅是经济史上,而且是政治史和文化史上的事实"③。可见,较之于苏联斯大林式马克思主义将阶级理解为一个既定生成的"东西",汤普森始终则更为"强调传统、意识形态和社会组织形式的重要性,强调非经济方面在阶级形成过程中的重要作用,强调阶级在客观因素的作用下被形成时又主观地形成自己的过程"④。

最后,阶级意识与阶级斗争。如众所知,《共产党宣言》开篇即指出"至今一切社会的历史都是阶级斗争的历史"⑤,这就宣告了阶级斗争作为马克思主义的一个基本观点所具有的意义。事实上,如前文已论及的马克思于1852年3月5日致魏德迈的信中曾明确指出,他的阶级与阶级斗争学说,是基于对资产阶级历史编纂学家和政治经济学家的批判性继承而发现的新内容,但这些新内容并非可以脱离具体的、现实的研究基础而独立存在的原则或教条。马克思恩格斯他们对于阶级与阶级斗争的理解,事实上是建立在唯物史观的基

---

① 汤普森:《英国工人阶级的形成》,钱乘旦等译,译林出版社2001年版,第198—199页。
② 汤普森:《英国工人阶级的形成》,钱乘旦等译,译林出版社2001年版,"前言"第1页。
③ 汤普森:《英国工人阶级的形成》,钱乘旦等译,译林出版社2001年版,第211页。
④ 汤普森:《英国工人阶级的形成》,钱乘旦等译,译林出版社2001年版,第1004页。
⑤ 《马克思恩格斯文集》第2卷,人民出版社2009年版,第31页。

础之上的,在随后的第二国际理论家们如拉布里奥拉、拉法格等以及列宁那里得到了丰富与发展,但同时这一时期对阶级斗争的教条化的解释倾向亦已出现,列宁曾在《国家与革命》中对此进行了深刻的剖析与批判,然而在列宁逝世之后,这一教条化的解释倾向在斯大林的教科书模式中达到顶峰,他将马克思主义的阶级斗争学说僵化地理解为可以脱离具体分析研究而独立存在的绝对真理与教条,而不是一种理论指南。可以说,汤普森正是在上述历史背景中展开阶级意识与阶级斗争关系这一问题的探究。于是,具体而言:第一,基于对英国工人阶级形成过中不同历史阶段阶级斗争的表现形式的实证性考察,指出,尽管英国资本主义生产方式的内在矛盾运动是资产阶级与工人阶级之间的不同形式阶级斗争的总根源,但它却总是在具体的文化传统之中、并通过其发挥作用。也就是说,阶级斗争究其实质而言确是生产方式的内在矛盾运动,但在其现实性上却表现为具体的文化存在,这就需要看到阶级斗争的其他形式相对于经济斗争的独特性与独立性。显然,这也就意味着,生产方式分析法并非是研究阶级斗争的唯一方法,它不过是一种基本方法。建立在生产方式分析法基础之上的阶级斗争方法亦有自己的相对独立性。由此,汤普森就将阶级斗争分析方法从斯大林式的教条主义之中拯救出来,因为在斯大林式的教条主义之中,就如阶级斗争的所有其他形式都可被简单还原为经济斗争一样,所有其他分析方法也都可被还原为生产方式分析法。第二,强调阶级斗争分析方法在本质上表现为一种总体性的关系分析法,从而恢复马克思哲学的本真含义,这是因为"马克思的辩证方法,旨在把社会作为总体来认识"[1],所以如果说"阶级是一种关系,而不是一个东西"[2]的话,那么就更不能在实体的意义上来理解阶级斗争,而应把它置于其得以形成的社会关系的总体之中去加以理解,以最终明确斗争的性质、目的与功能。第三,实现了阶级斗争分析方法研究的文化转向,亦即如何以阶级斗争分析方法来研究文化问题,大致可概括为四个基本原则:一,以具体而不是抽象的原则对待生产方式、经济基

---

[1]　卢卡奇:《历史与阶级意识》,杜章智、任立、燕宏远译,商务印书馆1992年版,第77页。

[2]　汤普森:《英国工人阶级的形成》,钱乘旦等译,译林出版社2001年版,"前言"第3页。

础的决定作用;二,重视文化传统对阶级斗争的作用,并在人民群众文化传统的连续性的转变之中看到了磁石般的阶级力量,在这一点上可以说"正是这种集体主义的自觉意识以及相应的理论、机构、纪律和团体价值才使得 19 世纪的工人阶级不同于 18 世纪的暴民"①;三,注重研究普通人民群众的阶级斗争活动;四,强调日常生活领域中阶级斗争的表现形式及其历史意义的发掘,于是对他来说,"从学校到商店,从礼拜堂到娱乐场所,一切地方都变成了阶级冲突的战场"②。

从上述分析可以看出,汤普森"历史—人类学"的阶级理论的提出,从根本上说,就是为了拒绝对历史唯物主义进行粗略的经济主义以及还原论的经济基础与上层建筑的解释。他与安德森的争论更是揭示出,他深刻意识到了以阿尔都塞为代表的结构主义通过简单地在历史与结构之间打下楔子,使得偶然性与决定论的僵化的二元对立更为突出。于是,作为历史过程方法的历史唯物主义的理论力量就伴随着结构决定论在历史领域解释力的消解而被解除,从而完全回避了马克思自己所提出的挑战,即当人们认识到生产方式的内在逻辑时,如何将历史的特殊性与主体的能动作用全部容纳进来。可以说,在《英国工人阶级的形成》等历史著作中,汤普森所力图应对的就是这一挑战,这也恰恰是他对阶级的研究从经济视域拓展到文化视域的缘由,因此,这种拓展并非如斯图亚特·霍尔所评价的那样是一种内在于"自在阶级"与"自为阶级"的混淆之中的"过于简单的'民粹主义'政治学"③,因为"自在阶级"与"自为阶级"之间的区别并不是一个简单的关于阶级的客观结构和阶级的主观意识之间在分析上的差异问题,它更多指的是阶级形成过程中的两个不同发展阶段,以及结构与意识之间的关系在历史上所呈现出的不同模式。正是在这一意义上,汤普森肯定了具有"自在阶级"的观念,进而提出"没有阶级的阶级斗争"这一看似吊诡的命题。

① 汤普森:《英国工人阶级的形成》,钱乘旦等译,译林出版社 2001 年版,第 497 页。
② 汤普森:《英国工人阶级的形成》,钱乘旦等译,译林出版社 2001 年版,第 980 页。
③ 艾伦·梅克森斯·伍德:《民主反对资本主义》,吕薇洲等译,重庆出版社 2007 年版,第 102 页。

三、阶级意识与"没有阶级的阶级斗争"

显而易见,汤普森"没有阶级的阶级斗争"的命题甫一提出,便受到了来自方方面面的理论责难。其中,来自安德森的批评声音最为有力。

在安德森看来,如果阶级没有形成之前便存在阶级斗争的说法是十分荒诞的,汤普森的这一命题存在着明显的逻辑悖论,应当运用更为恰当的概念来代替阶级斗争一词。这是因为,对安德森来说,对于历史发展的机制应该使用结构分析的方法从整体上来加以考量,对于历史发展的进程的说明应当以阶级斗争这一主线来进行。尤其是关于经济危机的理解,汤普森指出,虽然它主要借助于阶级斗争的形式加以呈现,不过更深层次的原因则源于这种矛盾冲突的背后结构,因此,"正是(而且必须是)占据统治地位的生产方式提供了社会形式统一的基础,阶级地位在其内部得以客观的分配,同时也分配了每个阶级内部的代理人。其结果就是典型的阶级斗争的客观进程。无论是在国内还是国外,这种冲突的调节是通过政治,包括它的补充形式镇压与意识形态来进行的。它是不可或缺的。但是在这种秩序维护的背后,阶级斗争并不能作为它的原因,因为它是被生产方式建构的,而非相反。"①在这里,阶级斗争作为一种表现形式,它所表征的不过是生产力与生产关系,以及其他关系层面的危机的总集合,在其中,由于所有阶级自觉或是不自觉地被裹挟到危机所引发的矛盾、冲突与斗争之中,因此最终是以政治的而非经济的方式抑或是文化的途径得以解决。显而易见的是,安德森仍然强调的是,理解与把握历史发展的内在逻辑唯有以阶级和阶级斗争探寻其背后的生产关系结构才能实现。

虽然安德森正确地看到了阶级概念中的结构性要素,然而,在承认阶级形成的结构性基础确实存在于对立性的生产关系之中前提下,我们同时要看到,这些生产关系在阶级的形成过程中所实施的结构性压力及其运行的具体途径,因此,在经验的层面上,它仍然是一个需要运用历史学与社会学分析予以考量与解决的问题。可以说,作为阶级问题中最具争议、也最为重要的焦点,这一具体路径对于任何阶级分析的有用性而言,都要依赖于其解释阶级形成

---

① Perry Anderson,*Arguments Within English Marxism*, NLB and Verso,1980,p.55.

过程的能力,在此意义上,可以说任何关于阶级的定义都必须要对这一过程进行调查,而不是相反。唯有立足于此,我们才能理解汤普森之所以将阶级作为过程进行研究的意义。

如前所述,贯穿于《英国工人阶级的形成》之中的一个理论议题,就是考察人民群众在与资本主义剥夺方式相联系的资本主义关系的逻辑和资本主义剥削不断强化进行抵抗的过程中,连续的大众文化传统是如何转变为工人阶级文化的。也就是说,汤普森强调的是要在连续性的范围内显示变化,以说明资本主义生产关系的逻辑如何在上层建筑领域产生作用。这就意味着,汤普森充分意识到了由资本主义关系的逻辑构建的历史动态的连续性变化,并且能够解释这种变化,其要点就在于,他将生产关系与剥削关系作为阶级形成的决定性要素,即能够充分论证与解释资本主义世界中进行不同劳动过程的工人由资本积累逻辑所赋予的共有的经历与体验、风俗与习惯,本质上是生产关系与剥削关系本身。基于此,汤普森在《18世纪的英国社会:没有阶级的阶级斗争?》中,试图揭示:即使完全意义上的阶级与阶级意识还不存在,阶级斗争仍然可以作为一种历史力量起作用。这是因为,在汤普森看来,在其他的时期与地方,我们可以观察到表现为阶级意识和阶级机构的"成熟的"阶级形式,但是"成熟的"的阶级形式没有决然产生并不意味着已经发生的就不是阶级。因此,对这一命题的论证需要汤普森对这一时期的历史事实与证据进行破译与解码,即这类历史事实与证据对于其他历史学家来说,呈现为一个"传统的"、"家长制的"或"单一阶级"的社会,其中社会分工是垂直而非水平的,工人阶级的阶级意识并没有形成①。

对此,汤普森试图借助于《政治经济学批判大纲》中的著名比喻,亦即"在一切社会形式中都有一种一定的生产决定其他一切生产的地位和影响。这是一种普照的光,它掩盖了一切其他色彩,改变着它们的特点。这是一种特殊的以太,它决定着它里面显露出来的一切存在的比重"②,通过对社会形式的同

---

① 爱德华·汤普森:《共有的习惯》,沈汉、王加丰译,上海人民出版社2002年版,第19页。
② 《马克思恩格斯文集》第8卷,人民出版社2009年版,第31页。

一性而非异质性(就像阿尔都塞主义者那样)的强调,认为,不同社会形式的相互关系是一个特殊的生活方式内部产生的"力场"①作用,进一步考察了:其一,存在于文化与非文化之间的辩证法,即如何以文化的方式处理在社会存在中形成的经验。其二,在那个时代的上层文化与下层文化之间辩证的两端,即对抗与和解。可以说,他的考察揭示了表面上没有发生变化的"传统"文化模式是如何在"资本主义过程"与资本主义剥削模式的"力场"的交互作用之下,进而获得一种新的社会意义。汤普森阐述了习惯行为和平民文化是如何由新的阶级经验形成的,并且18世纪之所以成为一个特别复杂的时期,是因为这一时期习惯行为与礼仪获得了特殊的意义——即由于平民所遭遇的资本主义逻辑不断地对他们的习惯使用权和传统的劳逸方式发起攻击②,这正是因为"习惯,在18世纪和进入19世纪时表现为劳动人民的文化"③,在这中间"习惯意识和习惯使用法在18世纪表现得特别强烈,实际上某些'习惯'是晚近创造的,并且实际上是在要求新的'权利'"④,于是,对资本主义积累过程的反叛,平民往往采取的就是"保护习俗"的抵抗方式,由此创造出18世纪一种极有特点的悖论——"一种难以控制的传统文化"⑤,即一种反叛性的传统文化,其目的"是为了捍卫习惯。捍卫习惯的是人民自己。而他们中某些人事实上是以晚近在实践中坚持的东西为基础的"⑥。因而阶级冲突常常采取"富于创新精神的市场经济和平民所习惯的道德经济之间接连发生的对抗"⑦这样一种形式。需要注意的是,尽管在汤普森的批评者看来,他的表述中存在着某种危险——对于大众传统与习俗中的反对和反叛因素的倾向,而几乎没有对大众意识中的倒退冲动以及统治阶级思想对于大众意识的经常性渗透进行阐释,但是,汤普森之所以如此是为了从其他人的一系列分析中将从属阶级的

---

① 爱德华·汤普森:《共有的习惯》,沈汉、王加丰译,上海人民出版社2002年版,第65页。
② 参见爱德华·汤普森:《共有的习惯》,沈汉、王加丰译,上海人民出版社2002年版。
③ 爱德华·汤普森:《共有的习惯》,沈汉、王加丰译,上海人民出版社2002年版,第1页。
④ 爱德华·汤普森:《共有的习惯》,沈汉、王加丰译,上海人民出版社2002年版,第1页。
⑤ 爱德华·汤普森:《共有的习惯》,沈汉、王加丰译,上海人民出版社2002年版,第8页。
⑥ 爱德华·汤普森:《共有的习惯》,沈汉、王加丰译,上海人民出版社2002年版,第8页。
⑦ 爱德华·汤普森:《共有的习惯》,沈汉、王加丰译,上海人民出版社2002年版,第10页。

历史作用解放出来,因为这些分析已经成功地将被统治阶级划入到永久从属的地位,使之囿于统治阶级的领导权、远古迷信和非理性之中。可以说,汤普森强调的是对旧传统的创造性改造以适应新的环境,并且能够抵抗新的压迫,这种强调本身恰恰表明了他对唯物主义原则的重新肯定,以及反对那种认为理论对于解释历史过程无所作为的历史理论,进而驳斥了那些历史观——认为在传统和习俗中除了文化残余或"残骸"之外什么也不存在,抑或是认为它们以传统和习俗的持续存在为依据,阶级与这些"前工业化的"、"前资本主义的"、"传统的"社会毫无关系,甚至以此认定文化的自主性是完全不受物质条件制约的,并以此回应了长久以来那些否定阶级存在或至少否认其历史重要性的历史学家。在很多汤普森的批评者看来,汤普森对阶级意识的强调将会导致这样的观点:因为缺乏阶级意识,所以阶级并不存在;但事实恰恰与之相反,汤普森始终试图阐发的是阶级"状态"的决定性影响,即使当"成熟的"阶级还不存在时也不放弃。这才是其"没有阶级的阶级斗争"的真正内蕴,亦即"汤普森试图用来描述 18 世纪英国社会的命题——'没有阶级的阶级斗争'——意在表达阶级构筑的社会关系对还没有阶级意识的代理人的影响,并以此作为有意识的阶级形成的一个前提条件"[1],因此,"阶级斗争在下述两种意义上先于阶级:一是生产关系冲突和斗争的经济史阶级形成的前提,二是即使在阶级意识尚未形成的社会中,也存在着以'阶级方式'构筑的冲突和斗争"[2]。这里十分清楚的是,汤普森对阶级的定义在本质上只是关于马克思的"自为阶级"的定义,而一个阶级在以这种形式出现之前,根本就不是一个阶级;可见,汤普森阶级概念的积极价值与解释的有效性就在于,在阶级意识缺乏的复杂历史情境之下能够辨别、说明与解释阶级的运行。

四、汤普森"历史—人类学"阶级理论的当代审视

一直以来,人们对于汤普森的态度呈现出泾渭分明的两极:要么赞成支

---

[1]　艾伦·梅克森斯·伍德:《民主反对资本主义》,吕薇洲等译,重庆出版社 2007 年版,第83 页。

[2]　艾伦·梅克森斯·伍德:《民主反对资本主义》,吕薇洲等译,重庆出版社 2007 年版,第83 页。

持,要么否定批判。特别是在他的批评者们看来,汤普森"历史—人类学"阶级理论"是一种过于唯意志论的和主观主义的阶级定义……"①,其错误之处的关键就在于他认为生产关系不能机械地决定阶级意识,因此阶级不可能单纯地由生产关系加以定义。可见,在汤普森的批评者那里,他们无非是想要表明:为了拒斥机械决定论,汤普森太过轻易地放弃了关于阶级的结构定义,于是,在他那里,没有阶级意识就不存在阶级。然而,汤普森以"没有阶级的阶级斗争"这一命题恰恰证明了,其阶级理论的积极价值与解释的有效性就在于,在阶级意识缺乏的复杂历史境遇之下可以辨别、说明与解释阶级的运行。因为对他来说,在如何理解阶级的问题上,不能把结构与历史对立起来,而是看做为结构制约的过程本身,理论是可以容纳历史范畴的,而概念也应当经得起过程的检查。

　　诚如伍德所看到的,"关键在于,马克思主义的阶级理论所必须承担的主要任务不是要识别阶级的定位,而是要揭示与说明阶级形成的过程。"②对于将结构与历史对立起来的理论上的二元论,汤普森是不赞同的。与之相反,他坚持历史唯物主义原理及其关于物质结构制约历史过程的观点,并主张将阶级形成的过程看做是一种基于物质规定的逻辑机制下的历史过程来加以研究。正如前文所述,事实上,在汤普森那里,阶级之所以形成抑或产生,是由于人们随着处于起决定作用的生产关系之中而共有一种共同的经历,对其一致的利益有所意识,且通过阶级的方式进行思考以及产生价值观念。这并不是说,汤普森就认为,在阶级意识出现之前,阶级在任何重要的意义上都不会作为客观现实而存在,恰恰相反,因为"客观的"阶级状况已然存在,阶级意识才可能产生。换而言之,汤普森关注的是复杂且常常充满着异质性的历史过程本身,并通过这一过程,阶级状况在一定的历史条件下导致了阶级的形成。

　　当然,在诸多对汤普森阶级理论的评价当中,安德森正确地析取了汤普森

---

　　①　Perry Anderson, *Arguments Within English Marxism*, NLB and Verso,1980,p.40.

　　②　艾伦·梅克森斯·伍德:《民主反对资本主义》,吕薇洲等译,重庆出版社 2007 年版,第 81 页。

的论述中最富有特色和具有争议性的两个主题①：其一，汤普森对于超出了工业革命"大灾变"的大众文化传统连续性的强调；其二，汤普森坚持以这样一种方式对英国工人阶级形成的关键时期进行历史定位，即把形成过程的成熟时期定位于1790—1832年期间，也就是工业资本主义使得生产与劳动力发生巨大转变之前的阶段，而未能说明1832年之后工人阶级的巨大变化。毫无疑问，安德森的批评是有效的，在阶级形成之中这种对于大众传统连续性的强调，也许使得我们不得不追问，在"前工业化的"传统中究竟"形成"了什么，工业资本主义的新秩序在工人阶级的形成中起到了怎样的作用？如果暂且不论英国工人阶级的性质与发展中存在着的可争议的编年史问题，那么汤普森所坚持的平民传统的连续性与其关于工人阶级形成的阶段划分，是否是以牺牲客观决定性为代价而持有的一种主观偏见？换言之，汤普森是用主观发展（文化）来反对客观因素（资本积累与工业化进程）吗？

　　面对质疑，汤普森为自己的理论主张进行了辩护。首先，他重申，工业革命是一个具有重要意义的、真正"灾难性的"历史里程碑，其标志是作为"新人类"出现的一个崭新阶级的形成。这就表明，汤普森的理论目的还是为了在连续性中揭示并解释这一变化过程，而不是以对工人阶级文化的主观连续性的强调来否认资本主义发展在客观上的根本转变。其次，通过对1790—1832年间的各种类型的工人所共同经历的唯一最为重要的客观条件即剥削的加强的考察②，汤普森不仅看到了对工人剥削的加强所造成的普遍苦难，而且更为关注剥削的加强对于劳动分配与劳动组织所产生的影响，特别是对于劳动纪律和劳动强度所起的作用，并由此证明了在根本上影响1790—1832年间发展

————————

　　①　参见 Perry Anderson，*Arguments Within English Marxism*，NLB and Verso，1980，p.45
　　②　参见汤普森：《英国工人阶级的形成》，钱乘旦等译，译林出版社2001年版，"第二部：受诅咒的亚当"。其中，他十分关注在延长的劳动时间中不断提高的专业化程度、家庭经济的崩溃等现象；思考了剥削关系是如何以"在不同的历史条件下采取与所有制和国家权力的形式对应的不同形式"（第222页）、以法律和政治形式来表达的，以及剥削的加强是如何与反革命的政治压迫相结合的。如果我们从马克思主义的观点看，这些因素显然不能被视为是主观的，汤普森将之作为反对经验主义论点的确凿事实与证据，并非是以主观反对客观，而是将它们作为构成事实基础的真正的客观决定性。

的客观决定性,正是资本主义剥夺方式的实施及其所带来的剥削的加强,以及借以维持剥削的社会关系、法律形式和政治权力的结构。更为重要的是,这些因素不仅对传统的劳动方式产生影响,而且对新型的劳动方式亦产生影响;正是它们共同的经历以及这一经历所引发的斗争奠定了阶级形成的基础,因为在这一时期,产生了一个剥削关系特别清晰的时刻,同时这种清晰又因政治压迫而得以加强。于是,汤普森就将分析的焦点从工业化转向了资本主义,即将视线从"一种单一的、设想为中性的、技术决定论的既以'工业化'而闻名的过程"①、商业循环与市场关系这些典型的资本主义意识形态的避难所,转向了生产关系和阶级剥削。这就恰恰表明,汤普森立足的正是马克思主义的基本立场,由此为论证工业化时期的初始阶段工人阶级就业已存在的论点提供了理论支撑,因为:在这一时期,作为一种事实性的存在,资本主义社会基本的生产关系与剥削早已现实地提供了工业化本身的先决条件,亦即劳动"在形式上从属于资本"在整个历史发展中具有特殊而首要的意义,它表明生产资料的所有者与生产者之间资本主义关系的建立,这也是随之发生的对生产的真正改造即工业化的前提与推动力。作为对各种不同种类工人产生作用的决定性力量,这种"形式上的从属"又以把他们统一起来的经历形式而存在,甚至可能在"实际的从属"把所有工人纳入并聚集到工厂之前就已经这样做了,在此意义上,这种呈现为经历的形式指的就是生产关系和阶级剥削。

　　唯有如此,我们才能理解汤普森明确反对工人阶级的形成是"工厂制的自发产物"的论点,对他而言,"工人阶级的形成不仅是经济史上,而且是政治史和文化史上的事实,"②其整个理论建构的基本理论与方法论原则是客观决定性——"工业革命过程中变动着的生产关系和劳动条件"③——从不强加于"某种难以形容的、混沌的人类原料",而是"施加在生而自由的英国人身

---

　　① 爱德华·汤普森:《共有的习惯》,沈汉、王加丰译,上海人民出版社 2002 年版,第406页。需要注意的是,汤普森在他的很多论著中明确质疑这种将工业资本主义视为某种不可避免设定为中性的、技术决定论的工业化过程,从而致使人们无法看清工业资本主义社会的现实。

　　② 汤普森:《英国工人阶级的形成》,钱乘旦等译,译林出版社 2001 年版,第211页。

　　③ 汤普森:《英国工人阶级的形成》,钱乘旦等译,译林出版社 2001 年版,第211页。

上"①,这些生而自由的英国人作为历史的人,继承着与担当着历史的遗产、价值、传统与文化,可以说,"工人阶级被别人形成,同时也在形成自己。"②这就意味着所有的历史转型中必然存在着连续性(这与结构主义的马克思主义者强调断裂性恰恰是相反的),即使是最激进的转变也如此,而且,激进的转变也只有在这种连续性中才能得以揭示与持存。因此,汤普森之所以强调文化传统的连续性,其目的恰恰是要辨明与强调它所经历的转型。

最后,汤普森的阶级理论中所蕴含的分析方式可以帮助人们认识到具有文化与价值观的工人阶级形成的主体性、能动性与创造性。对他来说,在对社会历史的考察中,有必要将有意识的、能动的与历史的人,也就是有必要把"主体"与"客体"结合起来,使得他们在客观进程中既成为行为者,又成为物质力量本身。换言之,汤普森之所以研究阶级,其理论目的在于通过历史中阶级的存在的证明,使得人们能够充分认识到这一点,并强调历史的逻辑是由阶级的客观决定所表现,因此阶级并不是只存在于抽象的理论构筑之中,与实际的社会力量以及过程没有什么关系,而是实实在在地、实际地发生并作用于生活世界。这就是说,汤普森对于阶级的本质的理解,不但必须要将它置于结构性的地位之中、还要将之置于剥削、冲突和斗争的场域中进行考察,由此提供了阶级形成动力的解释。在这里,汤普森对于工人阶级形成的历史条件的重新考察,并不是要为资本主义社会生活的碎片进行辩护,相反,是要更准确地辨明在资本主义的自然历史状态下,工人阶级形成意味着什么,以现代工人阶级运动为典型代表的经济斗争与政治斗争所出现的分离又意味着什么? 其前景又如何? 当然,这一问题不单是个理论问题,也是个实践问题。

显然,在汤普森那里,他始终强调的是,如果生产方式的决定性影响是同时在经济和非经济(文化)领域发挥作用,那么这种影响也是无处不在的。然而,这一论点并不是要否定或贬低生产方式的决定性影响,恰恰相反,意在强调它们无时无处都在"起作用"。也就是说,汤普森可能处于最为唯物主义的

---

① 汤普森:《英国工人阶级的形成》,钱乘旦等译,译林出版社 2001 年版,第 211—212 页。

② 汤普森:《英国工人阶级的形成》,钱乘旦等译,译林出版社 2001 年版,第 212 页。

那个时刻,恰恰就是其决定赋予经济以位于文化之上的特权之时。当然,或许我们都希望在生产方式和它所决定的事物之间要有一个更为明晰的界限,但毋庸置疑的是,当汤普森通过对文化的真实性的强调,意在使唯物主义对历史的理解从这类公式——通过将上层建筑有效地从经济基础的影响中分离出来,从而割裂了"社会层面"——中挣脱出来,这也表现了他尝试拯救原有的马克思主义生产方式观念的理论努力,亦即使得生产方式不再简单等同于体现在市场原则和某些抽象的自动技术中的资本主义经济,但是这种等同恰恰是资产阶级意识形态与斯大林式的马克思主义理论所认同的。在此意义上,可以说,汤普森正是坚持了马克思主义哲学的基本立场,即其研究的出发点是理论的意义在于实践这一前提,即"只能从实践层次上而不能从理论层次上来回答"①,因此,其阶级理论特别是关于阶级的定义——阶级作为能动的过程与一种历史关系——事实上是为了阶级观点而进行的辩护,以此反对那些否认阶级存在的历史学家与社会科学家。同时,当他把阶级斗争作为理论与实践的中心,并试图"自下而上地拯救历史",他不仅是为了反对阶级统治的剥削与压迫,以及"来自上面的社会主义"②纲领这一政治实践,也更是出于一个知识分子的良知。同样,他对阿尔都塞等结构主义的马克思主义的批判,正是因为他看到了其中的理论扭曲以及包含于内的政治实践——"以下便是我无法接受的在西欧某些结构主义者和马克思主义者圈子里十分流行的观点,即领导权对于被统治者——或者对所有不属于知识分子的人——行使了包罗万象的统治的观点,一直进入到他们经验的门槛,并且从一开始就灌输到他们心中的那种他们无力摆脱,并且他们的经验无法纠正的从属关系的范畴。这可能在这里或那里发生,但不会在英格兰,也不会在18世纪发生"。③

尽管这样的论述会让汤普森冒着被指责为一种"民粹主义"的危险,但事实上,汤普森的"历史—人类学"阶级理论是对历史的重新构建,即认为工人

---

① 爱德华·汤普森:《共有的习惯》,沈汉、王加丰译,上海人民出版社2002年版,第75页。
② 主要指从费边主义到斯大林主义的形形色色表现,参见艾伦·梅克森斯·伍德:《民主反对资本主义》,吕薇洲等译,重庆出版社2007年版,第102页。
③ 爱德华·汤普森:《共有的习惯》,沈汉、王加丰译,上海人民出版社2002年版,第77页。

阶级并不只是被动的承担者,而是对历史的发展起着能动作用。可以说,其思想直接源自马克思主义的基本原则及其对社会主义实践的特殊理解——社会主义,它只能通过工人阶级的自我解放来实现;更为重要的是,汤普森的批判也是为了与当时的流行观点——西方马克思主义关于社会主义民主的理解在理论上就滑向了否认、甚至于解构了以阶级斗争的方式成为社会变革的主要力量的工人阶级的概念,并将之转移到其他的社会活动尤其是转移到知识分子——进行抵抗,因为这种"只有少数开明人士或是知识分子才有抗争的自由……对社会主义理论来说,这个起点是一个悲观的前提(除我们之外,所有的男男女女都是愚蠢的),从这个起点出发必然会得出悲观的或极权主义的结论"①。可见汤普森是拒斥这样一种理论上的"替代主义"的——毋庸置疑,它是精英主义的——在这种替代主义中,工人阶级不仅被代表,而且由于替代者的超越而日益边缘化。其中,这种"替代主义"特别强调领导权的意义。

　　尽管汤普森认为"领导权的概念具有很大价值,没有它,我们恐怕无法理解 18 世纪的社会关系是如何构造的"②,但他的许多著作也直接或间接地反对对于领导权的单向度的理解,以及将之视为包罗万象的范畴,就是将一个囊括一切的统治强加于被统治者身上,抑或加诸在除知识分子之外的一切人之上,直到人们经历的极限,并自人们出生的那一刻便植入服从的观念,使之认为自己没有任何摆脱现状的权力,其经历也让自身没有任何力量使这种状况得以改变。汤普森认为,这是西方马克思主义的主基调,即这种倾向将领导权视为在同意/赞同的基础上统治阶级把被统治阶级全部吸纳到其意识形态与文化统治之中,因此,只有精神上自由的知识分子才有可能具有这种对领导权的质疑与批判意识,进而重建文化与工人阶级领导权。显而易见,汤普森认为,领导权并不等同于一个阶级占据统治地位而另一个阶级处于臣服的地位,而是这一范畴本身就体现着阶级斗争并带有被统治阶级的自觉活动和反抗的

---

　　①　E.P.Thompson, *The Poverty of Theory and Other Essays*, Monthly Review Press, 1978, pp. 377-378.

　　②　爱德华·汤普森:《共有的习惯》,沈汉、王加丰译,上海人民出版社 2002 年版,第 76 页。

印记,主张以历史主义即马克思的辩证法①的原则来看待阶级,即应把大众意识的"不完善"、"不完全"形式看做是阶级与阶级斗争的真实表达,这些表达形式即使从后来的、抑或理想的发展观点来看是"错误的",但在当时的历史环境中却仍然是有效的。这也正是他始终强调自己的阶级理论定位于关系与过程的原因之所在。

从以上分析可以看出,汤普森的阶级理论是极具个性与政治关怀的。相较于他的同时代人,他始终没有放弃大众意识,始终坚持"用其他(正确)方式引导""现存的资源",而不是简单地指责甚或完全摒弃大众文化与意识,这是因为,他的阶级理论正是在大众文化与意识中找到了自己的阶级表达方式。沿着汤普森所开创的阶级理论的历史学研究范式,霍布斯鲍姆进一步阐发了自己对阶级问题的理解。

第二节　霍布斯鲍姆:"历史—社会学"②的阶级理论

作为英国著名的"左"派史学家,霍布斯鲍姆在长达近1个世纪的漫长生活岁月中,以自己坚定的马克思主义信仰、高尚的人格、非凡的知识宽度与深度以及斐然的学术成就享誉国际学界。他一生著述颇丰,涉猎甚广,除了自己极为擅长的史学领域之外,常常撰写当代政治评论、社会评论以及艺术与文化批评等。他的研究论题极具多元性,不仅包括劳动运动、农民运动、工作模式、阶级与国际金融运动等,还包括了歌剧、爵士乐、服装与饮食时尚等;然而,无论是对宏观问题的研究,还是对微观世界的把握,霍布斯鲍姆都坚持马克思主

---

① 何萍:《马克思主义哲学史教程》上卷,人民出版社 2010 年版,第 104 页。

② 参见埃里克·霍布斯鲍姆:《史学家——历史神话的终结者》,马俊亚、郭英剑译,上海人民出版社 2002 年版,"中文版序"第 3 页。需要注意的是,与"历史—人类学"研究范式稍有区别的是,尽管都是在坚持唯物史观基础上的历史学研究,但在研究方法上有所不同:前者主张历史学与人类学的相互渗透与结合,从人类学的角度出发研究与回答历史学提出的问题;"历史-社会学"的研究范式强调"社会的历史"这一概念,认为它"是在一起生活的特殊群体、并按社会学的标准加以定义的人的历史。……是被看作整体的人类普遍发展的历史"。

义的论述框架,将宏大叙事与微观描述有机地结合起来研究人类历史进程,并为人类的未来发展提供判断。事实上,他也做到了这一点。霍布斯鲍姆曾于2007年明确指出,"我预测在未来的一二十年内,政治抵抗——未必是恢复正式的贸易保护主义政策——将会以某种方式减缓自由市场全球化的速度。"①当前,逆全球化趋势暗潮汹涌,历史的发展似乎证实了他的预判。于是,对于这样一位主张"历史是可以从总体上加以观察与分析的"②思想家,我们又如何把握他对阶级问题的阐发呢?

尽管与汤普森一样同属于英国马克思主义史学家阵营,并在阶级研究中坚持历史学的研究范式,但霍布斯鲍姆在对阶级与阶级意识具体考察中的结论上又与汤普森存在着诸多不同,即主要以对劳工史的探讨来研究英国工人阶级意识,并亦以"自下而上"的历史观将阶级斗争视为政治实践的场域。这种研究(尤其是体现在其早期著作中)通过研究资本主义社会的历史真实性,即工人阶级是如何形成的,以及资本主义被取代的可能性,试图揭示出历史发展的客观规律。

一、"历史—社会学"阶级理论的思想基础

身为最为著名的当代马克思主义史学家之一,与汤普森一样,霍布斯鲍姆的阶级理论亦明显地呈现出马克思主义的阐释框架与英国学术传统的双重向度,即:一方面,将自己考察、探索阶级问题的理论基础明确定位为历史唯物主义,始终强调"经济基础与上层建筑相互作用"③的唯物主义框架以及整体性的考察方法;另一方面,将英国本土的学术传统如经验主义哲学、平民史学与新社会史学派的传统熔铸于对英国工人阶级形成的考察之中。

与汤普森在研究英国工人阶级的形成时对于阶级意识的强调十分相似的

---

①　艾瑞克·霍布斯鲍姆:《霍布斯鲍姆看21世纪》,吴莉君译,中信出版社2010年版,"序"第5页。

②　艾瑞克·霍布斯鲍姆、安东尼奥·波立陶:《新千年访谈录》,殷雄、田培义译,新华出版社2001年版,第7页。

③　何萍:《马克思主义哲学史教程》上卷,人民出版社2010年版,第196页。

是,霍布斯鲍姆在谈及英国工人阶级的经历时亦指出:"阶级和阶级意识问题是不可分割的,严格说来,阶级只有在开始获得他们关于自身的意识的历史时刻才存在。"①这种广义的阶级意识"不仅是'被赋予'他们的(在卢卡奇的意义上),并且实际上通过阶级发展后的社会主义劳工运动具体体现在工人阶级的身上"②,在这里,霍布斯鲍姆就将阶级理解为一个历史的范畴,它不仅是一种发展过程,也是一种社会关系,而且强调了阶级形成中阶级意识所具有的意义。这种对于阶级意识的强调,可以说正是对"粗略的经济决定论"仅仅在经济的意义上理解阶级概念的理论反拨,事实上,这也是继承了晚年恩格斯在经济基础和上层建筑关系上的基本观点。

如众所知,针对一些资产阶级学者将历史唯物主义曲解为"技术经济决定观",以及一些年轻的马克思主义者也将经济关系视为唯一的决定因素的观点,恩格斯结合 19 世纪后半叶西欧资本主义的发展,对经济基础与上层建筑的关系进行了新的说明。1893 年 7 月 14 日,恩格斯在给弗·梅林的信中反复强调,他和马克思之前的研究,"首先是把重点放在从基本经济事实中引出政治的、法的和其他意识形态的观念以及以这些观念为中介的行动"③之上,但却忽视了这些观念对经济的作用,即"为了内容方面而忽略了形式方面"④。于是,为弥补这一不足,通过对于经济因素的历史性内容的深入考察,恩格斯进而阐发了经济基础与上层建筑相互作用关系的新观点。

对恩格斯来说,经济本身是一个包括生产外部环境在内的一个系统,因而它是历史的发展的,也必然会将人们的思想观念、上层建筑的各种因素纳入经济发展的轨道,由此形成经济基础与上层建筑之间的相互作用关系。正如恩格斯在 1894 年 1 月 25 日致瓦尔特·博尔吉乌斯的信中写道的那样:"我们视之为社会历史的决定性基础的经济关系,是指一定社会的人们生产生活资料和彼此交换产品(在有分工的条件下)的方式。因此,这里包括生产和运输的

①　E.J.Hobsbawn, *Worlds of Labour*, George Weidenifeld & Niclolson Limited, 1984, p.16.

②　E.J.Hobsbawn, *Worlds of Labour*, George Weidenifeld & Niclolson Limited, 1984, p.17.

③　《马克思恩格斯文集》第 10 卷,人民出版社 2009 年版,第 657 页。

④　《马克思恩格斯文集》第 10 卷,人民出版社 2009 年版,第 657 页。

全部技术"①,还包括了各种经济关系所"赖以发展的地理基础和事实上由过去沿袭下来的先前各种经济发展阶段的残余(这些残余往往只是由于传统或惰性才继续保存着),当然还包括围绕着这一社会形式的外部环境"②。可见,由于涵括了生产过程以外的各种历史因素,经济本身就成了一个历史过程,科学、上层建筑中的政治、法、意识形态都是因为经济的需要而与经济发生着历史的联系,并且这种相互作用的关系也发生在经济基础与政治、法、哲学、宗教、文学、艺术等的关系上,由此,恩格斯的结论就是:"这并不是说,只有经济状况才是原因,才是积极的,其余一切都不过是消极的结果,而是说,这是在归根到底不断为自己开辟道路的经济必然性的基础上的相互作用。"③

除此之外,对于经济基础与上层建筑间的历史的相互作用关系,恩格斯认为其实质上呈现为必然性与偶然性的关系。经济基础是必然性,上层建筑的各个因素则以大量的偶然性形式表现出经济的必然性,因此,"我们所研究的领域越是远离经济,越是接近于纯粹抽象的意识形态,我们就越是发现它在自己的发展中表现为偶然现象,它的曲线就越是曲折。如果您画出曲线的中轴线,您就会发现,所考察的时期越长,所考察的范围越广,这个轴线就越是接近经济发展的轴线,就越是同后者平行而进"④。如此一来,恩格斯就以对经济的历史性的、系统的考察,揭示了经济基础与上层建筑之间的历史联系,进而证明,上层建筑对经济的作用是由经济本身的历史状态所决定。正是由于上层建筑与经济基础之间的这种相互作用,历史就呈现为一个多因素的交互作用过程。也是在此意义上,恩格斯晚年一再提醒人们,正如那个在 1890 年 9 月 21 日致约瑟夫·布洛赫的信中的著名论断,它一再强调:"根据唯物史观,历史过程中的决定性因素归根到底是现实生活的生产与再生产。无论马克思或我都从来没有肯定过比这更多的东西。如果有人在这里加以歪曲,说经济因素是唯一决定性的因素,那么他就是把这个命题变成毫无内容的、抽象的、

---

① 《马克思恩格斯文集》第 10 卷,人民出版社 2009 年版,第 667 页。
② 《马克思恩格斯文集》第 10 卷,人民出版社 2009 年版,第 667 页。
③ 《马克思恩格斯文集》第 10 卷,人民出版社 2009 年版,第 668 页。
④ 《马克思恩格斯文集》第 10 卷,人民出版社 2009 年版,第 669 页。

荒诞无稽的空话。经济状况是基础,但是对历史斗争的继承发生影响并且在许多情况下主要是决定着这一斗争的形式的,还有上层建筑的各种因素:阶级斗争的各种政治形式及其成果——由胜利了的阶级在获胜以后确立的宪法等等,各种法的形式以及所有这些实际斗争在参加者头脑中的反映,政治的、法律的和哲学的理论,宗教的观点以及它们向教义体系的进一步发展。这里表现出这一切因素间的相互作用,而在这种相互作用中归根到底是经济运动作为必然的东西通过无穷无尽的偶然事件(即这样一些事物和事变,它们的内部联系是如此疏远或者是如此难于确定,以致我们可以认为这种联系并不存在,忘掉这种联系)向前发展。否则把理论应用于任何历史时期,就会比解一个简单的一次方程式更容易了。"①

　　基于此,霍布斯鲍姆认为,应当这样理解"经济基础与上层建筑"原理,即:一方面,它是马克思恩格斯在批判德国唯心主义哲学和意识形态的过程中形成的,强调应在社会存在中找寻解释社会意识的依据,而不是与之相反。另一方面,马克思恩格斯强调的是观念世界、情感世界和经济基础存在着本质上的联系,但并没有由此认定所有的历史现象都由特定的经济原因所导致。即,马克思恩格斯并未简单偏重于经济基础或是上层建筑中的任何一个方面,而是在关系的视角中来考察二者。因此,霍布斯鲍姆依然坚持"经济基础与上层建筑"的分析模式,试图以此为各类历史现象提供更为全面的解释。于是,当他从普通工人群体经历的历史事实考察阶级和阶级意识的形成之时,他亦强调了历史主体即人的主体性、能动性与创造性,看到了作为人类群体之间的社会关系的复杂性,阶级关系是人同时作为"个体"与"类"的存在时的中间范畴及其意义。霍布斯鲍姆强调在一定的历史阶段上对阶级进行历史的与动态的考察,通过对前资本主义社会中"普通民众"与"穷苦劳工"反对统治阶级的抗争与农民战争的考察之后,提出"没有现代意义上的阶级意识并不意味着没有阶级与阶级斗争"②的论断。这就意味着,霍布斯鲍姆在此提出了与汤普

---

① 《马克思恩格斯文集》第 10 卷,人民出版社 2009 年版,第 591—592 页。

② E.J.Hobsbawm, *Worlds of Labour*, George Weidenifeld & Niclolson Limited, 1984, p.22.

森"没有阶级的阶级斗争"相似的观点。

　　与此同时,除了遵循历史唯物主义的阐释框架之外,霍布斯鲍姆亦十分强调对工人阶级意识形成的文化传统、习俗的社会学分析,注重阶级意识形成的历史连续性,并在研究中表现出强烈的英国学术传统基调。

　　首先,英国经验主义传统的影响。对霍布斯鲍姆来说,抽象的理论常常是以排除偶然性、特殊性而建构得来的,其最大缺陷就在于容易造成事实错误,并且巧妙且系统地忽视了人类经验即"历史经验",在这个意义上,他也主张发现、理解与解释"真实的历史"就是历史学的任务,即根据客观的历史事实进行历史研究,而不是以历史研究来建构抽象的理论。因此,对以汤普森、霍布斯鲍姆等为代表的英国马克思主义史学家来说,经验主义不仅是一种哲学思潮,更是一种研究历史的有效原则与方法。于是,霍布斯鲍姆认为:其一,由于理论的建构往往是以排除历史中的各个组成部分的独特性获得的,因此常常容易导致对历史的诸组成部分中偶然性、特殊性要素的忽视、忽略,进而可能造成历史研究中对历史事实的扭曲以及对问题的回避,以致无法准确地解释复杂的历史现象。① 其二,以建构得来的理论,由于其自身的静态结构而无法对历史进行动态的、过程的分析,因此容易滑向抽象化的一端。② 其三,理论的建构容易遭遇意识形态与政治目的的作用,虽然"每个人都可以发展出一套与事实一致的理论,但他的理论并不是解释事实的唯一一套理论。用理论把与其他的事实联结在一起时,这仍然是一种党派意识"③。因此,运用经验主义的研究方法可以有效地克服上述缺陷,这是因为"历史是客观存在的

　　① 作者注:例如,霍布斯鲍姆在对盗匪成因的分析中就明确指出,导致人民沦为盗匪的很多原因都是纯粹偶然性的,如饥荒、战争与家族仇恨等,而这一类特殊的和偶然的事情在底层群众的生活与斗争经历之中经常发生,并非每种现象都能被有效地纳入到某一特定的模式和理论中。参见 E.J.霍布斯鲍姆:《匪徒:秩序化生活的异类》,李立玮、谷晓静译,中国友谊出版公司2001 年版。

　　② 作者注:例如,如果使用理性选择理论模型来研究资本主义的发展,那么就容易将经济发展简单地视为单一方面的发展,从而遮蔽了资本主义进程中其他非线性的层面,不能对资本主义发展过程中所呈现出的不同社会形态及其内部结合方式的不同变化进行有效的分析与解释。

　　③ 艾瑞克·霍布斯鲍姆:《论历史》,中信出版社 2015 年版,第 192 页。

事实,不容否认也无法否认,历史作为一种认识的客体可以被人类认识,但认识的主体需要站在一种客观的立场上,历史学家应该剔除政治观念的影响去尊重事实、反映真实的历史,更好地解释客观真实的人类社会的发展过程"①,即讲究事实和证据有助于客观公正、较为全面的解释社会历史。在他看来,平易而不带理论的历史经验往往能够告诉人们更多的事实,能够使得历史学家在重视研究历史一般性和规律性的同时又不会忽视历史进程中的偶然性和特殊性。

那么,如何具体运用经验主义的研究方法呢？实际上,对霍布斯鲍姆来说,坚持这种研究方法最为重要的就是要坚持证据的最高性,即必须找到与研究主题相对应的历史资料,并根据它们展开科学的研究。当然,若要研究缺乏现成史料的普通大众的历史,就要突破传统史学的资料选取方式:一方面,应当结合研究主题选取多种多样尚未被认真发掘和利用的研究材料,比如手稿资料、公共档案、法庭卷宗、个人传记、会议记录、通信集、诗歌、报纸期刊、书刊小册子、墓志铭、生死婚嫁记录、教区登记簿、医嘱、庄园土地转让证,甚至是民谣、传说等各式各样的资料;另一方面,通过原有资料的再发现重新获取所需的材料,即以新的视角和方法来重新审视传统的史料,通过重新挖掘来找寻研究所需的信息或得出新的结论。换言之,历史学家不仅要广泛收集、整理大量的一手资料,而且还要阅读数量庞大的二手、三手资料,以避免因史料的疏漏而造成结论的错误。当然,对英国经验主义传统的强调并不意味着霍布斯鲍姆是一个极端的经验主义者,他亦重视科学的理论如唯物史观对于历史研究的意义。

其次,平民史学传统的熏陶。众所周知,尽管各个学派对"人民的历史"的具体内涵有着不同的理解,但毋庸置疑的是,作为英国社会中由来已久的思想,"人民的历史"观念广泛且真实地存在于各类史学家中,如自由派史学家、右翼史学家与社会主义史学家等。不同于坚持精英史观的历史学家,主张

① 埃里克·霍布斯鲍姆:《史学家——历史神话的终结者》,马俊亚、郭英剑译,上海人民出版社2002年版,"中文版序"第3页。

"人民的观念"的历史学家十分强调研究人民的历史,认为真正值得书写的历史只有人民群体的历史①。毋庸讳言,这些非马克思主义历史学家对人民历史思想的研究就潜移默化地影响了英国马克思主义史学家们"自下而上"历史学的研究,即无论是在研究方法上,还是写作体例上,"英国'人民历史'观念对英国马克思主义史学家的'自下而上'的历史学方法产生了深远的影响。"②显然,霍布斯鲍姆的阶级理论也深受这一传统的影响。

最后,新社会史学派传统的继承。事实上,英国的新社会史学派就是英国马克思主义史学派,其重要理论贡献之一就是"自下而上"的史学研究传统。早在1946年出版的《资本主义发展问题研究》中,多布就积极运用阶级斗争分析等马克思主义的思想方法对英国资本主义的起源和早期发展史进行考察,并深刻地影响了英国马克思主义史学的发展,"多布的历史观和理论方法对史学家小组的成员有决定性的影响,他提出的问题成了历史学家小组讨论的主要与中心议题。"③此外,多纳·托尔(Dona Torr)也非常重视研究马克思和恩格斯的经典著作,积极将自己所理解的唯物史观运用到英国历史的研究中,尤其是注重将人民民主和人民群众反抗资本主义的斗争结合起来考察英国人民的民主史,进而强调民主观念等意识形态在阶级斗争中的重要性。

可以说,正是在众多思想家的共同努力下,具有鲜明英国特色的"自下而上看的历史学"传统——强调运用马克思主义基本理论和分析方法考察社会历史,强调对社会进行整体性研究,亦即认为历史研究的范围应扩大到社会生活的方方面面,强调史学研究要注重普通大众真实历史经历的考察,进而撰写以普通大众为主角的"整体的历史"——才得以形成。

也是立足于新社会史学派所开创的研究传统,霍布斯鲍姆主张在对英国工人阶级形成的考察中,要以"整体的历史"——把"社会史"、"政治史"与

---

① 参见 John Richard Green, *A Short History of the English People*, Arkose Press,2015。

② Raphael Samuel, *People's History and Socialist Theory*, Routledge & Kegan Paul,1981, pp. xv-xxxix。

③ E.J.Hobsbawm, *The Historians' Group of the Communist Party*, M.Cornforth ed., *Rebels and Their Causes: Essays in Honor of A.L.Morton*, Lawrenced and Wishart,1978, p.23.

"经济史"结合在一起——对之进行研究，即主张将经济、政治、文化以及其他诸要素有机结合在一起进行整体性研究，以"整体的社会史"来理解、阐释自己的阶级理论①。下面，我们将在霍布斯鲍姆浩瀚的思想海洋中重点论述其"历史-社会学"的阶级理论，亦即对英国工人阶级形成的整体性考察与"自下而上"历史观基础上阶级斗争学说的阐发。

二、英国工人阶级形成的整体性考察

诚如霍布斯鲍姆所言，马克思主义对于推动历史学成为 20 世纪社会科学的分支之一的主流理论趋势——尽管这一趋势或多或少受到了庞杂不清的思潮的阻遏——价值主要是，"对实证主义的批判，也就是试图把社会科学的研究成果吸收到自然科学研究中、或把人文学科的研究成果吸收到非人文学科的方法进行批判。这就意味着把社会看作是一种人与人之间的关系体系，这个以生产和再生产的目的为主的关系体系对马克思来说至关重要。它还意味着是对这些体系的结构和功能性分析，这些体系在保持自我、在与外部环境——非人文及人文的因素——和内部关系等等的关系中，是作为整体而存在的。"②毫无疑问，霍布斯鲍姆在这里是明确反对以结构—功能主义的理论模式去认识社会的，并且认为：其一，马克思主义的整体性分析特点就在于，一方面它承认社会现象存在层级性、层次性，如作为"生产关系的总和"构成的"经济基础"与"上层建筑"；另一方面，它认为"矛盾"的存在——任何社会都存在的一种内部张力——是反作用于整个体系的总趋向的根源或动力。其二，马克思主义的整体性分析特点，其重要性在历史学研究领域的体现就在于提供一种理论去解释社会变革的发生，即揭示社会进化的事实，在此意义上

---

① 作者注：需要注意的是，除了上文论述的马克思主义阐释框架与英国本土学术传统这两大思想基础之外，霍布斯鲍姆当然也受到其他学派或思潮的影响，如他在论及自己与法国年鉴学派的思想关系时说道："我与年鉴学派有许多共同点，而分歧却只有一点。他们认为历史从来不会变化，具有永恒的结构，而我则认为历史是变化的。"参见艾瑞克·霍布斯鲍姆、安东尼奥·波立陶：《新千年访谈录》，殷雄、田培义译，新华出版社 2001 年版，第 8 页。

② 埃里克·霍布斯鲍姆：《史学家——历史神话的终结者》，马俊亚、郭英剑译，上海人民出版社 2002 年版，第 170 页。

"它既始终坚持社会结构的实际存在,又坚持社会结构的历史性,亦即重视社会变迁的内在动力"①。鉴于此,霍布斯鲍姆明确提出了当时学界的两个具体批评:一是对机械论的批评;二是对结构—功能理论的批判。

基于这一理论立场,在劳工史的考察中,霍布斯鲍姆尤其重视工人阶级经历的整体性考察②,尤其是注重研究了工人阶级自 19 世纪中期以来的形成、发展与演化,以及他们的经济地位、生活方式、思想意识和价值观念间的关系,指出,任何阶级的历史的书写都无法脱离其他阶级所赋予工人阶级的习惯、思想与历史文化传统来进行。

首先,立足于工业化的"英国"这一独特的历史处境,即"一方面拥有全新的社会基础,并且至少在某个时候(指激进经济自由主义时期)还有过相关意识形态的全面胜利,另一方面又拥有明显拘守传统、变换迟缓的制度架构"③,霍布斯鲍姆以"一种新的回溯方式"④考察了英国工人阶级及工人的形成,认为在这一进程中工人阶级的文化经历了"前工业社会-工业化社会-工业社会"的历史变迁并由此形成。具体而言,霍布斯鲍姆认为:第一,在前工业化的时期,因为"经济的、社会的、意识形态的纽带往往把人们拴在传统的处境与职业中"⑤,所以这一时期工人阶级的阶级文化主要表现为,以阶级意识为纽带的行业联盟与具有宗教背景的劳工阶级往往以自己的旧有经验为新底层阶级的组织提供意识形态框架。第二,在工业化的时期,英国工人在数量与规

---

① 埃里克·霍布斯鲍姆:《史学家——历史神话的终结者》,马俊亚、郭英剑译,上海人民出版社 2002 年版,第 170 页。

② 主要体现在早期出版的《劳工的转折》(Labour's Turning Point: Extracts from Contemporary Sources,1948)、《劳工》(Labouring Men: studies in the history of labour,1964)、《工业与帝国》(Industry and Empire: From 1750 to the Present Day, 1968)与《劳工的世界》(Worlds of Labour: Further Studies in the History of Labour,1984)等著作中。

③ 埃里克·霍布斯鲍姆:《工业与帝国——英国的现代化历程》,梅俊杰译,中央编译出版社 2016 年版,"导言"第 7 页。

④ 艾瑞克·霍布斯鲍姆:《帝国的年代:1875~1914》,贾士蘅译,江苏人民出版社 1999 年版,"序曲"第 1—2 页。

⑤ 埃里克·霍布斯鲍姆:《工业与帝国——英国的现代化历程》,梅俊杰译,中央编译出版社 2016 年版,第 29 页。

模上由显著增长,工人阶级的典型分层开始发展、劳工贵族出现①,生活方式与文化模式呈现标准化,开始具有了整体性的特征。而作为一场根本性变革,工业革命不仅"在初始阶段摧毁了人们旧的生活方式"②,更重要的是在生产领域带来了革命,因此,工业社会中的劳动迥然相异于前工业化社会:其一,"无产者"的劳动成为劳动的最主要形式,亦即无产阶级除了出卖自己的劳动力之外一无所有;其二,不同于前工业化时代的劳动节奏,工业劳动、特别是机械化的生产劳动,表征为一种固定性、重复性与单调性;其三,工业劳动的场域越来越发生在大城市这一空间;其四,前工业社会中的经验、传统、智慧与道德无法继续为资本主义经济所需要的行为提供指南。因此,这一时期工人阶级的阶级文化由于新的充分工业化的经济而变得突出,主要表现为"基于团结、公平、相互帮助与协作的道德准则,以及为公正对待而进行斗争的意愿"③,阶级意识开始成长。第三,在工业时期,尤其是二战以后,伴随着英国开始进入后工业社会,英国工人阶级的阶级文化也发生了深远的变化,最为明显的特征表现为消费文化的盛行,即"变局的真相是,大众消费型社会受到了其最大市场的支配,这一市场在英国便是工人阶级"④。在这里,消费文化的盛行使得生产方式与生产方式出现"民主化",贫困问题得到缓解,向失业与匮乏宣战的必要性趋于下降,国家政治把"作为一种斗争形式"的劳工运动纳入正常轨道,使之成为"激进分子的一种自我教育形式"⑤。鉴于此,尽管这一时期英国工人阶级在物质生产生活上得到很大改善,大都可以过上人道的生活,但这种经济变迁:一方面,它"侵蚀了传统上所理解的工人阶级的基础"⑥,即在传统的劳工阶级中出现了体力劳动与非体力劳动的分化,即通常意义上的"蓝领

---

① E.J.Hobsbawn,*Worlds of Labour*,George Weidenifeld & Niclolson Limited,1984,pp.182-184.

② 埃里克·霍布斯鲍姆:《工业与帝国——英国的现代化历程》,梅俊杰译,中央编译出版社2016年版,第72页。

③ E.J.Hobsbawn,*Worlds of Labour*,George Weidenifeld & Niclolson Limited,1984,p.191.

④ 埃里克·霍布斯鲍姆:《工业与帝国——英国的现代化历程》,梅俊杰译,中央编译出版社2016年版,第287页。

⑤ E.J.Hobsbawn,*Worlds of Labour*,George Weidenifeld & Niclolson Limited,1984,p.192.

⑥ 埃里克·霍布斯鲍姆:《工业与帝国——英国的现代化历程》,梅俊杰译,中央编译出版社2016年版,第288页。

工人"与"白领工人"的分离；另一方面,它使得传统意义上自成一体的工人阶级世界中的所有制度或机构都显著衰落下来,造成了工人阶级意识逐渐弱化,英国的工人阶级文化也处在其自身的危机与变革的前夕,于是"英国工人阶级正处于迷失自我的危险之中"①。可以说,正是通过对上述三个时期的历史溯源,霍布斯鲍姆就从英国社会的经济变迁入手,对工人阶级在政治运动、阶级意识、宗教、娱乐方式、妇女解放等诸方面的发展进行整体性考察,认为,作为一个有机的整体的英国工人阶级在历史进程中是辩证地向前发展与变化着的。

其次,霍布斯鲍姆重点论述了英国工人阶级的阶级意识问题。对照于汤普森,在对阶级与阶级意识问题进行探讨时,霍布斯鲍姆的不同之处主要表现在如下方面:

其一,对阶级的理解。显然,汤普森始终坚持将阶级视为一种关系与过程,那么这种"作为关系的阶级"必然包含着两层含义:一是阶级之间的关系;二是同一阶级内部的关系。不言而喻,强调阶级之间的关系,并把它作为定义阶级的本质,这是十分重要的。但是,霍布斯鲍姆认为,马克思恩格斯在其直接的文本中更为强调的是资本主义发展过程中阶级结构的两极分化,而忽略了阶级内部的复杂性与层次性,因此,工人阶级内部也存在着异质性,"简单地分为两个阶级,人们普遍认为这是英国的基本格局。但事实上,经济富裕和技术变迁产生了新的社会群体与阶层,如'知识分子'与年轻人。"②在这里,霍布斯鲍姆对于阶级的理解采取了一种与汤普森相对立的方式,即近年来在社会学中颇为流行的"社会分层"理论——不管它是依据收入分配、职业群体、地位抑或是其他的社会准则来对社会成员进行划分——其理论基础必然是与差异、不平等以及等级有关,而不是与关系有关。这也就是说,当阶级被理解为一种"社会分层的范畴"时,它完全没有考虑像统治或剥削这样的关系。事实上,这种分层的理解方式甚至可能从根本上使得阶级本身无法被人

①　E.J.Hobsbawn, *Worlds of Labour*, George Weidenifeld & Niclolson Limited, 1984, p.193.

②　埃里克·霍布斯鲍姆:《工业与帝国——英国的现代化历程》,梅俊杰译,中央编译出版社2016年版,第294页。

辨识,人们禁不住要追问的是:在一个不平等的连续统一体中,阶级的边界即阶级之间的分界线何在? 在分层结构中,何处才是质的突变?

其二,对于阶级意识的理解。霍布斯鲍姆认为,对于这一问题的理解涉及两个方面:一方面是"阶级意识与社会经济现实之间的关系问题"①;另一方面,则是"阶级意识与组织之间的关系问题"②。就前者而言,霍布斯鲍姆认为,把阶级意识仅仅理解为"与社会现实变化相联系的阶级状况"③是行不通的,拒绝一种机械反映论的观点,强调了阶级意识的复杂性。也就是说,在他看来,某些形式的阶级意识是与历史的发展相一致的,另一些则不然;同样,某些形式的阶级意识过去曾与历史的发展相一致,现在则不然。霍布斯鲍姆进而指出,这一问题的重要性不仅在于政治角度,而且(若我们跟随马克思的话)在于我们的认识论理解。就后者而言,他基于对阶级的不同理解,区分了阶级意识的不同层次。他认为,"每个阶级都有两个层次的渴望"④,显然这里的"两个层次"分别指:一是由较低功利层次的具体要求所形成的较低层次的阶级意识;二是由较高道德层次的社会要求所形成的较高层次的政治意识。在这双重层次上,工人阶级阶级意识意味着"正式的组织"(联盟、政党或是运动)这一阶级意识形态的载体,这是因为:较低层次的阶级意识是自发产生的,相当于列宁的"工联主义意识",而较高层次的阶级意识是需要通过组织的培育与灌输才能完成,大致等同于"社会主义意识"。由于"通过组织而产生的社会主义意识对于工人阶级的阶级意识是不可或缺的"⑤,因此如果没有经过组织作用的社会主义意识,那么工人阶级的阶级意识就不完全。在此意义上,霍布斯鲍姆将英国工人阶级的完全形成定位于19世纪末20世纪初,即1870—1914年间⑥。

---

① E.J.Hobsbawn,*Worlds of Labour*,George Weidenifeld & Niclolson Limited,1984,p.22.
② E.J.Hobsbawn,*Worlds of Labour*,George Weidenifeld & Niclolson Limited,1984,p.25.
③ E.J.Hobsbawn,*Worlds of Labour*,George Weidenifeld & Niclolson Limited,1984,p.23.
④ E.J.Hobsbawn,*Worlds of Labour*,George Weidenifeld & Niclolson Limited,1984,p.26.
⑤ E.J.Hobsbawn,*Worlds of Labour*,George Weidenifeld & Niclolson Limited,1984,p.28.
⑥ 参见艾瑞克·霍布斯鲍姆:《非凡的小人物》,王翔译,柯雄校,新华出版社2001年版,第93页。

其三,对于阶级意识形成的理解。较之于汤普森始终强调阶级意识的形成是一个自主的、内在的与生成的过程,霍布斯鲍姆则是更多地强调从经济、政治、组织、生活方式与文化传统等方面对阶级与阶级意识的形成进行总体性考察,并在这一过程中,十分重视阶级与阶级意识形成的客观物质条件的作用。于是,他认为"总体而言,马克思本人的思想对历史学和社会科学的主要影响当然还是'基础和上层建筑'理论,也就是一种包含了不同'层次'、'不同层次之间相互作用的社会模式'"[1],马克思的历史理论常常被还原为对阶级的强调,或是对"经济因素"的全面决定作用的强调,其部分原因就在于它是以过分简单化的方式为人所理解,因此拒绝以庸俗马克思主义来解释马克思的"经济基础与上层建筑"关系。在此基础上,霍布斯鲍姆强调了在工人阶级与阶级意识形成历程之中组织——其本身就表现为工人阶级意识的经历——的功能与作用。

这也可以看出,霍布斯鲍姆认为阶级与阶级意识的形成更多受到外在的客观条件的限制,表现为一个外在的、被动的过程。于是,"阶级意识的政治维度、以及尤其是阶级成员与组织之间的关系也迅速地变化着。"[2]虽然霍布斯鲍姆看到了阶级成员间,以及成员与组织间的关系,但是,由于对阶级的分层理解,他将阶级仅仅与其发展过程中的某个阶段等同起来,而不是像汤普森那样,强调复杂的过程直至形成"作为阶级行动的倾向"。在一定意义上来讲,霍布斯鲍姆对于阶级意识的这种理解将导致阶级行动的弱化与消解,尽管他一直强调自己"如果没有马克思,我就无法产生对历史任何特殊的兴趣"[3]。

最后,在工人运动问题上,霍布斯鲍姆在强调阶级与阶级意识形成的经济因素的同时,十分重视工人群体生活方式对于阶级与阶级意识形成的意义,认为,全英范围内标准化的、单一的工人阶级生活方式的出现就清楚地表明了英

---

[1]　埃里克·霍布斯鲍姆:《史学家——历史神话的终结者》,马俊亚、郭英剑译,上海人民出版社 2002 年版,第 169 页。

[2]　E.J.Hobsbawn, *Worlds of Labour*, George Weidenifeld & Niclolson Limited, 1984, p.32.

[3]　埃里克·霍布斯鲍姆:《史学家——历史神话的终结者》,马俊亚、郭英剑译,上海人民出版社 2002 年版,"前言"第 4 页。

国工人阶级意识的形成,所以,不能简单等同于有组织的劳工运动的发展。换句话说,霍布斯鲍姆认为,工人阶级的阶级意识认同是以一种生活方式为基础的,这些生活方式超越了语言与习惯的区域性差异,以共有的活动(如体育项目中的足球)或是具有阶级属性的衣着服饰(如鸭舌帽)甚至于教育制度等方方面面的形式表达出来,换而言之,"英国无产阶级为人所知的特征不仅表现在他们的帽子(下文中还会谈到帽子),而且还表现在他们生活的现实环境,他们的生活和休闲的方式,以及一种特定的阶级意识,它通过参加工会和认同工人阶级政党的世俗倾向而日益表达出来。"①可以说,他对工人阶级生活方式的研究,大大丰富了劳工史研究的内容,也开辟了工人社会史研究的新领域。在此,"单一的工人阶级的兴起,他们与共同的命运密不可分地联系在一起,而不考虑其内在的差异。一个阶级不仅具有分类的意义,而且是一种社会现象"②,所以阶级意识也是现代工业社会的一种现象。

可见,无论是对阶级、还是对阶级意识的理解,霍布斯鲍姆都更为强调结构的维度,这一点明显是区别于汤普森的,尤其是在其晚年,他对工人阶级的看法并不乐观,认为,随着 20 世纪 70 年代以来,"英国已经大幅度去工业化"③以及国内的政治进展,加之世界经济及欧洲内部所发生的实践,英国人在 20 世纪末的生活方式已被大大改变了,工人阶级也不会再以传统的形式出现了,同时,即使对于那些在工业领域中仍然从事体力劳动的工人阶级,也不应将太多希望寄予他们,这是由于:一方面,在实践中,老一代工人阶级的组织能力在其那里已经不再具备;另一方面,在理论上,应有的政治潜力亦都不再拥有。尤其是在 2011 年,93 岁高龄的他在接受《卫报》采访时指出,新的全球化经济下的新形势,它不仅使得马克思主义理论在革命方面出现了危机,而且使其在社会民主方面也出现危机,这就意味着一个自觉的、且易于识别的大众

---

① 艾瑞克·霍布斯鲍姆:《非凡的小人物》,王翔译,柯雄校,新华出版社 2001 年版,第94 页。

② E.J.Hobsbawn, *Worlds of Labour*, George Weidenifeld & Niclolson Limited, 1984, p.207.

③ 埃里克·霍布斯鲍姆:《工业与帝国——英国的现代化历程》,梅俊杰译,中央编译出版社 2016 年版,第 337 页。

工人阶级的终结。可以说,这一"历史-社会学"的阶级理论实现了阶级意识概念的政治维度向非政治维度的转变,它实际上恰恰远离了汤普森"历史-人类学"的阶级理论对于马克思主义的基本政治原则及其有关社会主义实践的特殊理解,亦即唯有通过工人阶级的自我解放来实现社会主义。

无论如何,霍布斯鲍姆对于英国工人阶级的整体性考察,尤其是对劳工史的整体性研究,表现出他作为一个马克思主义史学家强烈的现实意识与政治关怀。对他而言,历史不过是对朴素事实的叙述,历史学家要做的是将所研究的论题与领域置于纷繁复杂的社会经济、政治与生活的语境之中来进行探究。这一点尤其体现在其建立在"自下而上"历史观基础之上的阶级斗争理论,可以说,正是在努力实现对历史与现实的深入思考中,正是通过对工人、农民甚至于盗匪的历史考察与分析,霍布斯鲍姆坚持了唯物史观的"人民群众是历史的创造者和推动者"观点,坚持自己对于资本主义社会的批判,以及对于无产阶级文化的建构。

三、"自下而上"的历史观与阶级斗争理论

"历史活动是群众的活动,随着历史活动的深入,必将是群众队伍的扩大。"①作为历史真正的创造者,人民群众才是推动社会变革的决定性力量。对每一个真正的马克思主义者而言,谁都不会否认这一点。然而,在实际的生活中,人们往往对"历史人物"记忆深刻,而对成千上万参与历史创造的普通大众面目模糊,常常被遗忘在历史的角落里。可以说,由霍布斯鲍姆等历史学家所坚持与倡导的"自下而上"的历史观恰恰是对上述各种程度不一的精英史观的拒斥与批判,其意义在于,始终坚持将普通大众看成是社会的真正主体,将他们作为历史学研究的重点以重新恢复其应有的历史地位。在他看来,正是那些数量庞大却不曾留名的普通群众的不断努力和抗争,人类历史才能够不断向前推进。这是因为:首先,社会进步的根本原因在于生产力的提高,但它的实现依靠并非少数精英分子,而是广大的劳动群众。通过对劳动群众

---

① 《马克思恩格斯文集》第 1 卷,人民出版社 2009 年版,第 287 页。

在工业革命、科技革命等生产力革新中所起巨大作用的细致分析,霍布斯鲍姆
证明了他们才是推动生产力革新的真正力量。其次,人民群众是创造各类思
想文化的最终力量。在对人民群众在发明社会习俗、创立革命传统、创造爵士
乐等活动中所起独特作用的生动考察中,霍布斯鲍姆证明了来自社会底层的
不同群体可以形成自己的亚文化的非政治行为,能够在其认为最重要的领域
里发挥出决定性的作用。最后,通过考察底层阶级的反抗运动史,他以确凿的
事实证明了劳动群众在社会历史变革中的巨大作用,人类才得以不断向前
发展。

　　可以说,霍布斯鲍姆所主张的这种"自下而上"的历史观在一定程度上是
对群众史观的丰富与补充。不过,仍然需要指出的是,之所以重视研究人民群
众的历史,是因为这与霍布斯鲍姆对于社会主义的理解、思考有着密切的联
系,因为"我们的社会主义决定了我们不但要关心过去的普通人,关心他们的
生活、工作、思想和个体性,而且还要关心他们的阶级经历的背景与形成原因。
同样,它决定了我们对资本主义的注意力"。[①]　于是,他积极倡导转换史学研
究的视角,深入到底层群众的日常生活去考察他们真实的历史经历,不仅要积
极肯定他们为反抗现存而作出的努力和牺牲,而且要时刻关心他们的命运和
疾苦,积极为其解放找寻现实的出路。也是在此意义上,他始终坚持历史研究
的大众化,主张历史写作的目的主要是为了对历史作出通俗化的解释,帮助劳
工在内的普通人去理解历史,让人民群众走出尘封的历史,通过具体切实的历
史研究以重新树立起人民群众的历史主体地位,进而唤醒他们的革命热情,重
塑他们的社会主义信心。

　　于是,霍布斯鲍姆基于上述立场,积极将研究范围扩大到社会生活的诸方
面,不仅考察了工业、农业、服务业、国家、民族、科学、宗教、艺术等各式各样的
社会元素的变迁与互动,而且考察了贵族、农民、劳工、中产阶级、鞋匠、盗匪、
爵士乐手等类型各异的社会主体的生活经历,以其独特的视角向人们展现了
一幅从前资本主义到现代资本主义转变过程中的生动画卷,并以此试图找寻

---

　　① *Editorials*, History Workshop Journal, No.1(Spring.1976) ,p.3.

历史变迁的动力与依据,进而理解当前社会的性质及其未来走向。具体而言,其研究主要涵括以下基本论域。

其一,关于资本主义发展史的研究。不言而喻,自马克思恩格斯以降,资本主义自身的发展问题一直就是马克思主义者们探讨的重点,这一点对英国马克思主义史学家们亦不例外。对此,霍布斯鲍姆也曾撰写多部著作来进行探讨,大致可概括为:首先,是资本主义的起源和发展——一个英国马克思主义史学家多有探讨的①——问题。在此,他提出了资本主义起源和发展的“双元革命”说,即:一方面,工业革命的巨大胜利是资本主义得以起源和发展的首要原因,因为它直接促使了工业化大生产的形成,导致了人类社会在能源、交通、人口数量等方面的显著变化,为资本主义的形成和发展提供了强大的物质保障;另一方面,政治和文化革命为资本主义的发展奠定了坚实的社会基础。政治上,资产阶级通过法国大革命等民主革命逐步夺取统治权,从而在政治制度上确保了资本主义的发展。文化上,资产阶级通过启蒙运动、宗教改革等思想革命来解放了人们的思想,从而推翻了宗教的统治,推动了科学技术的迅速普及和发展。所有的一切都促发了资本主义的快速兴起和发展。其次,资本主义发展历程的分期断代与世界传播过程问题。这是霍布斯鲍姆非常重视的一个问题,对其进行分期和断代主要为了详细探讨它在不同阶段的发展特点。他认为,资本主义的发展实际上经历了一个由弱到强,由欧洲发端、后逐步扩展到全世界的演变过程,即全球化的历史进程。在经济生产力不断发展的同时,政治制度、科学、艺术、宗教、意识形态等上层建筑也随之不断发生变化,于是,他把资本主义的发展历程划分为四个时期,即:革命的年代、资本的年代、帝国的年代与极端的年代,分别对其进行考察。在不同的历史时代,资本主义如何向全世界进行扩张以及它对于世界历史进行的影响,尤其是,他详细地探讨了资本主义在从欧洲向亚非拉等地区扩张过程中的传播途径,指

---

①　如安德森认为,资本主义的起源是封建主义生产方和古代生产方式共同作用的结果,在封建主义向资本主义过渡的过程中存在着一个特殊的历史阶段,即“绝对主义时期”,它对于资本主义的起源有着重要意义。参见佩里·安德森:《绝对主义国家的系谱》,刘北成、龚晓庄译,上海人民出版社2001年版,第5—6页。

出资本主义在不同历史时期的表现形式的差异;既分析了它对于欧洲所造成的影响,又分析了它对于亚非拉地区所造成的深刻影响;既考察了它对于世界经济格局所造成的影响,又考察了对于世界政治格局以及人类历史所造成的深刻影响。总体来看,在给世界带来进步和发展的同时,资本主义全球化还给人类社会带来了以往历史不曾有过的深重灾难。最后,资本主义发展对社会各阶级产生的影响。简单来说,霍布斯鲍姆大量探讨了资产阶级与其他阶级之间的相互对抗,资本主义的发展与阶级对抗的相互关系等问题。对霍布斯鲍姆来说,他始终是以批判的眼光来审视资本主义的发展历程,认为尽管资本主义曾取得过辉煌的成就,但由于其存在着自身难以克服的缺陷而最终难逃被社会主义取代的历史命运。

其二,对社会反抗运动史的探究。可以说,霍布斯鲍姆的理论特色之一就是将底层阶级的反抗运动纳入历史研究的论题,这也使其被看做是西方社会反抗运动史研究的启蒙性人物与实践倡导者。他认为,传统的历史学研究几乎不涉及社会反抗运动——曾被当成是整个人类社会进程中的小插曲或偶然的事件,于是他赋予了这一研究以必要性与重要性:一方面,这些看似不起眼的社会反抗运动本身代表了社会结构中最具戏剧性的部分,即社会结构已经到了绷紧将近断裂的关键时刻;另一方面,作为是推动社会变革的一种重要形式,其背后体现着的是人民群众作为历史创造者和推动者的真实力量。因而,要想真正理解社会历史的变迁,就必须要对其进行认真的研究。其中,霍布斯鲍姆主要探讨了下述问题。

首先,通过对底层社会反抗运动起因的溯源性考察,霍布斯鲍姆认为,尽管因为历史环境的不同,社会反抗运动爆发的具体原因也会呈现出差异性,然而,其发生的根本原因却是在于极度匮乏的物质生活生产,以及广泛存在的阶级分化和阶级压迫。在他看来,社会反抗运动的发动者主要是由当时历史条件下处于被压迫地位的劳苦大众所构成:一方面,劳苦大众的生活处境相当艰苦,物质生活十分贫乏,加之粮食歉收、饥荒、战争等天灾人祸的频繁发生,其生存状况不断恶化。另一方面,社会底层的他们长期遭受贵族、地主、僧侣等特权阶层的盘剥和奴役。不堪重负的他们最终选择揭竿而起进行反抗。即使是资本主义生产方式的兴起,也没有改变这一状况,相反进一步加剧了乡村贫民群体生存状况的恶化、城市工人阶级的贫困化以及由此形成的阶级压迫。此外,霍布斯鲍姆给予了底层社会反抗运动中所呈现出的反抗意识以积极的评价,认为,底层社会反抗并非是偶然的、盲目的,而是受到了相应的前政治意识或政治意识的引导,并在此基础上生成不断觉醒的反抗意识①。

其次,通过聚焦于西方大规模社会革命之前的社会运动,霍布斯鲍姆以自己独特的研究视角找寻所谓现代社会运动之前的"原始形式"(archaic forms),即一直存在着各式各类表现为"原始的叛乱"形式的社会反抗运动,它们通常是由绿林好汉、黑手党、都市暴民、农民、劳工等形形色色的小人物发起,并在历史变迁中发挥过程度不同的作用。通过细致考察各类小人物的生活处境、思想情感等真实经历,以及分析他们参与或发起反抗运动的缘由,霍布斯鲍姆揭示了底层社会反抗运动的历史性,亦即作为表现为一种未被现代化彻底组织与长期对抗的"准社会运动",它们出现在乡间里、城市中,并活跃在学术研究的习惯性结构式论断历史的缝隙之中。可以说,霍布斯鲍姆赋予了这一研究以合理的诠释意义,即历史不是少数精英的舞台,而是由千千万万的男男女女们创造出的。可见,他是明确拒绝一种线性的历史观,强调了在那些社会运动的历史之中充满了多样性发展的可能。

最后,霍布斯鲍姆详细分析了社会反抗运动的历史作用。显然,"对于任何关心人类命运的人而言,研究他们的运动并不只是为了好奇、有趣的或感人,而更具有实际上的重要性。"②对霍布斯鲍姆来说,每一场社会反抗运动都具有其独特的历史作用,它们不仅影响到当时社会的变革,而且往往影响到未来社会的发展:一方面,它使得各类政治理念和社会理想获得广泛传播。在这些激进主义思想的指导下,普罗大众一次又一次地发起反抗运动,客观上起到

---

① 参见艾瑞克·霍布斯鲍姆:《非凡的小人物》,王翔译,柯雄校,新华出版社 2001 年版,其中重点考察了宗教千禧年主义、雅格宾主义、无政府主义以及社会主义等意识形态对于社会反抗运动的影响。

② 艾瑞克·霍布斯鲍姆:《原始的叛乱》,杨德睿译,社会科学文献出版社 2014 年版,第3 页。

推动社会变革和历史变迁的积极作用。另一方面,这些社会反抗运动亦深刻地影响到各种革命传统、思想意识、群众习惯以及艺术文化风格的形成和创造,对未来的社会发展具有重要的意义。此外,他还通过对社会反抗运动的演进过程的考察,指出在其自身发展的不同阶段——前政治的反叛运动、早期的劳工运动以及现代无产阶级运动等多个历史阶段——中的历史命运。也就是说,伴随着资本主义生产方式的确立,匪徒、都市暴民、政治鞋匠等群体所主导的反抗运动基本上都已经纳入现代无产阶级运动之中,要么成为其中的份子,要么就已经被无产阶级所替代,不再以独立的姿态出现在历史舞台之上。与此同时,各类反抗运动从缺乏政治到具备现代政治意识,其主导意识形态的演变经历了一个复杂而漫长的历史过程。在经历宗教千禧年主义、民粹式的正统王权主义、雅格宾主义、共和主义、社会主义等阶段以后,它最终才发展为马克思主义(共产主义)。

可以说,霍布斯鲍姆的这一研究以一种典型的唯物史观的立场深刻洞察到了社会运动历史的缝隙,在一定意义上是对唯物史观的有益补充,因为如何使历史上的暴民、亡命之徒以及绿林好汉成为现代革命组织,在理论层次上从经验感觉上升到社会制度的对抗,这一点恰恰是马克思与它之前所有"原始形式"的社会运动的不同之处,也是对马克思阶级斗争方法的证成与运用。众所周知,马克思研究人类社会历史、特别是现代社会发展的基本方法就是阶级斗争分析的方法,这一点恩格斯在《〈共产党宣言〉1883年德文版序言》中就已经明确指出,"每一历史时代的经济生产以及必然由此产生的社会结构,是该时代政治的和精神的历史的基础;因此(从原始土地公有制解体以来)全部历史都是阶级斗争的历史,即社会发展各个阶段上被剥削阶级和剥削阶级之间、被统治阶级和统治阶级之间斗争的历史;而这个斗争现在已经达到这样一个阶段,即被剥削被压迫的阶级(无产阶级),如果不同时使整个社会永远摆脱剥削、压迫和阶级斗争,就不再能使自己从剥削它压迫它的那个阶级(资产阶级)下解放出来。——这个基本思想完全是属于马克思一个人的。"[1]毋

---

① 《马克思恩格斯文集》第2卷,人民出版社2009年版,第9页。

庸置疑,贯穿于《宣言》的基本思想就是阶级斗争的方法。于是在马克思那里,阶级斗争的方法主要包括两个方面的内容:一方面,基于分析、考察阶级斗争的现实基础,以说明社会的基本结构以及社会形态更替的前提,揭示与阐明人类历史发展的客观规律;另一方面,通过分析、考察阶级之间的政治斗争,以揭示与重视在历史活动中人的主观能动性,进而将人类历史理解为一个能动的、创造性的且不断发展变化的过程。与此同时,对马克思而言,以阶级斗争来说明人类的历史运动,强调人在历史活动中的主观能动性,绝不是把历史的发展归结于精神的力量,而是更深刻地揭示历史的批判性和否定性的现实的物质力量,说明历史的更替是如何通过人的活动而实现的。这一方法不仅能够有力地解释资本主义社会的历史运动,而且对于考察资本主义社会以前的阶级社会的历史也是有效的。正是在这一点上,霍布斯鲍姆的"自下而上"的历史研究可以被看做是对马克思阶级斗争方法的细节性论证。也是在这一意义上,"霍布斯鲍姆是不可多得地兼具了理性的现实感和感性的同情心。一方面是个脚踏实地的唯物主义者、提倡实力政治;另一方面又能将波希米亚、土匪强盗和无政府主义者的生活写成优美哀怨的动人故事。"①

小　结

无论是汤普森"历史—人类学"的阶级理论,抑或是霍布斯鲍姆"历史—社会学"的阶级理论,正如在前文中对英国马克思主义哲学的两大分析传统的论述中所提及的那样,二者在本质上都坚持了历史主义哲学的研究传统。在这一传统中,作为一种从对 18 世纪的法国启蒙运动中的近代理性主义哲学进行反思与批判而产生的新哲学,历史主义哲学一般具有以下特点:

首先,它强调指出在伦理道德、文学艺术、语言与宗教等思想形式之中广

---

① 埃里克·霍布斯鲍姆:《工业与帝国——英国的现代化历程》,梅俊杰译,中央编译出版社 2016 年版,"对埃里克·霍布斯鲍姆的赞誉"。

泛存在着人类精神,以此反对、拒斥将科学理性视为唯一一种思想形式。尤其是,它强调宗教研究之于哲学变革的意义。众所周知,在如何看待宗教这一问题上,无论是中世纪的神学,还是近代理性主义哲学,二者都将其仅仅理解为一个神学的问题并对之加以研究,其目的不过是为了论证上帝的存在与形而上学;显然,相较于此,历史主义哲学将之作为一个历史的、世俗的问题,将之视为人类文化与精神创造的一部分,即"无论哪一个民族,不管多么粗野,在任何人类活动之中没有哪一种比起宗教、结婚和埋葬还更精细、更隆重"①,在此意义上,宗教研究的问题就转化成为人在生活世界中的世俗价值——即"世俗生活的规范、道德生活的准则,都只是历史的产物"②——的研究,进而转换为了理性与历史的关系问题的思考与研究,因为"人类的思想不能认识任何历史之外的实在,因为人类思想构成的就是历史"③,也就是如何解答真理与实在的关系问题。如此一来,关于宗教的研究也就转化为了对于人的精神与文化世界及其价值进行探究的哲学。

其次,它始终强调哲学的基础应当建立在各民族与民族国家的文化之上,并且主张一种民族意识、多元化以及诗性的思维方式,由此对抗于肇始自以笛卡尔的唯智主义为代表的近代理性主义哲学。之所以选择这样一条道路,是因为历史主义哲学的理论基石就在于:"这就是关于历史的积极价值的立场,这种价值被理解为内在的、现实的、尘世的实在中的人类进步,在这一点上,现代思想不仅区别于古典思想,也区别于中世纪和文艺复兴时代的思想。应该补充的是,这些历史主义有一个共同的对手,那就是抽象唯智主义(intellectualisme abstrait),后者在 18 世纪法国的'启蒙'文化(culture écalairée)中找到了最高级的表现形式。"④在这个意义上,历史主义的可能的共同的出发点"那就是以民族传统来反叛和抵制法国'理性'(raison)的支配地位和启蒙时代。这也是对笛卡尔式抽象数学思维及其宏大抱负的反叛——因为这种思维方式

---

① 维柯:《新科学》上册,朱光潜译,商务印书馆 1989 年版,第 154 页。
② 卡洛·安东尼:《历史主义》,黄艳红译,格致出版社 2010 年版,第 3 页。
③ 卡洛·安东尼:《历史主义》,黄艳红译,格致出版社 2010 年版,第 2 页。
④ 卡洛·安东尼:《历史主义》,黄艳红译,格致出版社 2010 年版,第 11 页。

在 18 世纪确实有这种抱负——这种抱负就是将数学方法运用于道德和政治科学中，就像运用于机械物理学一样"。①

再次，它坚持通过人的创造活动去考察、探究并叙述人的历史本身这一原则，即"民政社会的世界确实是由人类创造出来的，所以它的原则必然要从我们自己的人类心灵各种变化中就可找到"②，借以反对一种抽象原则，亦即在历史自身之外去找寻、探求对历史进行说明的法则。更为重要的是，正是通过对民族历史及民族语言、文学、法律和制度史的全面研究，它为历史本身进行辩护，从而就与 18 世纪的启蒙思想家们往往在这种历史中所看到的只是一连串的流弊、迷信和暴行截然区分开来。

最后，它主张哲学的核心内容应是世俗的生活、人的价值以及对个人的权利及其实现的强调，进而在个人的价值、权利及其实现的途径上强调对人的本质的形而上研究。由此，政治便进入了哲学的王国，它不仅作为哲学的研究对象，亦在研究范式上实现了哲学与政治学的相互结合，历史主义哲学由此生成为了政治哲学，且"坚持一种新人文主义的原则，它认为人是倾向于创造行为的活动者；人把自己置于世界、人类社会及人所不断丰富的历史中；人所创造的就是历史中的积极价值，即真正的艺术价值、科学、经济活动和道德生活"③，从而成为一种人道主义的哲学。

那么，假如说把上述历史主义哲学的思想特质与汤普森"历史—人类学"的阶级理论、霍布斯鲍姆的"历史—社会学"的阶级理论进行逐一比较可以看出，无论是汤普森在英国工人阶级形成中对非国教教派的细致考察，还是霍布斯鲍姆关于宗教对劳工的影响的考察；无论是汤普森在英国工人阶级形成中对"英格兰性"特质的坚持，抑或是霍布斯鲍姆对于以匪徒、鞋匠、都市暴民等小人物为构成的英国劳工运动史的微观研究，以及二者对于前资本主义社会中的阶级斗争问题的研究，他们都试图以英国的民族文化传统来反叛和抵制法国'理性'的支配地位及其产生的科学的马克思主义哲学传统，试图坚持自

---

① 卡洛·安东尼:《历史主义》,黄艳红译,格致出版社 2010 年版,第 11 页。
② 维柯:《新科学》上册,朱光潜译,商务印书馆 1989 年版,第 154 页。
③ 卡洛·安东尼:《历史主义》,黄艳红译,格致出版社 2010 年版,第 137 页。

18 世纪以来由英国反启蒙哲学所开创的将哲学与政治、历史等同起来的研究传统,这就是说,相较于欧洲大陆的以普遍原则、以个人和公民的自然权利为基础的启蒙理性自由观,英国的政治理想在很大程度上则是得益于"作为英国思想之基础的'历史主义',而不仅仅是因为它的经验主义——像人们通常认为的那样"①,它把历史尊奉为自由的根基与保障,承认发展的多样性与自发性,以及制度、风俗和创制的不规则性与复杂性,这是因为,这一理想认为,这种"非理性(如果是几何理性所认为的那种非理性的)之下是深厚且具有根本性的历史理性"②。也是在此意义上,我们才能理解,汤普森的理论何以被称为"社会主义的人道主义"③,霍布斯鲍姆则何以被英国工党领袖埃德·米利班德(Ed Miliband)认为"是一位非凡的历史学家,一个对于政治充满激情的人。他将英国悠久的历史呈现于成千上万的大众面前,他把历史从高头讲章上领进了寻常百姓家。他是一位杰出的学者,关切国家、关心政治。虽然颇受争议,但他将一生都奉献给了马克思主义理论研究"④。

不过,仍然需要指出的是,虽然同作为英国马克思主义史学家的杰出代表,汤普森与霍布斯鲍姆二者在阶级理论的研究上在总体上坚持了这一历史主义的哲学传统,即坚持历史主义的原则,以此分析、探索英国现代社会中的无产阶级革命问题;但是,他们又有着各不相同的总问题:汤普森更多探索的是阶级意识的形成问题,更多沿着卢卡奇、葛兰西所开辟的研究路向即上层建筑与阶级意识的文化批判问题,通过研究英国工人阶级意识的形成,试图回答英国的无产阶级革命问题,对他来说,历史唯物主义的深刻直觉并不是意味着资本主义总是作为关系总和的资本,而是资本主义自身发展逻辑在一个社会的所有活动中都能找到自己的表现形式,并对其发展与形式施加了决定性的强制压力,因此,我们才能说这是资本主义社会。于是,结构主义主张资本的

---

①　卡洛·安东尼:《历史主义》,黄艳红译,格致出版社 2010 年版,第 14 页。

②　卡洛·安东尼:《历史主义》,黄艳红译,格致出版社 2010 年版,第 17 页。

③　参见迈克尔·肯尼:《第一代英国新左派》,李永新、陈剑译,江苏人民出版社 2010 年版,第 81—99 页;以及乔瑞金等:《英国的新马克思主义》,人民出版社 2013 年版,第 45 页。

④　埃里克·霍布斯鲍姆:《工业与帝国——英国的现代化历程》,梅俊杰译,中央编译出版社 2016 年版,《对埃里克·霍布斯鲍姆的赞誉》。

理念展现自身,历史唯物主义则与真实的历史过程联系在一起,二者有着本质的不同,因此主张要深入到阶级意识的历史建构之中找到阶级自身的说明;霍布斯鲍姆则更重视经济基础的决定作用,强调从经济与生活方式去整体考察阶级与阶级意识问题,强调政党组织对于无产阶级革命以及社会主义制度确立的必要性,同时更为注重从晚近资本主义的最新发展中去探讨阶级内部的层级化趋向,尤其是,霍布斯鲍姆晚年将其研究热点从阶级转向其他分析对象(如民族主义),实际上标志着"一种相似的映射关系——即曾被社会学家所研究的作为学术范畴的'阶级'的'兴起与衰落'——亦出现在了历史学家那里"①,甚至就连汤普森在其最后的论文中也曾写道,"在20世纪60年代与70年代对阶级的过度使用,开始变得令人生厌。然而,这一退却更多地被视为是一种马克思主义的退却。"②可以说,在一定意义上,这也意味着英国马克思主义哲学中的阶级理论研究的转向,其结果便是形成了阶级理论的政治学研究范式。

①　Beverley Skeggs, *Class*, *Self*, *Culture*, Routledge, 2004, p.42.
②　Beverley Skeggs, *Class*, *Self*, *Culture*, Routledge, 2004, p.42.

第三章 阶级理论的政治学
研究范式的转向

如果说,20 世纪 60 年代末 70 年代初,"阶级"的衰落意味着马克思主义的一种退却的话,那么其衰落的原因是极其复杂的,而在这一复杂的过程中,阶级理论的传统分析话语——如政治经济学的和历史学的范式——开始转向政治学研究范式。那么,何谓阶级理论的政治学研究范式呢?简单说来,这一研究范式主张在阶级的政治结构的分析中强调社会权力关系的视角,由此揭示出统治阶级与被统治阶级之间的权力构成及其变化,以及对于权力关系构成变化的基本要素与成因进行深入考察等。可以说,英国马克思主义哲学中的阶级理论研究范式的这一转向并非任意的,而是为了解答马克思主义哲学在不同的历史境遇下所面临、遭遇的时代课题,这就像多萝西·汤普森在评价汤普森的工作——发现马克思关于阶级冲突的定义对于分析历史的许多方面的价值——时所言,尽管汤普森总是坚持,阶级对于考察社会结构来说,是一个有巨大价值的概念和工具,但是他对于将之用于许多封闭的和自我确证的理论体系始终抱有怀疑,他曾言"如果经过了数个世纪,我们还一直在谈论穷人反对富人的斗争,恐怕是令人奇怪的,难道不正是这样吗……"[1]这也就是说阶级理论需要依据时代的变化而不断进行自我创造与更新。

---

[1] 爱德华·汤普森:《共有的习惯》,沈汉、王加丰译,上海人民出版社 2002 年版,"E.P.汤普森(代序)"第 4 页。

第一节　阶级理论研究范式转向的当代语境

毫无疑问,对于如何理解英国马克思主义哲学中阶级理论的研究范式转向,我们首先应当追问的是,这一转向的前提性条件是什么? 如果说,"工人阶级的状态是当代一切社会运动的真正基础和出发点……因此,为了一方面给社会主义理论,另一方面给那些认为社会主义理论有权存在的见解提供坚实的基础,为了肃清赞成和反对这种理论的一切空想和幻想,了解无产阶级的状况是十分必要的。"①在这个时代,资本主义社会的变迁究竟如何影响了英国工人阶级状况,以及我们又如何理解英国马克思主义哲学对阶级理论研究的转向,事实上也直接关联到对于阶级理论与阶级实践的重要特质的认识。

一、经济之维:从福特主义到后福特主义的流变

毋庸置疑,资本主义社会从马克思恩格斯所生活的自由竞争资本主义发展到福特时代,转而进入到后福特主义时代,其生产方式的巨大变迁对于英国社会的经济、政治、文化与生活方式都产生了深刻的影响,那么,在经历了深刻变化的当代社会中,阶级问题又有着怎样的变化呢?

虽然当代资本主义社会中资本的内在逻辑呈现出不同的表现形式,但其生产关系的本质并未发生彻底改变,因此只要存在资本主义生产方式,就一定会存在社会阶级,这是因为社会阶级是资本主义自身内在的、不可分割的一个特质②,即资本主义与阶级二者互相建构,就是说,如果说不存在社会阶级,那么,资本主义也就无法作为一个生产性的社会经济过程而持续存在。于是,考察当代资本主义社会从福特主义到后福特主义的转向将有助于人们理解阶级问题的实质。

---

① 《马克思恩格斯文集》第 1 卷,人民出版社 2009 年版,第 385 页。
② 参见哈里·布雷德曼:《劳动与垄断资本:二十世纪中劳动的退化》,方生、朱基俊、吴忆萱、陈卫和、张其骄译,商务印书馆 1978 年版。

　　众所周知,福特主义这一概念最早是由葛兰西在其《狱中札记》中的《美国主义和福特主义》①中提出,其基本特征主要在于:其一,福特主义的生产方式坚持结构的高度组织化原则,其标志是"泰罗制与劳动者的机械化"②。在这一过程中,生产被压缩在同一空间中,规模化的生产集团日益形成,与之相对应,层级化的官僚管理体系开始建立并延伸到整个社会结构之中。由于这种方式的"基本的要点是对劳动过程的一切因素进行有系统的预先计划和预先计算,现在劳动过程已不再是工人想象中的劳动过程,而是经理部门一个专业人员想象中的劳动过程了"③,因此,整个资本主义生产过程呈现出了明确的科学性、计划性、计算性与复杂性。尤其是,第二次世界大战后凯恩斯主义强调国家对于市场的调节与干预,以及对于国民收入与社会财富的再分配处理,其中就包含有积极改善工人阶级的生活待遇等改革,在一定程度上缓解了生产的社会化与生产资料的私人占有之间这一资本主义固有的内生性矛盾。其二,尽管马克思早已分析过机器生产与资本主义生产方式之间的关系,由此论述了科学技术与生产力的关系问题,然而,在马克思的时代,真正的机器生产的完全推行还未实现,只是在福特主义时代它才开始一个部门、一个部门逐渐地达到。其三,福特主义导致了"工人阶级的构成方面发生许多根本性变化"④,它最先体现在劳动分工方面,即手脑分离是资本主义生产方式所采取的最具决定性的一个步骤,进而使得工人在这种劳动过程中被剥夺了"工艺知识和自主的控制权"、"只起轮齿和杠杆的作用"⑤,工人成为管理部分的一个活工具,这就使得阶级关系结构产生变化,至少表现为:一是,所有权的社会

---

　　①　参见安东尼奥·葛兰西:《葛兰西文选》,李鹏程编,人民出版社 2008 年版,第 324—326 页。

　　②　安东尼奥·葛兰西:《狱中札记》,葆煦译,人民出版社 1983 年版,第 407—409 页,转引自安东尼奥·葛兰西:《葛兰西文选》,李鹏程编,人民出版社 2008 年版,第 343 页。

　　③　哈里·布雷德曼:《劳动与垄断资本:二十世纪中劳动的退化》,方生、朱基俊、吴忆萱、陈卫和、张其骍译,商务印书馆 1978 年版,第 110 页。

　　④　哈里·布雷德曼:《劳动与垄断资本:二十世纪中劳动的退化》,方生、朱基俊、吴忆萱、陈卫和、张其骍译,商务印书馆 1978 年版,第 113 页。

　　⑤　哈里·布雷德曼:《劳动与垄断资本:二十世纪中劳动的退化》,方生、朱基俊、吴忆萱、陈卫和、张其骍译,商务印书馆 1978 年版,第 123—124 页。

形式产生了变化,这就使得生产资料所有权日益集中于由大资本家所控制的金融机构手中,进而使得大资本家与广大小股东在一个宽泛的制度内被构成一个社会整体;二是,资本的所有权与经营管理权的分离,即资本家将生产与行政职能部分地转移给了"办公室工作的工人阶级"①(不同于常用的但毫无意义的"白领工人"术语,主要在性别构成与相对工资方面出现了明显变化),形成了一个庞大的非无产阶级的"中等阶级"发展的表面趋向;三是,工资收入的等级化。我们发现,在"生产的工人阶级"内部存在着收入的差别,在"生产的工人阶级"与"办公室的工人阶级"之间也存在着差别,同时在一般管理人员与经理人员之间亦存在着区别,而经理人员同样有着上层与下层的区分,由此就形成了阶级形式的变化。在这一过程中,阶级概念逐渐被"阶层"(strata)概念所取代。

　　然而,伴随着20世纪70年代的福特主义生产与再生产模式的危机的出现,即由福特主义经济积累结构及以这种结构为基础的相应政治统治制度——福利国家制度——遭遇危机,以撒切尔主义(Thatcherism)为标志的"新"自由主义开始兴起②。于是,整个欧美资本主义社会在这一历史进程中开始向后福特主义社会转型,其中,建立在新型消费者基础之上的信息技术手段原则上激活了新的经济市场和经济文化原则,其标志性特征就是弹性生产,即以新兴的、小型的、更加灵活化的与非中心化的劳动组织网络,以及生产与消费的全球性关系取代传统的、日益衰落的大工业或重工业;同时,分散化、网络化开始成为公司内部以及与其他公司的关系的主要特征;劳工运动的影响力,也随着资本相对于劳动的大幅度增长而日趋式微;工作关系日益呈现出个体化与多样化的趋向;国家干预则选择性地对市场进行管制,并依每个社会的政治力量与制度性质而定,以不同的强度和取向取消了福利国家;在资本积累和管理的场域中,在地理与文化日渐分化的脉络下,资本主义本身已经历了深刻的再结构的过程,全球经济竞争进一步加速,无处不在的市场逻辑重塑着工

---

① 哈里·布雷德曼:《劳动与垄断资本:二十世纪中劳动的退化》,方生、朱基俊、吴忆萱、陈卫和、张其骈译,商务印书馆1978年版,第259页。

② 方珏:《新自由主义批判的两个路径》,《东岳论丛》2017年第5期,第28页。

人阶级的构成。① 这一点对英国来说亦概莫例外,后福特主义强烈地冲击着阶级共同体——它原本可以成为社会制度的对抗的基础,于是很多理论家不但接受、甚至提倡后福特主义的意义与影响,认为这些结构性的变化实质上成为工人阶级——在作为有组织的、充分就业的和具有内聚力的社会群体的意义上——已经不存在的标志②。

　　可是,在这样一个"逐渐依循网络与自我之间的两极对立而建造"③的社会中,我们又将如何思考阶级的问题呢? 在这里,正如简·哈迪与约瑟夫·库拉纳所指出的,我们需要"扬弃 20 世纪 70 年代危机前后以'福特主义'和'后福特主义'来分类资本主义的刻板方法。同样,我们需要拒绝作为'各式各样的资本主义'之一的新自由主义概念"④,这是因为,它们"试图抓住国家资本主义的表面特征。这两种方法集中关注的都是资本主义的制度和体系结构而不是它的潜在动力"⑤。因此,我们既要看到资本主义社会从福特主义到后福特主义流变的连续性,尤其是在这一过程中以"新"自由主义的清晰性、连贯性、完整统一性与普遍性所呈现出来的资本主义的稳定性,然而,更为重要的是要看到资本主义在发展过程中的局限性、矛盾性与特殊性,以重新理解资本主义的脆弱性与阶级政治的可能性,因为尽管近些年来英国工人阶级的结构已经出现了变化,但重要的是我们要清晰地意识到其中改变的是什么,没有改变的又是什么⑥。

---

　　① 曼纽尔·卡斯特:《网络社会的崛起》,夏铸九、王志弘译,社会科学文献出版社 2001 年版,"总导言"第 2 页。

　　② 参见何秉孟、姜辉:《阶级结构与第三条道路——与英国学者对话实录》,社会科学文献出版社 2005 年版。

　　③ 曼纽尔·卡斯特:《网络社会的崛起》,夏铸九、王志弘译,社会科学文献出版社 2001 年版,"总导言"第 4 页。

　　④ 简·哈迪、约瑟夫·库拉纳:《新自由主义与英国工人阶级》,张番红、刘生琰译,《国外理论动态》2014 年第 6 期,第 21 页。

　　⑤ 简·哈迪、约瑟夫·库拉纳:《新自由主义与英国工人阶级》,张番红、刘生琰译,《国外理论动态》2014 年第 6 期,第 21 页。

　　⑥ 作者注:在英国,这种没有发生的变化,不仅表现在大多数工人保留了相当规模的集体力量,而且大多数工人都在大型工作场所就业——潜在的进行大规模组织的场所,这就提供了工人组织与斗争的客观可能性。参见简·哈迪、约瑟夫·库拉纳:《新自由主义与英国工人阶级》,张番红、刘生琰译,《国外理论动态》2014 年第 6 期,第 24 页。

二、政治之维：从阶级革命到新社会运动的退却

正如布雷德曼所指出的，"资本主义世界过去一个半世纪的经济史和政治史，大部分都是和这一调整过程以及随之而来的种种冲突和反抗密切结合在一起的。"①然而，当资本主义社会在 20 世纪 60 年代开始进入后工业社会阶段，这种冲突与反抗却似乎退却、乃至于消弭了，其中，作为阶级斗争的主要表现形式的社会主义工人运动呈现出衰退的趋势，取而代之的则是各种各样的新社会运动②。那么，较之原初意义上"作为整体的工人阶级获得自我意识和权力的自成一体和持续不断的过程"③的社会主义工人运动，新社会运动有着何种意义上的差别？ 如果说"在战后很长一个时期内，英国工人阶级结构的变化导致集体意识的降低和组织性、反抗力的下降"④，那么墨菲等人所主张的新社会运动就能真正实现社会主义计划——对他而言，"重构社会主义计划是试图回答在共产主义和社会民主主义看法中的'左'翼思潮的危机。在我们看来，这个危机部分取决于自 20 世纪 60 年代以来兴起的新社会运动日益突出的重要性。"⑤换言之，无论是马克思主义，抑或是社会民主主义，二者在墨菲等人那里都无法理解新社会运动的特殊性，即它不是基于阶级的社会运动，且对之进行理解的依据不只是经济剥削。在这里，我们不禁要追问，这种新社会运动能够真正解决革命主体的匮乏问题吗？ 假设如齐泽克所提出的，即工人不能实现从自在向自为的转变并把自己构成一个革命的行动者又该怎么办呢，是否新社会运动的主体能够成为革命的行动者承担起历史的责

---

① 哈里·布雷德曼：《劳动与垄断资本：二十世纪中劳动的退化》，方生、朱基俊、吴忆萱、陈卫和、张其骈译，商务印书馆 1978 年版，第 131 页。

② 作者注：这种新社会运动不仅表现为女权主义运动、生态主义运动，而且还表现为哈维的"社区革命"、墨菲以"话语链接"方式完成的"新社会主义运动"等。参见查尔斯·蒂利：《社会运动，1768—2004》，胡为钧译，上海世纪出版集团 2009 年版，第 100 页。

③ 查尔斯·蒂利：《社会运动，1768—2004》，胡为钧译，上海世纪出版集团 2009 年版，第 7 页。

④ 简·哈迪、约瑟夫·库拉纳：《新自由主义与英国工人阶级》，张番红、刘生琰译，《国外理论动态》2014 年第 6 期，第 28 页。

⑤ 埃克·瓦格纳：《走向一种争议式的激进民主.对话查尔特 墨菲》，孙亮、夏小媛译，《国外理论动态》2015 年第 4 期，第 2 页。

任呢？

　　首先，我们来考察一下 1968 年法国"五月风暴"的出场这一新社会运动的起点问题。众所周知，这一事件不仅对以法国为代表的西欧世界产生了深远的影响，也"标志着美国政治生活的重大转折，标志着社会运动的行动领域发生了实质性扩展"①，这一点对英国亦不例外，尤其是在对新左派观念的影响上，例如第一代新左派对传统政治观念的反对就预示了女性主义的"个人即政治"（personal is political）的观点；对"自下而上"的政治活动与社会运动的赞扬也预示了 1968 年之后小规模冒险激进政治行为的出现；并且，新左派的民主献身精神也使人们开始否定"左"派的传统政治参与模式。

　　于是，人们在深刻反思 1968 年"五月风暴"的过程中逐渐意识到"代表了工人和其他被剥削群体之力量的'旧'社会运动，已经度过了它的鼎盛期"②。于是，下述观点——"自治、自我表达和批判后工业社会导向的'新'社会运动，正在排挤和取代'旧'社会运动"③——开始盛行。在这里关键的问题是，所谓"新"社会运动之"新"在何处？我们又应该如何理解并评价之？

　　其次，对新社会运动的特点的分析，将有助于对之进行认知性解释。事实上，1968 年"五月风暴"——这一维持不长的革命事件——所带来的一个深刻后果，就是严重挑战了西方资本主义世界的传统工人运动，具体表现在：无论是斗争的主体、方式与阵地，抑或是在斗争的目标、策略与组织原则等方面，都产生了诸多变化。总体而言，较之于传统"左"派，"自由漂浮的"新左派知识分子对于新社会运动的特点的认知性解释可以归纳为以下几个方面。

　　其一，在理论的立足点上，新左派主张回到马克思青年时期的著作，认为，新社会运动的理论规划应当是对异化问题的思考而非对剥削问题的考量，即"它试图将马克思主义和存在主义与精神分析结合起来从而打开理解阐释空

　　①　查尔斯·蒂利：《社会运动，1768—2004》，胡为钧译，上海世纪出版集团 2009 年版，第 99 页。

　　②　查尔斯·蒂利：《社会运动，1768—2004》，胡为钧译，上海世纪出版集团 2009 年版，第 99 页。

　　③　查尔斯·蒂利：《社会运动，1768—2004》，胡为钧译，上海世纪出版集团 2009 年版，第 99 页。

间,使马克思主义学说摆脱僵化,使之不再等于体制化的马克思主义"①。这就意味着,新左派运动在斗争目标上已不再是传统的为了反抗经济剥削而斗争,虽然它在拓宽马克思主义理论阐释空间的同时②,实现了斗争的文化转向,然而却削弱了经典马克思主义理论指导下的阶级斗争理论的力量。

其二,在理论旨趣上,新左派认为,社会主义社会的新模式的建构绝不仅仅是限于政治和社会革命,而是消除异化——"社会主义必须消灭每个个体在日常生活、创造、家庭甚至性活动和社会关系当中体验到的异化"③。需要注意的是,对于西方激进"左"派而言,他们对于异化的理解更多的是基于对《1844年经济学哲学手稿》马克思的早期文本的解读,关键在于《手稿》中马克思是以哲学思辨的方式来阐发自己的异化劳动理论,这与他在《资本论》中以对商品生产的经验考察方式来阐发商品拜物教——生产及其人们之间的社会关系的异化表现形式——是有所区别的。由于抽离了异化现象背后的资本逻辑,因此激进"左"派的斗争目标就偏离了对资本逻辑的瓦解,其解放事业终究带有乌托邦的维度。

其三,在斗争策略上,新社会运动认为,"个体应该从与集体的从属关系中解放出来。前提是文化领域内的变革先于社会和政治的改造。"④也即,通过创造一种新的文化观念,进而形成一套新的生活方式。正如上文已指出的,这种对于文化的优先性的强调,实质上是对经典马克思主义理解中的经济决定论的批判与修正,同时亦是对结构主义的马克思主义的批评、责难与重写,因为,这种理解方式认为:一方面,"经济决定论和结构主义决定论的各种理论问题在于,它们是宿命论的,甚至是反政治的,因为它们预先就决定了个人、

---

① 英格里德·吉尔舍-霍尔泰:《法国1968年5月:一场新社会运动的兴衰》,赵文译,转引自汪民安:《生产》第六辑,广西师范大学出版社2008年版,第86页。

② 作者注:无论是在英国新左派那里,或是在欧洲大陆的激进左翼学者(如阿克塞尔·霍耐特、南茜·弗雷泽以及让·鲍德里亚等人)那里,"为承认而斗争"学说、"生产之镜"理论等都可视为在这一论域下的理论阐释。

③ 英格里德·吉尔舍-霍尔泰:《法国1968年5月:一场新社会运动的兴衰》,赵文译,转引自汪民安:《生产》第六辑,广西师范大学出版社2008年版,第86页。

④ 英格里德·吉尔舍-霍尔泰:《法国1968年5月:一场新社会运动的兴衰》,赵文译,转引自汪民安:《生产》第六辑,广西师范大学出版社2008年版,第86页。

集体、代理人以及整个的文化和政治都是副产品,都是不重要的。"①另一方面,在个人与集体的关系上,将二者对立了起来,没有看到集体(包括阶级)可以被视为"'结构化'过程中社会结构与个人之间以及个人与社会结构之间的中介点"②。于是当文化先于政治与社会革命,事实上就是试图通过改变人们的权利意识、通过一种话语链接的手段实现斗争目的,如此一来,话语成为其中最为重要的环节之一。这即是"文化领导权"在拉克劳—墨菲那里的真正意旨之所在。可见,行动主体的建构是以话语认同的方式完成的,从而由内涵经济剥削所形成的阶级概念以及与之相关的阶级斗争方式就一并被摒弃了。也是在这个意义上,当今西方激进"左"派"开始视'身份'(identity)为问题的关键,这与早期社会运动表面化、器物化的目标迥然相异"③。

其四,在组织思想上,新左派则将自己理解为一种运动,而不是一个政党,由此主张无论是意识的创造,还是运动的个体的改造,都要借助于行动来进行。

之所以用运动取代政党作为其组织思想,是因为对新左派而言,政党是一种思想的集体认同,这种集体认同:一方面,其过往基础在于各种铸造了阶级认同和阶级斗争的老式社会团结已经消失,个体主义价值占据统治地位使得社会"被个体化";另一方面,这种基于相信可以通过理性最终达成共识的认同恰恰遗忘了作为否定性要素且永远无法加以克服的"对抗"即一种"政治性","思考政治性和对抗始终存在的可能性需要接受缺乏一个最终的立足点,并且需要承认不可决定性和偶然性等因素,这种因素渗透到所有社会秩序中。"④于是,新社会运动总是试图在偶然性的链接处中来行动,亦即"我们的

① 保罗·鲍曼:《后马克思主义与文化研究》,黄晓武译,江苏人民出版社 2011 年版,第 3 页。

② 德雷克·格利高里、约翰·厄里编:《社会关系与空间结构》,谢礼圣、吕增奎等译,北京师范大学出版社 2011 年版,第 376 页。

③ 查尔斯·蒂利:《社会运动,1768—2004》,胡为钧译,上海世纪出版集团 2009 年版,第 101 页。

④ 埃克·瓦格纳:《走向一种争议式的激进民主:对话查尔特·墨菲》,孙亮、夏小媛译,《国外理论动态》2015 年第 4 期,第 3 页。

目标是为了考虑新社会运动的需求。对我们来说,'左'翼所面临的挑战是要找到连接由女性主义者、反种族主义者、同性恋运动和环保运动所提出的各种新需求的途径,这一途径在某种程度上把他们与阶级需求联系在一起"①。

其五,在解放主体上,新社会运动以青年知识分子、技术工人阶级以及各种社会边缘群体作为运动的主体,从而消解了作为革命主体的无产阶级。可以说,对于当今的西方激进"左"翼来说,就如贝克所言,"阶级是一个'僵尸范畴'"②,因为新社会运动的成长改变了原有的政治场景。换言之,后工业社会中的生产的核心问题已经不再是生产资料的私有制,"被统治者与统治者之间的斗争替代了被剥削者与剥削者之间的斗争"③,于是反资本主义的斗争失去了其重要性。这也就意味着,新社会运动不同于传统的社会主义工人运动的关键之处在于:以许多不同的对抗点的存在消解了客观的阶级利益,由此凸显冲突的潜在可能性以及得到代表的需要。那么,伴随着工人阶级的政治意义的显著衰落,对于"环境,以及形形色色的群体的权利,这些群体——尤其是妇女和屈从的民族群体——在历史上被排斥在充分的经济和政治参与之外"④的关注也就成为新社会运动的焦点,从而阶级的边界得以超越,阶级政治的基础也被削弱,那么,基于阶级的政治行动也理所当然地被弱化了。这样一来,当作为革命主体的无产阶级与争取解放的斗争之间的联系纽带被切断之后,马克思的阶级概念仿佛也被遗忘在落满历史灰尘的角落之中,问题在于,作为新社会运动主体的各种边缘群体真的能够实现自己的解放目标吗?

最后,通过上述的特征分析,新社会主义运动的实质也就呈现在人们眼前。毫无疑问,新社会运动的出场与在场正是与所谓的历史唯物主义视阈中的阶级的"退场"与"不在场"论断密切相关。这种论断以前文论及的拉克劳、

---

①　埃克·瓦格纳:《走向一种争议式的激进民主:对话查尔特·墨菲》,孙亮、夏小媛译,《国外理论动态》2015年第4期,第4页。

②　罗斯玛丽·克朗普顿:《阶级与分层》,陈光金译,复旦大学出版社2001年版,第36页。

③　让·卢日金内、皮埃尔·库尔-萨利、米歇尔·瓦卡卢利斯:《新阶级斗争》,陆象淦译,社会科学文献出版社2009年版,第19—20页。

④　罗斯玛丽·克朗普顿:《阶级与分层》,陈光金译,复旦大学出版社2001年版,第37页。

墨菲等人的叙述为代表,它从历史唯物主义的经典命题①,以及对经典马克思主义中关于阶级的理解②转向了对社会行动者及其"任务"之间的偶然的、隐喻—换喻性的联系的后马克思主义认知。然而,一旦这种偶然性被承认,人们不得不接受,在一个行动的社会条件和它在阶级斗争中的任务之间并不存在直接的联系,不存在用以衡量例外的发展标准③,于是,"许多欧洲与北美的'左'派认为,伴随着后福特主义或是 1968 年五月风暴的阶级政治的终结,身份政治产生了,"④当代激进"左"派的理论转向也就发生了,即从经典马克思主义所强调的无产阶级是唯一的真正的历史主体和经济的阶级斗争的先锋者过渡到了后现代主义所主张的不可还原的斗争多元性。这样一来,它也就把一个现实的、具体的与活生生的历史进程、把资本主义作为"城里唯一的游戏"⑤接受下来,放弃了推翻现存资本主义制度的任何真实的愿景与可能性。在这个意义上,一个重大的理论问题如此被提出:在何种程度上,对资本主义的批判并非简单地是被"社会主义替代方案的缺失"或是全球秩序中表面的"自由主义的胜利"所阻碍,而是被对立政治的当前构造所阻碍;在何种程度上,相较于马克思主义对社会总体的批判以及总体性的马克思主义视角,身份政治需要一个内在于它借以推行自己主张的既存社会的标准,一个不只是保

---

①　即《政治经济学批判序言》中马克思对经济基础与上层建筑关系的著名表述:"人们在自己生活的社会生产中发生一定的、必然的、不以他们的意志为转移的关系,即同他们的物质生产力的一定发展阶段相适合的生产关系。这些生产关系的总和构成社会的经济结构,即有法律的和政治的上层建筑竖立其上并有一定的社会意识形式与之相适应的现实基础。"参见《马克思恩格斯文集》第 2 卷,人民出版社 2009 年版,第 591 页。

②　马克思、恩格斯认为,作为普遍阶级的无产阶级,其革命使命被铭刻在它的社会存在之中。

③　1900 年左右的俄国,因为资产阶级的较弱的政治主体性,工人阶级不得不独自完成资产阶级-民主主义的革命。参见朱迪斯·巴特勒、欧内斯特·拉克劳、斯拉沃热·齐泽克:《偶然性、霸权和普遍性——关于左派的当代对话》,胡大平、高信奇、蒋桂琴、童伟译,江苏人民出版社 2004 年版,第 94 页。

④　Wendy Brown, *States of Injury*: *Power and Freedom in Late Modernity*, Princeton University Press, 1995, p.59.

⑤　朱迪斯·巴特勒、欧内斯特·拉克劳、斯拉沃热·齐泽克:《偶然性、霸权和普遍性——关于左派的当代对话》,胡大平、高信奇、蒋桂琴、童伟译,江苏人民出版社 2004 年版,第 133 页注释⑨。

护资本主义免于批判且维持阶级的不可见性的标准?① 这就是说,在当下,世界成为全球市场,大型的金融跨国企业实现专一统治,等等,这些所有都是无可辩驳的事实,并在根本上与马克思的分析一致。然而,正如阿兰·巴迪欧所说的,"问题是,符合这一现实的政治学在哪里? 什么样的政治学真正地同资本所要求的不同? ——这是今天的问题。"②在今天的很多激进"左"派那里,阶级分析的空场实际上意味着一个从资本主义内部统治问题的理论的退却——"当阶级对抗性被否定,当它的关键性结构作用被悬置,'社会差别的其他标记或许开始承担过分的负担;事实上,除了那个归之于明确地政治化的标记,它们或许承担了由资本主义所制造的全部的痛苦重担'"③。

　　需要指出的是,尽管新社会运动试图跟随着社会现实的变化,依据历史唯物主义的开放性原则对马克思主义哲学的当代解释力进行新的阐释并激活之,但是它却因对社会现实本身的误判而无法真正理解历史唯物主义的革命主体的阶级概念。这是因为,剥削以及建立在剥削的基础之上的无产阶级与资产阶级的二分世界的有效性,正是建立在这样一个资本逻辑依旧占据主导性地位的世界之上的,只不过是以一种更为隐蔽的方式表达出来。由于新社会运动误判了社会现实本身,即误判的根源就是对于劳动与财产权的分离的理论回避,他们一直在试图界定、而不是反对与资本主义相联系的新方式。典型的模式至多不过是寻找资本主义的裂缝,在其内部为另外可供选择的"话语"、"活动"、"身份"等等开辟空间。虽然这种尝试扩大了激进"左"翼的活动空间,但它在本质上仍然是在资本主义内部寻找空间,而不是直接对其进行挑战与论战,由此出现的"左"翼与资本主义关系的形成与再形成,便有助于揭示"左"翼的转向——即从传统的政治话语转向为近来更为流行的关于文本、话语以及身份文化的研究。由此可见,作为革命意义上的阶级主体的职责

<hr>

① 参见 Wendy Brown, *States of Injury*: *Power and Freedom in Late Modernity*, Princeton University Press, 1995, pp.59-60.

② 朱迪斯·巴特勒、欧内斯特·拉克劳、斯拉沃热·齐泽克:《偶然性、霸权和普遍性——关于左派的当代对话》,胡大平、高信奇、蒋桂琴、童伟译,江苏人民出版社 2004 年版,第 88 页。

③ 朱迪斯·巴特勒、欧内斯特·拉克劳、斯拉沃热·齐泽克:《偶然性、霸权和普遍性——关于左派的当代对话》,胡大平、高信奇、蒋桂琴、童伟译,江苏人民出版社 2004 年版,第 96 页。

是今天的各种边缘性群体所无法承担的,因为,阶级主体担负起的是瓦解、消灭财产私有权的历史使命;由是,新社会运动也就成为一种改良运动,它无法触及、改变资本主义生产资料私有制本身,从而早已远离革命自身的要求,更为确切地说,它不过是一种抛弃了传统工人运动的"边缘运动"。也是在这个意义上,假若说在马克思主义政治经济学和历史学研究中,资本主义的批判是从被视为一个从资本主义的对立面即占据主导地位的社会主义来进行的话,那么,当下的后马克思主义所进行的理论事业,在某种意义上或许可以被理解为:政治活动的场所只可能存在于资本主义内部,存在于资本主义各个断片之间的裂缝、裂隙之中,特别是存在于诸如学院之类的学术圈这个话语与身份可不受物质条件限制地被解构与扩散的领域内。显然,新社会运动的发生,就从政治的维度构成了英国马克思主义哲学中阶级理论的政治学范式转向的现实语境。

三、理论之维:从"强"阶级理论到"弱"阶级理论的置换

如果说,阶级理论与阶级分析得以存在的经济与社会环境的变化,对于理解它的优先性以及理论不足是特别重要的,那么伴随着资本主义社会出现的一系列新变化,立足于马克思主义的阶级分析话语也不断受到质疑与挑战,甚至在很多学者看来,"通过一个团结起来的阶级来解放全社会不再是理解或预期社会变革的模型了。"①"阶级"被彻底地碎片化了,各种"去阶级化"的话语②、"无阶级的神话"喧嚣一时,当人们试图以一种领导权的话语来等同链接当代社会革命的主体时,他们不过是在政治现象的维度去思考政治本身。问题在于,对这些质疑与挑战,马克思主义者能否简单地加以拒斥、甚或是置之不理,还是说需要认真地对之进行理解、回应? 在此,本书试图从后一方面进

---

① 安吉拉·默克罗比:《后现代主义与大众文化》,田晓菲译,中央编译出版社 2002 年版,第 71 页。

② 作者注:比如对拉克劳来说,阶级、阶级斗争与资本主义作为一种实体,在很大程度上是被剥夺了任何精确意义的概念拜物教。参见朱迪斯·巴特勒、欧内斯特·拉克劳、斯拉沃热·齐泽克:《偶然性、霸权和普遍性——关于左派的当代对话》,胡大平、高信奇、蒋桂琴、童伟译,江苏人民出版社 2004 年版,第 212、216 页。

行探索,即厘清马克思主义的阶级概念在理论上何以被碎片化?

　　正如前文所述,英国马克思主义哲学中的阶级理论研究在20世纪60年代末70年代初经历了范式的转换,这一转换是在经济与政治的现实语境中发生的,尽管这一时期随着马克思主义理论和政治的复苏,马克思哲学被做了激进的重新解释,以用来更有效地解释现代事件与制度。然而,确切地说,理论的和事实的研究却走上了相反的方向,"时而潜在时而明显的是,许多马克思主义者的理论著作中包含着完全抛弃作为一种解释概念之阶级的倾向。"[1]这实质上就意味着,马克思主义中发生了向以马克斯·韦伯为代表的"弱"阶级理论靠近的转变,即认为阶级意识与阶级利益对于历史环境以及有目的的行动的作用并非必然发生的。

　　事实上,如果"可以设想各种阶级理论是沿着一条连续线排列的。这一连线的两极可以视为由马克思和韦伯的经典理论分别占据"[2]。在这里,我们对阶级理论可以大致区分为两类[3]:其一,"强"阶级理论,它由马克思开创并作为主要典型,在方法论上主张整体主义的考察,认为在历史变革与社会及其机构的整个组织中,阶级以及阶级斗争在一定意义上是原因的因素,它嵌入到每个人的生活。其二,"弱"阶级理论,它由韦伯开创并作为主要代表,在方法论上以"位置的"方法拒斥整体主义的考察,认为阶级成员的身份与有意义的或共同的行动的其他方面的任何联系,都被视为是或然的。当然,这种粗略的划分并不能够穷尽所有的阶级理论,但毫无疑问,它却有助于理解这样一个现象:无论是以英国为代表的西方学术话语分析,还是当下中国的学术话语分析,阶级理论的日渐边缘化,恰恰折射出的是韦伯主义的"弱"阶级理论(阶层、分层、地位)对马克思主义的"强"阶级理论的取而代之。当然,也有学者认为,这种取代"并不仅仅是对马克思的简单代替。相反,在很多方面都是马

----

① 戴维·李、布莱恩·特纳主编:《关于阶级的冲突》,姜辉译,重庆出版社2005年版,第14页。

② 戴维·米勒编:《布莱克维尔政治学百科全书》,邓正来等编译,中国政法大学2002年版,第134页。

③ 戴维·李、布莱恩·特纳主编:《关于阶级的冲突》,姜辉译,重庆出版社2005年版,第11—12页。

克思观点的进一步扩展和延伸"①。简而言之,这种以韦伯为代表的"弱"阶级理论与以马克思为代表的"强"阶级理论之间的根本分歧主要在于:前者是从"市场的趋向"来考量阶级,后者则是从生产逻辑来审视阶级。

首先,韦伯认为,"市场位置"是阶级产生的决定性因素。韦伯曾明确指出,阶级"应该是指处于相同阶级地位的人的任何群体"②,这种阶级地位主要包括:"1.货物供应的典型机会;2.外在生活地位的典型机会;3.内在生活命运的典型机会。这种典型的机会是在一个既定的经济制度内部,产生于对货物或取得劳动效益的资格支配权力(或者缺乏支配权力)的规模和方式,或者产生于为获取收入或收益对它们的应用的既定方式。"③显而易见,市场资本主义的社会秩序中的"市场位置"是作为个人生活机会的"原因成分"发挥作用的,所以阶级首先是来自可以确认的个人市场位置的原因成分之统计的集合体。进而,他区分出阶级的不同类型,即"有产阶级"、"职业阶级"与"社会阶级",用戴维·格伦斯基的解释来说,即"(1)当阶级成员的阶级处境首先是由分化的财产拥有状况而决定的时候,我们就称该阶级为'财产阶级'(property class);(2)当阶级成员的阶级处境首先是由他们在市场上剥削他人服务的机会来决定的时候,我们就称该阶级是一个'获利阶级'(acquisition class);(3)还有一种是'社会阶级',它包括了各种各样的阶级处境,在这些阶级处境之间,个体们非常可能在个人基础上,或者在代际更替的过程中,进行相互的交换,而这也是常常可以观察到的现象"④。由于这里的阶级处境就是阶级地位,那么"'阶级'这个术语所指的就是任何一群发现自己处于相同阶级处境的人们"⑤,而只有"当具备以下三要素时,我们才谈论阶级。(1)许多人在他

---

① 哈罗德·R.克博:《社会分层与不平等:历史、比较、全球视角下的阶级冲突》,蒋超等译,上海人民出版社2012年版,第109页。
② 马克斯·韦伯:《经济与社会》(上卷),约翰内斯·温克尔曼整理,林荣远译,商务印书馆1997年版,第333页。
③ 马克斯·韦伯:《经济与社会》(上卷),约翰内斯·温克尔曼整理,林荣远译,商务印书馆1997年版,第333页。
④ 戴维·格伦斯基编:《社会分层》,王俊等译,华夏出版社2005年版,第119页。
⑤ 戴维·格伦斯基编:《社会分层》,王俊等译,华夏出版社2005年版,第109页。

们的生活机会方面享有一个特定的因果组成要素;(2)这个组成要素只表现为人们在占有产品和收入机会方面的经济利益;(3)这个组成要素是在商品市场和劳动力市场的条件下才表现为经济利益"①。也就是说,阶级处境是为上述三个要素的相加,即人们获取产品供给、个人生活体验与外在生活条件的典型机遇,这就意味着实际上在某个给定的社会秩序中,人们究竟是否拥有这样的机会——一种通过转让产品和技能以换取收入的机会,究其根本来说这取决于他们是否拥有权力以及其权力的大小与性质。这就清晰地表明,相较于马克思立足于生产逻辑来分析阶级以及阶级斗争,韦伯则认为:一方面,马克思从生产维度对资本主义社会日益分化为两大阶级的理解过于简单化。除了生产资料的占有与否之外,社会科学家还必须考量个人与市场之间更为抽象的关系。另一方面,社会中还存在重要的阶级划分方式,具体来说,即阶级、地位和政党(权力)。与之相应,在韦伯那里,一方面,若从技术含义的角度来看'阶级'这一术语,"那些其命运不是由他们自己在市场上使用产品或劳务的机会所决定的人,比如说奴隶,就不能说是一个阶级了。相反,他们构成了一个'身份群体'。"②就这一定义看,如果说马克思是从生产角度来定义自己的阶级概念的话,那么韦伯(与桑巴特、西美尔一样)更近似于从消费角度来定义其阶级概念。另一方面,与马克思强调阶级斗争不同的是,韦伯不仅仅关注社会中植根于经济利益的冲突,而且认为冲突的基础是与各种不同的利益类型(物质、社会、政治等等)紧密联系在一起的,尤其是政治的或组织的冲突与支配。在此,正如阿瑟·密兹曼(Arthur Mitzman)所认为的,"韦伯非常类似于马克思的一元论解释,只是从经济转换到了政治领域。当韦伯描述人类活动的所有领域内正在进行的权力集中现象时,这一点看得最清楚。战争、教育、经济、宗教,其中最为关键的是政治。"③

---

① 哈罗德·R.克博:《社会分层与不平等:历史、比较、全球视角下的阶级冲突》,蒋超等译,上海人民出版社2012年版,第111页。

② 戴维·格伦斯基编:《社会分层》,王俊等译,华夏出版社2005年版,第110页。

③ 哈罗德·R.克博:《社会分层与不平等:历史、比较、全球视角下的阶级冲突》,蒋超等译,上海人民出版社2012年版,第111页。

　　其次,通过以"市场位置"来定义阶级,韦伯就否认了阶级存在的客观实在性,认为它既非某种事物,亦非某种关系,而是个别行动的某种特殊集合,它不同于共同体的概念,这是因为"每一个阶级都有可能成为任何一种'阶级行动'——这种阶级行动在表现形式上可能是无限多样的——的承担者,但也并不必然如此"①。对他而言,"在任何一种情况下,某个阶级本身都不构成一个共同体。从概念上出发,把'阶级'等同于'共同体',将对导致对事实的歪曲"②。可见,当韦伯并不以生产资料的拥有与否作为阶级划分的尺度时,他也就试图绕过资本主义的生产方式中存在的剥削这一事实,从而消解了资本主义生产关系私有制所造成的阶级存在的客观实在性与必然性。基于此,韦伯进一步批判了马克思恩格斯的"唯物主义历史观"③,认为"对实在的经济解释,在推断所有文化现象——亦即所有在我们看来乃根本的现象——最终受到经济制约的意义上,被用作为'普遍的'方法"④,将会导致人们把在历史实在中无法从经济动机推演出来的一切当作由于这个缘故而在科学上无意义的'偶然性'来对待,因此它"在今天至少已经是过时了。单单还原于经济的原因无论在何种意义上,在无论何种文化现象的范围内,甚至在'经济'事件的范围内都不是包罗无遗的"⑤。由此,韦伯进一步区分出经济现象的双重意义⑥:其一,作为"在经济上有重要意义的现象",它指的是历史和文化中那些能够影响经济发展进程、物质生活方式和利益集团组合的力量要素;其二,作为"受经济制约的现象",它是指政治、文化与日常生活中由物质利益和经济动机所支配的各种社会关系、制度安排和个人行为等。于是,韦伯主张,社会

　　① 戴维·格伦斯基编:《社会分层》,王俊等译,华夏出版社 2005 年版,第 111 页。
　　② 戴维·格伦斯基编:《社会分层》,王俊等译,华夏出版社 2005 年版,第 111 页。
　　③ 马克斯·韦伯:《社会科学方法论》,韩水法、莫茜译,中央编译出版社 1999 年版,第 19 页。
　　④ 马克斯·韦伯:《社会科学方法论》,韩水法、莫茜译,中央编译出版社 1999 年版,第 20 页。
　　⑤ 马克斯·韦伯:《社会科学方法论》,韩水法、莫茜译,中央编译出版社 1999 年版,第 21 页。
　　⑥ 参见张盾:《马克思主义当代视域中的韦伯》,《南京大学学报》2005 年第 3 期。

理论所关涉的经济现象"自然明显地扩及所有文化事件的整体"①,由此便将文化引入了对于经济的理解与阐释之中,以此拒斥"作为'世界观'或者作为历史现实因果关系解释基点"②的历史唯物主义。

在这里,需要指出的是,韦伯对历史唯物主义的拒斥,在某种意义上来看与马克思之后的马克思主义者们之所以在阶级解读上出现偏离是有着相似性的,当西方马克思主义者将历史唯物主义简化为"经济决定论"时,却没有看到"马克思这位历史唯物主义的创始人,不断从哲学转向政治学和经济学,以此作为他的思想的中心部分;而1920年以后涌现的这个传统的继承者们,却不断地从经济学和政治学回到哲学——放弃了直接涉及成熟马克思所极为关切的问题,几乎同马克思放弃直接追求他青年时期所推论的问题一样彻底"③。

由是,韦伯最后就以"地位分层"(又称"地位群体")取代了"阶级",并强调了其中的政党(权力)向度。他认为,如果说在经济秩序中,阶级能够寻找到其真正的位置,那么在社会秩序即"声誉"的分配领域中,地位群体能够寻找到它的位置,不过"'政党'却是生活在一个名为'权力'的空间内的。政党的行动其目的在于获得社会'权力',也就是说,是在于对一个共同体的行动行使自己的影响力,不管该行动的内容是什么。"④在这里,地位群体的政党(权力)维度最为关键的方面便是组织抑或是理性化的秩序,以及为了实现目标而支配或影响他人的组织人员。可以说,个人在社会控制或是权力的组织化形式中所处的位置决定了他在这一向度中的地位,韦伯十分强调这一点,认为在现代工业社会中,这种政党(权力)向度的重要性将日益凸显。⑤ 然而值

---

① 马克斯·韦伯:《社会科学方法论》,韩水法、莫茜译,中央编译出版社1999年版,第16页。

② 马克斯·韦伯:《社会科学方法论》,韩水法、莫茜译,中央编译出版社1999年版,第19页。

③ 佩里·安德森:《西方马克思主义探讨》,高铦、文贯中、魏章玲译,人民出版社1981年版,第68—69页。

④ 戴维·格伦斯基编:《社会分层》,王俊等译,华夏出版社2005年版,第117页。

⑤ 作者注:可以说,早在20世纪之初,韦伯已看到了社会组织的理性化-合法化形式的未来发展及其不断扩大的影响力,如他认为国家的官僚机构是出于保护利益集团即强势的资本家的要求。参见哈罗德·R.克博:《社会分层与不平等:历史、比较、全球视角下的阶级冲突》,蒋超等译,上海人民出版社2012年版,第113页。

得指出的是,韦伯认为在所有的社会中都存在着阶级、地位和权力的分化;同样重要的是,他亦认为,阶级、地位和政党(权力)这三大向度通常在很大程度上会发生重叠,只是在社会变革时期,三者会出现分化。

以上分析清楚地表明了,较之于马克思的阶级理论,韦伯的地位分层理论则显得更为宽泛,它不仅包括以宗教或法律权利为基础的划分,而且还包括尊重、消费以及"生活方式"的分配不平等;与此同时,这一理论也使许多当代马克思主义理论家注意到了以国家为主要代表的统治形式为统治阶级(按马克思的说法,即生产资料所有者)维系其统治地位提供了重要手段,如后文即将论述到的拉尔夫·密利本德(Ralph Miliband)(还有希法亭、赖特等)。当然,正如第一章中所指出的,这种把阶级理解为一种社会分层的范畴的置换,其在社会学和意识形态上的后果,是由于它完全不考虑诸如剥削这样的问题而带来的从根本上使得阶级本身无法被辨识。这也可以说明,当韦伯以对"经济决定论"的批判路径的开启、以"市场位置"对"生产"的偏离试图重新理解并回应马克思所面临的问题时,他就实现了以地位分层为特征的"弱"阶级理论对以阶级为特征的"强"阶级理论的置换,这一置换正如卡尔·波兰尼所评价的,韦伯犯了"经济主义的错误"①,把阶级仅仅理解为一个纯"经济的"范畴,简而言之,这种对生产的质疑与对阶级的质疑共同构成了一致性的话语。

然而,无论如何,韦伯的"弱"阶级理论所带来的启发以及其所遭遇的尖锐批评再次激发了英国马克思主义理论家们社会阶级的研究(主要是与英国独特的工业资本主义历史及其社会和文化历史中显著的阶级差别特征有着密切的联系)——这一研究往往由历史学的研究范式所主导,尽管现在也遭到了挑战,其中,拉尔夫·密利本德通过自己的主要著作②中的关于阶级与政党

---

①　艾伦·梅克森斯·伍德:《民主反对资本主义》,吕薇洲等译,重庆出版社 2007 年版,第168 页。

②　如《资本主义社会中的国家》(*The State in Capitalist Society*,1969)、《马克思主义与政治学》(*Marxism and Politics*,1977)、《英国的资本主义民主制》(*Capitalist Democracy in Britain*,1982)以及《国家权力与阶级权力》(*Class Power and State Power*,1983)等。

关系的论述实现了英国马克思主义哲学中的阶级理论研究范式的政治学转向,以此回应这一挑战。

第二节　阶级、权力与国家:密利本德
政治学的阶级理论

　　众所周知,作为英国马克思主义著名理论家,密利本德以其"工具主义"的国家学说①闻名国际学界,然而多年来,我国理论界对他的哲学理论研究却呈现出较为零散、尚不够系统深入的特征。事实上,密利本德的思想并不仅仅局限于国家学说,因为作为一位具有强烈的现实关怀的思想家,他在自己 70 年的岁月中结合发达资本主义国家的具体历史条件,对国家、政党、阶级以及权力等问题进行了原创性的探索与研究,诚如艾伦·伍德在给他的悼词中所言,"米利班德的信念之所以那么坚定,在于他明晰的辨别能力和独立的政治判断力。这就使得他能够摆脱盲目的热情和彻底的绝望,不会迷信一个政党并由于该政党的衰落从而放弃对社会主义的信仰,不会执着于社会主义决定论的思维方式。虽然他热情欢呼共产主义世界中任何一项民主进步举措的实施,但他对改革的方向却持怀疑的态度。由于追求的是真正民主的社会主义,因此他既能够自由地指出传统马克思主义在性、种族和民族问题上的不足,又能够注意汲取'新社会运动'的经验教训,但他始终都坚持用阶级的分析方法

---

　　①　参见陈炳辉:《米利班德对社会主义道路的探索》,《社会主义研究》1993 年第 5 期,第 48 页。需要注意的是,对于"工具主义"的这一理论定位,事实上它主要是以 1969—1970 年间密利本德与普兰查斯在《新左派评论》上所展开的激烈争论为标志的,这场被学界描述为"密利本德-普兰查斯之争"的学术事件往往又被理解为是"工具主义-结构主义之争"。不过,对于这一描述,20 世纪 80 年代以来很多研究者认为是值得商榷的,具体论述可参见马丁·卡诺伊:《国家与政治理论》,杜丽燕、李少军译,桂冠图书股份有限公司 2002 年版,第 127 页,Bob Jessop, *Nicos Poulantzas Marxist Theory and Political Strategy*, Macmillan, 1985, pxiv,以及 *Class, Power and the State in Capitalist Society Essays on Ralph Miliband*, edited by Paul Wetherly, Clyde W. Barrow and Peter Burnham, Palgrave Macmillan, 2008.后文对比也将有进一步论述。

来认识作为一种整体性的资本主义。"①显然,密利本德在自己的领域描绘着资本主义的政治面貌,且为社会主义的斗争指引方向,他的国家学说试图勾画出资本主义社会下阶级与国家权力的结构——它建立起了一道抵制更人性化、更民主的社会秩序的壁垒,并压制任何可能反抗他们的力量,在这一意义上,对于阶级的政治结构的分析与考察,密利本德强调要从权力关系的视角出发,从而辨明统治阶级与被统治阶级之间的权力构成及其变化,以对导致权力关系构成变化的基本要素与成因等进行研究,他真正关注的是仍然是工人阶级和社会主义的历史命运。

一、"工人阶级"概念的澄清:重建马克思主义政治学的基础

密利本德在《马克思主义与政治学》中论及"阶级和阶级斗争"问题时,曾开宗明义地指出"统治是马克思主义社会学和政治学的中心思想"②以及"斗争的概念是马克思主义政治的核心"③等命题,并认为"统治和斗争是阶级社会所固有的,是以具有明确、具体的特征的社会生产方式为基础的……焦点始终是阶级对抗和阶级斗争"④。在密利本德看来,就政治方面而言,由阶级对抗和阶级斗争考量而产生的诸多问题中,首要的事情就是要力图澄清一个初步的但却是重要的问题——"被称为斗争中主要的或次要的对抗者(不管什么性质的斗争)指的是什么? 最重要的是,马克思和恩格斯以及尔后的马克思主义作家们,当他们说到'工人阶级'时,指的是什么"⑤,因为这个问题是马克思主义政治学重建的基础。

① Ellen Meiksins Wood, *Ralph Miliband*, 1924 – 1994, *The Common Sense of Socialism*, Radical Philosophy 68(Autumn 1994) , p.63.

② 拉尔夫·密利本德:《马克思主义与政治学》,黄子都译,商务印书馆 1984 年版,第 20 页。

③ 拉尔夫·密利本德:《马克思主义与政治学》,黄子都译,商务印书馆 1984 年版,第 19 页。

④ 拉尔夫·密利本德:《马克思主义与政治学》,黄子都译,商务印书馆 1984 年版,第 21 页。

⑤ 拉尔夫·密利本德:《马克思主义与政治学》,黄子都译,商务印书馆 1984 年版,第 24 页。

那么,密利本德何以要重建马克思主义政治学呢? 相较于英国新左派中其他的同时代人,密利本德的这一理论努力可以被视为20世纪50年代的社会主义政治学的思想觉醒以及共产主义与社会民主主义在遭遇道德破产中的复兴,因此其理论建构的出发点就在于"马克思主义传统的智识严密性和道德完整性"①。对密利本德来说,之所以要重建马克思主义政治学,主要是因为如下原因:

一方面,历史语境的变化对英国马克思主义理论家们的影响。如前文所述,第一次世界大战后的东方社会主义阵营与西方资本主义阵营长期对峙、交锋,使得各种危机频发(诸如局部战争、军事冲突、外交危机等),并且以十分隐蔽的方式在理论与意识形态领域内展开斗争。可以说,经典马克思主义哲学中的基本范畴、命题与理论在西方发达资本主义国家中一直不断受到质疑、挑战甚或是批判。此外,1956年苏共二十大上对斯大林主义的批判,亦极大地冲击了当时的西方马克思主义者,他们纷纷展开反思与批判,并在这一过程中逐渐形成了思考马克思主义、社会主义的多元化趋向。英国新左派的兴起恰恰就是在上述历史语境中展开的,其中对英国共产党的亲苏立场与极左路线的不满直接导致了7000余名共产党员在1956年11月前退党。于是,在此之后,密利本德对工党的政治走向保持密切关注,并在《议会社会主义》(Parliamentary Socialism,1961)中首次阐述了工党何以走向修正主义这一重大理论问题②。实际上,密利本德第一次明确表现出对国家问题的关注则是在《马克思和国家》(Marx and the State)一文中,他开门见山地指出,"长期以来被称为马克思主义的国家理论、抑或被称为马克思—列宁主义的国家理论,并不能够被视为构成马克思本人观点的充分表达。"③在这里,显而易见的是,密利本德认为,所谓这些马克思主义的国家理论不仅是对马克思思想中的模棱两可

①　Leo Panitch,*Ralph Miliband*,*Socialist*,*Intellectual*,1924-1999,Socialist Register 1995,p.9.

②　作者注:在密利本德看来,这一问题的原因主要在于:一方面,在事实层面,修正主义观点在党的历史上屡见不鲜;另一方面,当下语境中的修正主义的本质在于工人运动和当代资本主义之间大和解的内在不稳定性。参见 Leo Panitch,*Ralph Miliband*,*Socialist Intellectual*,1924-1994,Socialist Register 1995.

③　Ralph Miliband,*Marx and the State*,Socialist Register 1965,p.278.

之处进行了过度简化的歪曲,而且还在总体上忽略了其国家理论中的一些重要组成部分,并进一步系统地梳理了马克思关于国家问题的论述。在这里,他十分清楚"左"派的全面失败——包括他提出的一个新的规划所面临的困难——与这项任务的困难有着内在关联,即最大的障碍就是统治阶级的实体的和意识形态的强大权力,以及运用这种权力保卫其战略利益的顽固性。由此,密利本德开辟了直接增进关于资本主义国家的恰当的马克思主义理解方面的重要性,不仅指明了政治学的发展方向,而且超越了此前占据这一领域的多元主义、精英主义和马克思主义分析。在资本主义权力系统的合法性丧失的进程中,密利本德不仅质疑了那些想要改变系统的人,而且表明了如何实施的根本性战略要点。

另一方面,理论自身发展的需要。正如密利本德所尖锐指出的,"令人奇怪的是,没有一个重要的马克思主义者曾经试图系统地陈述马克思主义政治理论的实质和特点。"①于是,这就使得"在称得上是马克思主义的经典著作中,对政治理论的探讨不仅多半是不系统的和片断的,而且往往是其他著作的一部分(谈到马克思主义经典著作,我主要指的是马克思、恩格斯和列宁的著作,以及在不同水平上,还有罗莎·卢森堡、葛兰西和托洛茨基等人的著作)"②。造成这一状况存在着诸多原因,但对密利本德来说,他首先将之归因于对经济基础与上层建筑关系的庸俗马克思主义式的解读,这与英国马克思主义哲学传统对"基础-上层建筑"关系的关注是完全一致的。他认为,尽管马克思并不是一个经济决定论者,然而,在很大程度上,正统马克思主义理论长久以来的经济决定论解释直接导致了其在政治理论的系统建构方面的缺失。由此,密利本德提出,如果要对葛兰西之后的发达资本主义国家中在几十年间所发生的经验性事实进行解释,那么,就需要经典准确的马克思主义政治理论,"需要对马克思本人和恩格斯的原著给予最优先的注意。这是最重要的出发点,也是马克思主义作为政治学的唯一可能的'基础'。只有在这样做

---

① 拉尔夫·密利本德:《马克思主义与政治学》,黄子都译,商务印书馆1984年版,第7页。
② 拉尔夫·密利本德:《马克思主义与政治学》,黄子都译,商务印书馆1984年版,第3页。

了之后,再拿起列宁、卢森堡、葛兰西和其他人的著作才有用处;也只有这样,才能试图建立起马克思主义政治学。"①从这里可以看出,马克思主义政治学的重建不仅是马克思主义自身发展的理论需要,即要求回归到马克思恩格斯的经典文本中进行溯源性解读,并将之置于其思想整体中进行系统的理解;而且,这一重建也是有助于把握马克思主义理论对于客观现实的解释力,强调其方法论的意义。

正是基于上述两个方面的原因,密利本德在重建马克思主义政治学的过程中,一直将马克思的阶级分析方法看做是分析发达资本主义社会现实与政治现象的有效工具。这是因为以下方面的原因。

首先,"在经典的马克思主义理论形态中,阶级分析占据着重要的位置:就是说,它为进行社会和政治分析提供了一种十分强有力的组织原则;同样,它对构成历史记录和现实社会生活的大量的不同数据进行理论和经验相结合的分析提供了可能的最好的方式。"②所以,密利本德在自己一生的著作中,始终坚持对发达资本主义社会的阶级结构与阶级关系进行解读,以阶级分析方法对当代资本主义社会中的诸多矛盾与斗争进行探讨。密利本德认为,尽管发达资本主义国家彼此之间存在着诸多差别,但却有两个基本的共同点:一方面,"它们都是高度工业化的国家,都有着庞大的、极其复杂的、高度统一的、技术非常先进的经济基础"③;另一方面,它们大部分经济活动资料都被私人所占有。发达资本主义国家的政治发展过程中尽管出现了各种各样的"中间阶级",其实质仍然是出卖劳动力的被统治阶级与占有生产资料的统治阶级两者之间相对抗的过程。

其次,密利本德对马克思的"工人阶级"概念进行了廓清,指出"对马克思来说,工人阶级作为一个阶级的看法在某种程度上是有条件的"④,具体而言:

---

①　拉尔夫·密利本德:《马克思主义与政治学》,黄子都译,商务印书馆1984年版,第7页。

②　Ralph Miliband, *Divided Societies: Class Struggle in Contemporary Capitalism*, Oxford: Clarendon Press, 1989, p.1.

③　拉尔夫·密里本德:《资本主义社会的国家》,沈汉、陈祖洲、蔡玲译,商务印书馆1997年版,"译者的话"第3页。

④　拉尔夫·密里本德:《马克思主义与政治学》,黄子都译,商务印书馆1984年版,第25页。

其一,探讨了"工人阶级的'客观'决定的一面"①,即阶级的客观性问题。对马克思而言,工人阶级这个重要的概念主要指向"生产工人",即生产剩余价值的工人,这一定义方式使得工人概念扩大到了远超于产业的和工厂雇佣劳动者的范围②。但与此同时,这种扩大也给马克思主义的政治学与社会学带来了一定的困难,主要表现在它"会使得资本主义社会的阶级结构明显要求的那种区分成为不可能"③。于是,其二,对"总体工人"与"工人阶级"的区分。密利本德十分重视《资本论》中马克思的"总体工人"概念,认为这是一套可能的区分标准,即"为了从事生产劳动,现在不一定要亲自动手;只要成为总体工人的一个器官,完成他所属的某一种职能就够了"④。这就意味着在描述性的层面上,工人阶级——作为"总体工人"中的那一部分人——是剩余价值的生产者,无论是在收入等级、还是在所谓"受人尊重的等级"中都处于最低等,他们始终居于一种从属地位。在这里,密利本德也清楚地看到了"阶级"概念自身之中的"不纯一性"⑤问题,即发达资本主义社会中由于一系列的差别致使工人阶级产生的层级化问题。所以,他强调在经典的马克思主义意义上,工人阶级的基本构成是产业雇佣劳动者、工厂工人和现代无产阶级。这种区分对于密利本德来说是十分必要的,因为"从政治战略和同盟军方面来看,它具有重要的政治意义"⑥。不仅如此,密利本德还对"总体工人"之中

---

① 拉尔夫·密里本德:《马克思主义与政治学》,黄子都译,商务印书馆 1984 年版,第 26 页。

② 作者注:对密利本德来说,这种概念的扩大主要沿着两个路向展开:一方面,生产工人的定义同他生产什么是完全无关的,关键在于这个工人是否生产剩余价值,因此就包括了一大批根本不参加工业生产过程的人们,例如某些作家;另一方面,生产工人这一概念的扩展与实际生产过程相关。参见拉尔夫·密里本德:《马克思主义与政治学》,黄子都译,商务印书馆 1984 年版,第 26—27 页。

③ 拉尔夫·密里本德:《马克思主义与政治学》,黄子都译,商务印书馆 1984 年版,第 27 页。

④ 《马克思恩格斯文集》第 5 卷,人民出版社 2009 年版,第 582 页。

⑤ 拉尔夫·密里本德:《马克思主义与政治学》,黄子都译,商务印书馆 1984 年版,第 28 页。

⑥ 拉尔夫·密里本德:《马克思主义与政治学》,黄子都译,商务印书馆 1984 年版,第 28 页。

的中间阶层与资本主义国家存在着的"中间的和过渡的阶级"、小资产阶级与大量日益增长的国家雇员以及资本家阶级进行划分。此外,他还就发达资本主义社会中所出现的所有权与管理的分离现象进行了分析说明,认为其"在任何实质性方面都并不影响资本家企业的原理和动力"①。由此出发,密利本德对于当代资本主义社会中的阶级状况进行了深入分析,并对工人阶级在社会主义实现过程中的作用进行了具体剖析,指出,尽管近年来资本主义社会中传统产业部门工人数量出现明显下降,资本主义社会的阶级结构发生了新变化,但这不过是在整个资本主义历史进程中始终存在着的工人阶级重新组合的问题,只是这一重新组合在 20 世纪以加速度方式呈现出来,"无论如何,工人阶级的重新组合与它作为一个阶级的消失完全不是同一个意思。相反,完全有理由认为处于生产过程从属地位的工薪阶层的数量已有所增加,由于他们的从属地位,他们组成了发达资本主义国家的工人阶级,并由于他们的巨大人口数量,从而构成了工人阶级的最大部分。"②可见,密利本德始终坚持阶级分析的视角,强调阶级政治,对新修正主义以及所谓的"告别工人阶级"予以了事实的反驳。其三,密利本德探讨了工人阶级与阶级意识(即阶级觉悟)之间的复杂关系,认为工人阶级在达至阶级意识的道路上必须克服巨大的障碍,因为"在冲破葛兰西称之为时代的'常识'的迷雾中,存在着各种困难"③,而这种迷雾与困难表现为"一切已死的先辈们的传统,像梦魇一样纠缠着活人的头脑"④。因此,为了回答为什么在危机四伏、矛盾重重甚至冲突不断的情形之下,资本主义仍然能够维持住自身统治的这一重大问题,马克思主义政治学的重建是必要的。

最后,密利本德通过"阶级"概念阐发并建构起自己的国家理论。一般来

---

① 拉尔夫·密里本德:《马克思主义与政治学》,黄子都译,商务印书馆 1984 年版,第 31 页。

② 参见 Ralph Miliband, *The New Revisionism in Britain*, New Left Review I/150, March-April 1985, pp.5–26.

③ 拉尔夫·密里本德:《马克思主义与政治学》,黄子都译,商务印书馆 1984 年版,第 46 页。

④ 《马克思恩格斯文集》第 2 卷,人民出版社 2009 年版,第 401 页。

说，在马克思主义国家理论的研究中，大致有三种研究范式，即：一是马克思所创造的政治经济学的研究范式；二是恩格斯所创造的人类学的研究范式；三是列宁所开创的政治学的研究范式。① 可以说，密利本德正是沿着列宁所创造的政治学的研究范式，通过分析发达资本主义社会中阶级的构成与变化，进而对国家的性质、结构与职能进行考察与说明，由此批判了英国的新修正主义对于社会主义立场的倒退，认为，其理论缺失主要在于其国家观中政治学观念的匮乏。密利本德认为，自己所考察的思想领域的中心论题主要包括：其一，阶级政治的意义与重要性；其二，国家问题；其三，社会主义策略与工党；其四，一些具体事务性问题，如国防、外交政策等。之所以提出上述四个问题，密利本德认为，是因为它们对于工人运动具有极为重要的意义。可见，在这里，密利本德对于国家问题的研究，已不再仅仅局限在内在的理论需要的层次上，而是有着直接的现实需要。因此，密利本德不仅在马克思主义学术传统内部发起这一问题的对话，而且还与同时代的学者与各色思潮保持开放的、必要的对话，更为重要的是，他始终将阶级理论与对国家现实的密切关注勾连在一起②，解答的是马克思主义所面临的时代问题。也是在这一意义上，密利本德

---

① 三种研究范式主要是从不同视角提出和研究国家问题，政治经济学的研究范式主要从经济基础决定上层建筑的角度探究国家的经济根源，它的核心问题是国家和市民社会的关系，国家是如何从一定的经济基础中产生出来的，其本质是如何被经济基础决定的；人类学的研究范式是从人类文明起源的角度考察国家的形成及其历史演变，说明国家如何从氏族社会中分裂出来，具有何种组织形式及其发展的历史前景；政治学的研究范式则是从社会权力关系的角度分析国家的政治结构，揭示出统治阶级与被统治阶级之间的权力构成及其变化，探讨引起权力关系构成变化的原因与基本要素，例如社会革命、政党和知识分子、领袖和群众等问题。参见何萍：《在社会主义入口处——重读列宁〈国家与革命〉》，人民出版社 2013 年版，第 30—42 页。

② 作者注：需要指出的是，密利本德在《资本主义社会中的国家》中的研究对象主要是以英国为例，但其理论对话、理论批判的对象却是一些美国学者。对此，有学者认为，造成这种错位现象的原因主要在于：一，美国取代英国成为了当代最发达的资本主义国家，资本主义国家的一些新现象、新变化都最先出现在美国；二，二战前后，美国的社会科学发展迅猛，对于资本主义国家出现的诸多新现象、新变化，政治学、社会学、经济学等领域的学者纷纷以不同的方式进行探讨，进而提出了许多影响广泛的新观点；三，较之于美国学术界，英国学术界对国家问题鲜有研究的热情，富有当代价值的成果更是阙如（当然，这并不是说英国没有国家理论，如深刻影响过密利本德的哈罗德·拉斯基早在 1935 年出版的《国家的理论与实际》就是一部经典）。因此，这种错位事实上恰恰反映出密利本德对西方主流学术界的敏锐洞察力。参见张亮：《拉尔夫·密里本德国家理论的当代重访》，《求是学刊》2014 年第 5 期，第 20—21 页。

被认为"是 20 世纪后半叶马克思主义政治理论的主要贡献者,社会主义政治的积极参与者,大致而言是一个独立的马克思主义者"①。

于是,尽管"国家权力和阶级利益之间的张力实际上是无法避免的"②,不过密利本德又是如何来论证阶级、权力与国家之间的关系呢?

二、国家、权力与阶级:一种"工具主义"的诠释

毋庸置疑,密利本德在阅读马克思以应对结构主义与新社会运动提出的挑战中,留下了许多特殊的问题没有回答,"但他比以往任何时候都确信,'阶级'是马克思主义政治的关键概念,只有工人阶级政党能够使得资本主义转变为社会主义,无论是改良还是革命。"③由此在论及国家问题时,他指出,二战之后的西方主流学界,国家理论的发展变化主要是以美国的情况为依据来阐述发展的,其代表性的观点之一就是多元主义的国家观④,主要是"通过定义排斥了国家是一种相当特殊的制度,它的主要目的是保护社会中特殊的掌权阶级的见解"⑤,实质上是对马克思关于国家是阶级统治的工具的学说的否定,亦是马克思主义国家观过时论的一种表达。于是,针对发达资本主义国家所流行的多元主义国家观及其由此衍生出的各式各样的精巧的权力精英理论,密利本德却始终坚持"对于权力的多元民主论最重要的替代理论仍然唯有马克思主义一家"⑥。

---

① *Class,Power and the State in Capitalist Society Essays on Ralph Miliband*, edited by Paul Wetherly, Clyde W.Barrow and Peter Burnham, Palgrave Macmillan, 2008, p.1.

② Ralph Miliband, *State Power and Class Interests*, New Left Review, I/138, March-April.1983, p.64.

③ *Class,Power and the State in Capitalist Society Essays on Ralph Miliband*, edited by Paul Wetherly, Clyde W.Barrow and Peter Burnham, Palgrave Macmillan, 2008, p.9.

④ 作者注:大致说来,多元主义的国家观主要源自古典自由主义,对西方世界尤其是英美影响深远。二战之前,这一学说主要基于自由主义的基本信念(如个人主义等),以反对国家一元主义,积极捍卫个人权利,并强调社团组织的自治、活动与多样性。参见 Patrick Dunleavy and Brendan O'Leary, *Theories of the State: The Politics of Liberal Democracy*, Macmillan Education, 1987.

⑤ 拉尔夫·密里本德:《资本主义社会的国家》,沈汉、陈祖洲、蔡玲译,商务印书馆 1997 年版,第 7 页。

⑥ 拉尔夫·密里本德:《资本主义社会的国家》,沈汉、陈祖洲、蔡玲译,商务印书馆 1997 年版,第 9 页。

　　首先,密利本德明确指出,"在发达资本主义社会中这种私人经济力量集中化的巨大的政治意义,包括它对国家的影响,是这里研究主要关心的问题之一。"①这就是说,密利本德一方面提出并确立了自己的理论思考主题即解决发达资本主义社会的国家问题,另一方面则提出了如何解决发达资本主义社会国家问题的具体路径问题。在这一层面上,密利本德提出了国家与阶级的关系问题。从这个角度来说,密利本德是沿着列宁的国家理论的研究范式来思考的,因为"国家问题,现在无论是在理论方面或在政治实践方面,都具有特别重大的意义"。② 在这里,对密利本德来说,研究国家问题的理论方面,是指马克思恩格斯的国家理论、甚至包括列宁的国家理论已经被修正主义者、斯大林主义者与多元论者弄得混乱不堪,必须给予理论上的澄清与驳斥;另一方面,研究国家问题在政治实践方面,是指发达资本主义社会中的无产阶级革命与工人运动等提出了社会主义政治的一系列问题,亟须重建适合于当代发达资本主义社会的无产阶级斗争的马克思主义国家理论。其中,对于资本主义社会的国家问题的基石是对阶级的理解。

　　这是因为,正如前文已指出的,尽管在历史、传统、文化、语言和制度等方面存在着极大的差别,但有两个至关重要的共同特点使得国家成为发达资本主义国家,即"首先它们都是高度工业化的国家;其次,它们绝大多数经济活动手段都是私人所有和私人控制的"③,但它所引起的当代资本主义结构的重要变化并不影响它们在所有本质方面确实仍属于资本主义社会。换言之,在发达资本主义社会中,工人阶级在总体上的绝对贫困现象已基本消失,工人阶级的内部构成也存在诸多差别,但发达资本主义社会的经济基础"实际上造成其社会结构和阶级划分极其引人注目的相似性"④,从根本上来看,"在这些

---

　　① 拉尔夫·密里本德:《资本主义社会的国家》,沈汉、陈祖洲、蔡玲译,商务印书馆1997年版,第9页。

　　② 《列宁专题文集》(论马克思主义),人民出版社2009年版,第174—175页。

　　③ 拉尔夫·密里本德:《资本主义社会的国家》,沈汉、陈祖洲、蔡玲译,商务印书馆1997年版,第11页。

　　④ 拉尔夫·密里本德:《资本主义社会的国家》,沈汉、陈祖洲、蔡玲译,商务印书馆1997年版,第19页。

国家中,'生产关系'的主要形式是资本主义雇主和产业工资劳动者之间的关系"①,因此,发达资本主义社会的经济与社会生活仍然"首先是由资本主义生产方式所形成的社会关系所形成的社会关系决定的,即由所有者阶级一方,工人阶级为另一方的两个阶级之间的关系所决定"②,同时两个阶级之间的"相互冲突极其有力地决定着发达资本主义的政治制度和社会趋势"③。这就是说,密利本德认为尽管当代资本主义国家在经济、政治与文化诸领域亦已发生重大变化,但这些变化是在量变而非质变的范围之内,所以作为资本主义国家理论批判的马克思主义国家理论仍然具有当代有效性。

其次,密利本德的国家理论的最简洁的概括就是:"根据马克思主义的见解,资本主义社会的'统治阶级'是一个拥有和控制生产资料的阶级,它凭借给予它的经济权力这一优势,能够把国家作为它统治社会的工具"④,由此诠释了其工具主义的国家理论。具体而言,在密利本德那里:

第一,国家体系实际上是由五种要素构成、并且其中每种要素都与一系列的具体制度相一致的相互作用的系统,这五种要素分别是:(1)政府机构,由民选立法与行政机关在国家层面所组成,它能够制定国家政策;(2)行政机构,由国家官僚机构、公共团体、中央银行和管理委员会等构成,它能够调节经济、社会、文化与其他活动;(3)强制机构,由军队、国家准军事的、保安和警察力量所共同构成的与暴力相关的分支;(4)司法机构,包括法院、法定职业、监狱及刑事司法的其他组成要件;(5)各种次中央政府单位,例如州、省或部门,县、市级政府,以及特区。可以说通过"这些机构——政府、行政机关、军队和警察、司法分支机构、次中央政府和议会——它们构成了'国家'。而且,它们

---

① 拉尔夫·密里本德:《资本主义社会的国家》,沈汉、陈祖洲、蔡玲译,商务印书馆1997年版,第20页。

② 拉尔夫·密里本德:《资本主义社会的国家》,沈汉、陈祖洲、蔡玲译,商务印书馆1997年版,第21页。

③ 拉尔夫·密里本德:《资本主义社会的国家》,沈汉、陈祖洲、蔡玲译,商务印书馆1997年版,第21页。

④ 拉尔夫·密里本德:《资本主义社会的国家》,沈汉、陈祖洲、蔡玲译,商务印书馆1997年版,第27页。

相互之间的联系构成了国家制度的形式"①。在这里,需要注意的是,尽管密利本德常常被指责将国家还原为仅仅是统治阶级手中的工具,然而,实际上他强调的是国家制度作为所必需特别注意的特定机构之间的一整套相互关系。

第二,密利本德区分了国家制度与政治制度,进而驳斥了自由多元论者与激进"左"翼,认为二者的相似之处就在于"错误地认为'政府权力的假设等同于国家权力的获得'"②。于是,在经验的层面,通过自己与英国工党的冲突,密利本德敏锐地意识到,在政府与国家之间进行概念区分可以对政治战略与策略产生重大的影响③。在此意义上,他强调"政府以国家的名义说话,并被正式赋予国家的权力。这一事实并不意味着它已有效地控制了国家的权力"④。

第三,通过论述国家权力与精英政治之间的关系,密利本德认为,当代发达资本主义国家依然是资产阶级的统治工具。对他而言,具有重要的理论意义的是理解在任何给定的时间内谁才是实际上能够控制国家权力的人,其中,关于统治阶级统治的一个最直接的标志就是,资产阶级成员通过政府、行政、强制与其他机构的相互作用以控制国家制度的程度,正如他所强调的那般,"国家权力正是存在于这些制度之中,权力的行使正是通过每个在这些机构中占据领导职位的人"⑤来实现的。出于这个原因,密利本德十分重视国家精

---

① 拉尔夫·密里本德:《资本主义社会的国家》,沈汉、陈祖洲、蔡玲译,商务印书馆1997年版,第58页。

② *Class,Power and the State in Capitalist Society Essays on Ralph Miliband*, edited by Paul Wetherly,Clyde W.Barrow and Peter Burnham,Palgrave Macmillan,2008,p.90.

③ 作者注:密利本德在对第二次世界大战后英国工党的政治研究中发现,尽管当时的欧洲左派政党(包括工党)曾经多次取得大选的胜利,并组成强势政府,但是因为"左"派政治家像多元主义者一样,常常把政府等同于国家,认为通过议会选举获得政府权力就获得了国家权力,因此,在组成左派政府后并没有采取进一步的措施以真正夺取国家权力,于是人们所期待的社会主义过渡并没有发生。可见,对"什么是国家"这个基本问题的解决,不仅是一个学术问题,而且直接关涉到由理论的混乱所造成的巨大政治后果这一问题。参见张亮:《拉尔夫·密里本德国家理论的当代重访》,《求是学刊》2014年第5期,第22页。

④ 拉尔夫·密里本德:《资本主义社会的国家》,沈汉、陈祖洲、蔡玲译,商务印书馆1997年版,第55页。

⑤ 拉尔夫·密里本德:《资本主义社会的国家》,沈汉、陈祖洲、蔡玲译,商务印书馆1997年版,第58—59页。

英的社会构成,这亦形成了他与自由主义多元论者在国家观上进行辩论的核心立场。一方面,通过对当代发达资本主义国家精英的阶级构成分析,密利本德证明了传统资产阶级依然还是权力精英的主体构成,同时,通过"资产阶级化"的方式其他非资产阶级的精英也开始进入到统治阶级内部,因为"在这些阶级社会中,国家首先并不可避免地是在这些社会中占统治地位的经济利益的卫士和捍卫者。它的'真正的'意图及使命是确保它的连续统治而不是妨碍它"①。另一方面,通过对发达资本主义国家中诸多政治行动(内部结果与外部结果)的剖析,密利本德认为,国家精英的阶级构成创造出一种有利于资本主义制度的"意识形态倾向和政治偏见"②,并使得政党、政府能按照符合生产方式的内在要求——资产阶级意愿的方式——来运作,其根源就是资本主义的生产方式。概而言之,尽管当代发达资本主义国家权力在实现的形式上呈现出多样化、民主化的趋势,但却无法改变资本主义国家的阶级统治的本质。

第四,密利本德借用葛兰西的领导权理论,揭示了发达资本主义国家维护阶级统治合法性的新手段,即"政治社会化"——"通过这一过程,价值、认识和表征都得到知识化和内在化,通过这一过程实施的关于社会的政治准则得到灌输,无论有效还是无效,政治作用制度化并且形成政治意见的一致。"③于是在这里,密利本德看到了国家在这种"政治社会化"过程中的作用,即在葛兰西的意义上,如果说,意识形态领导权的确立与存在被当作统治阶级的首要任务,并以此进行文化控制,那么,领导权——作为现代资本主义社会,尤其是发达的"市民社会"的产物——就与国家一同承担起主了要是维持镇压和同意之间所需平衡的功能。密利本德认为,在发达资本主义国家,"政治社会化"主要是通过大众媒介与教育的中介途径,并以政治代理人——政党、教

---

① 拉尔夫·密里本德:《资本主义社会的国家》,沈汉、陈祖洲、蔡玲译,商务印书馆1997年版,第265页。

② *Class, Power and the State in Capitalist Society Essays on Ralph Miliband*, edited by Paul Wetherly, Clyde W.Barrow and Peter Burnham, Palgrave Macmillan, 2008, p.91.

③ 拉尔夫·密里本德:《资本主义社会的国家》,沈汉、陈祖洲、蔡玲译,商务印书馆1997年版,第185页。

会、民族主义与实业界——的直接作用得以不断推进的。

第五,通过对发达资本主义社会中的国家的经验分析与制度分析,密利本德重新论述了阶级的主体问题——它始终是与著名的"密利本德-普兰查斯之争"——联系在一起的。众所周知,1969年密利本德的《资本主义社会中的国家》出版之后,普兰查斯旋即在《新左派评论》上发表了题为《资本主义的国家问题》的评论,一方面肯定了密利本德的工作"有助于克服一个主要的空白"①,也即尝试重建长期以来被马克思主义理论所忽视的国家与政治权力理论,从而系统地打击了资产阶级的国家与政治权力概念,另一方面却又认为密利本德的理论错误根源于"所选择的论证过程——通过对具体事实的即时考察以直接回应资产阶级意识形态"②。其中,在普兰查斯对密利本德的工具主义的批判中,他将主体问题定义为"一个社会行动者、即个人作为社会行为的起源的问题"③。也就是说,如果个体或是群体被认为是社会行动者,那么对普兰查斯来说,理论研究就会从对阶级矛盾的研究转向到"对建立在个体的行动者的行为动机之上的最终解释"④的研究。基于此,普兰查斯认为,密利本德关于资本主义社会中国家的经验的与制度的分析常常给人一种印象,即"社会阶级或是群体在某种程度上被还原为一种人际关系,国家就被还原为构成国家制度的不同群体的成员之间的人际关系,从而最后社会阶级与国家之间的关系就被还原为了组成社会群体的'诸个体'与组成国家制度的'诸个体'之间的人际关系"⑤。于是,普兰查斯批评密利本德为建立在个体的行为动机之上的企业行为、国家精英与国家管理者所提供的解释,认为他未能理解社会阶级与国家是客观的结构,因此,它们的关系也是一种常规连接的客观系统,即作为"人"或者用马克思的话来说作为"承担者"、"载体"的中介的一种结构与系统。显而易见,在这里,作为阿尔都塞最优秀的学生之一的普兰查

① Nicol Poulantzas, *The Problem of the Capitalist State*, New Left Review, 58,1969, p.69.
② Nicol Poulantzas, *The Problem of the Capitalist State*, New Left Review, 58,1969, p.69.
③ Nicol Poulantzas, *The Problem of the Capitalist State*, New Left Review, 58,1969, p.70.
④ Nicol Poulantzas, *The Problem of the Capitalist State*, New Left Review, 58,1969, p.70.
⑤ Nicol Poulantzas, *The Problem of the Capitalist State*, New Left Review, 58,1969, p70.

斯,在方法论的意义上基于自己结构主义的立场对密利本德展开了强烈的批判。然而,密利本德与之是有着截然不同的理论传统的,正如克莱德·W.巴罗所指出的,尽管"密利本德是在经典马克思主义的传统中开展其理论工作的"①,始终坚持马克思主义认为"国家实际上是阶级统治的重要工具"②这一原则,但与马克思一样,密利本德同样意识到了在特定的历史条件下国家具有一种相对自主性③。需要指出的是,正如前文所分析的,密利本德在对发达资本主义国家中的阶级进行考察时,区分了阶级内部的不同成分与部分,因此即使在资产阶级内部也是有着利益冲突的。这就意味着,如果国家要对统治阶级内部的利益冲突进行调解和调停,那么它必须要有一定的自主权;但与此同时,只要统治阶级并非铁板一块,那么它也就无法简单地将国家视为"它的"工具,由此,密利本德甚而认为"不同形式的国家具有不同程度的自主性。但是,一切国家对一切阶级(包括统治阶级)都享有一定的自主性和独立性"④。事实上,密利本德从来没有使用过"工具主义"一词来描述自己的国家理论,因此,密利本德的批评者将其国家理论表述为"工具主义"是一种曲解⑤。更为重要的是,尽管"密利本德–普兰查斯之争"持续了十多年之久,且十分激烈,然而,正如列奥·潘尼奇(Leo Panitch)所指出的那样,"不要错误地理解密利本德与普兰查斯之争的理论意义与政治意义"⑥,即认为二者各自持有互不相容的立场。也就是说,在建构一种看似时髦的话语时将他们处理为工具主义者与结构主义者,这被证明是一种误导。

---

　　①　*Class,Power and the State in Capitalist Society Essays on Ralph Miliband*, edited by Paul Wetherly,Clyde W.Barrow and Peter Burnham,Palgrave Macmillan,2008,p.94.

　　②　拉尔夫·密利本德:《马克思主义与政治学》,黄子都译,商务印书馆 1984 年版,第72 页。

　　③　参见马克思在《法兰西内战》《路易·波拿巴的雾月十八》中的相关论述,即他在对波拿巴主义国家的考察中已注意到了国家因为资产阶级内部的纷争而获得相对的自主性。

　　④　拉尔夫·密利本德:《马克思主义与政治学》,黄子都译,商务印书馆 1984 年版,第90 页。

　　⑤　*Class,Power and the State in Capitalist Society Essays on Ralph Miliband*, edited by Paul Wetherly,Clyde W.Barrow and Peter Burnham,Palgrave Macmillan,2008,p.105.

　　⑥　Leo Panitch,*Ralph Miliband*,*Socialist*,*Intellectual*,1924–1999,Socialist Register 1995,p.13.

由上可见,他的国家理论是建立在其阶级斗争的分析框架之上的,试图通过考察发达资本主义社会中国家与阶级之间更为复杂的关系:一方面,坚持"经济基础决定上层建筑"的基本原理以对抗多元主义的国家观;另一方面,亦强调国家会通过诸多途径(如经济让步、文化领导权的建立)以削弱阶级意识的生成,从而为理解发达资本主义国家的工人阶级斗争的弱化提供了解释路径。由此,他阐发了"一种国家理论也是一种社会理论和在这个社会中分配权力的理论"[1]。换言之,倘若说列宁将一种政治分析的原则给予了资本主义社会,那么,葛兰西就提供了一整套的概念工具用以分析资本主义社会的文化与意识形态。密利本德则相信,"马克思主义政治理论的核心论题与概念结构是适当的,马克思主义需要的是更多关于资本主义社会中国家的经验的与历史的分析,从而赋予这一论题与理论概念以具体的内容。"[2]显然,这里的"具体的内容"有着深刻的现实依据,对密利本德来说,他的国家理论正是建立在其对英国工党的著名批评之上,亦是思考在发达资本主义国家中如何实现社会主义的一种表达,这是因为"在所有的国家,都有这样或多或少的一群人,他们追求一种崭新的社会秩序,在那里,民主、人人平等与合作——社会主义的基本价值——成为社会组织的优先原则。他们人数的不断增加和斗争获取的胜利,成为人类最美好的希望"。[3] 基于这一主张,密利本德提出,"统治阶级为了统治和保卫他们的权力和特权,有一系列众多的武器供他们使用。那么,怎样才能消灭这些统治阶级? 一个新的社会秩序将如何建立起来?"[4]由此,他明确提出了阶级与政党的关系问题,并通过对马克思、恩格斯以及列宁等的系统考察阐明这一问题实质上是马克思主义对于革命进程的看法,且这一进程始终是与关于社会主义民主的讨论交织在一起的。

---

① 拉尔夫·密里本德:《资本主义社会的国家》,沈汉、陈祖洲、蔡玲译,商务印书馆1997年版,第6页。

② *Class, Power and the State in Capitalist Society Essays on Ralph Miliband*, edited by Paul Wetherly, Clyde W. Barrow and Peter Burnham, Palgrave Macmillan, 2008, p.87.

③ Ralph Miliband, *Socialism for a Sceptical Age*, Polity Press, 1994, pp.194-195.

④ 拉尔夫·密利本德:《马克思主义与政治学》,黄子都译,商务印书馆1984年版,第127页。

三、阶级、政党与社会主义民主

众所周知,恩格斯在 1883 年 3 月 17 日马克思墓前的悼词中说道,"马克思首先是一个革命家。他毕生的真正使命,就是以这种或那种方式参加推翻资本主义社会及其所建立的国家设施的事业,参加现代无产阶级的解放事业,正是他第一次使无产阶级意识到自身的地位和需要,意识到自身解放的条件。"①这就清楚地表明了马克思最基本的和毫不动摇的目标就是无产阶级的解放事业。于是,在密利本德那里,马克思主义作为一种政治学说"首先就是要实行社会主义革命"②。关键在于,社会主义革命的实行需要什么样的战略呢? 实际上,这是一个在马克思主义理论与实践方面都十分重要、同时也是长期充满内在张力的问题,因为"马克思主义政治的本质同以解放为其全部目的的那些阶级有关,这些问题实际上都是存亡攸关的问题"③。那么密利本德是如何展开对这一重大问题的讨论呢? 可以说,他主要是通过对革命与民主的关系进行思考的。

首先,密利本德对马克思主义传统中关于革命与民主的关系进行了厘清,并提出"在阶级和政党之间必须建立起'辩证的'相互关系"④有助于分析与解决这种内在张力,并认为"不论党采取什么形式,对马克思来说真正重要的是工人阶级,工人阶级日益提高的觉悟和它为自身的解放所作的斗争。政党只是阶级的政治表现形式和工具"⑤,且马克思与恩格斯坚持工人阶级能够取得自身的解放这一信念,而"工人阶级的解放应该由工人阶级自己去争取"⑥。

事实上,正如前文分析中所提及的,其实马克思早在 1852 年给约·魏德

---

① 《马克思恩格斯文集》第 3 卷,人民出版社 2009 年版,第 602 页。

② 拉尔夫·密利本德:《马克思主义与政治学》,黄子都译,商务印书馆 1984 年版,第164 页。

③ 拉尔夫·密利本德:《马克思主义与政治学》,黄子都译,商务印书馆 1984 年版,第135 页。

④ 拉尔夫·密利本德:《马克思主义与政治学》,黄子都译,商务印书馆 1984 年版,第128 页。

⑤ 拉尔夫·密利本德:《马克思主义与政治学》,黄子都译,商务印书馆 1984 年版,第129 页。

⑥ 《马克思恩格斯全集》第 21 卷,人民出版社 1965 年版,第 16 页。

迈的信中就一再重申,"至于讲到我,无论是发现现代社会中有阶级存在或发现各阶级间的斗争,都不是我的功劳。在我以前很久,资产阶级历史编纂学家就已经叙述过阶级斗争的历史发展,资产阶级的经济学家也已经对各个阶级做过经济上的分析。我所加上的新内容就是证明了下列几点:(1)阶级的存在仅仅同生产发展的一定历史阶段相联系;(2)阶级斗争必然导致无产阶级专政;(3)这个专政不过是达到消灭一切阶级和进入无阶级社会的过渡……"①在这里,这段话包含了两层含义:其一,马克思明确指出了其唯物史观与之前的历史观之间的关系,认为唯物史观中的个别范畴并不是自己的理论贡献,其理论贡献是揭示这些范畴的经济根源及其历史演变的必然性。恰恰是这一点,决定了在说明资本主义运动的各种现象中马克思的洞察力与深刻性,因此,在如何理解阶级与阶级斗争这一问题上,马克思并不满足于现象的描述,而是从现象中找寻其产生的经济根源与走向无产阶级专政的历史必然性。在这一意义上,无产阶级专政的提出并非历史现象的描述,而是历史本质的揭示。其二,由第一层含义所决定,作为对于未来国家形式的一种探索,无产阶级专政的理论是共产主义理论的有机构成要素与拓展延伸。由此,马克思的国家、革命等理论都可以看做是无产阶级专政实现的一个环节,从而被纳入无产阶级专政的理论之中。

显而易见,马克思清楚地认识到了:"在资本主义社会和共产主义社会之间,有一个从前者变为后者的革命转变时期。同这个时期相适应的也有一个政治上的过渡时期,这个时期的国家只能是无产阶级的革命专政。"②即无产阶级专政是从资本主义过渡到共产主义的国家形式,换言之,作为过渡时期的国家形式,无产阶级专政必须是一种政治形式,且进行阶级斗争。对马克思来说,因为掌握无产阶级专政国家的主体是工人阶级——一个代表劳动的普遍解放的阶级,所以无产阶级专政的国家形式必然不同于以往的旧国家形式的特征,简而言之,它大致可概括为三点。

---

① 《马克思恩格斯文集》第 10 卷,人民出版社 2009 年版,第 106 页。
② 《马克思恩格斯文集》第 3 卷,人民出版社 2009 年版,第 445 页。

其一，无产阶级专政是一种具有广泛代表性与非压迫性的政治形式。于是，巴黎公社——作为政治形式的一种表征——"完全是一个具有广泛代表性的政治形式，而一切旧有的政府形式都具有非常突出的压迫性。公社的真正秘密就在于：它实质上是工人阶级的政府，是生产者阶级同占有者阶级斗争的产物，是终于发现的可以使劳动在经济上获得解放的政治形式"①，进而阐明了无产阶级专政并不是凌驾于社会之上的政权机关，而是以消灭压迫为前提的工人阶级自己的政府。

其二，在阶级斗争中有限制地使用暴力。作为过渡性的国家形式，无产阶级专政需要暴力，然而，较之于旧有的国家形式，无产阶级专政之所以使用暴力，其目的是消灭阶级以建立新型的国家。据此，无产阶级专政对于暴力的使用主要表现为：一方面，打碎旧的资产阶级的国家机器，并以无产阶级专政的国家政权取而代之，由于"工人阶级不能简单地掌握现成的国家机器，并运用它来达到自己的目的"②，因此，就必须通过无产阶级革命来彻底打碎资产阶级的旧的国家机器，以建立新的国家；另一方面，通过阶级斗争消灭阶级本身，主要发生在对旧的国家机器进行改造与管理的活动之中。所以，无产阶级专政对于暴力的使用是有限制的。

其三，废除官僚制度，防止社会公仆转变为社会主人。在马克思看来，旧的国家政权都是通过常备军和国家官吏等寄生在"民族躯体上的赘瘤"③来维持的，它们是对工人阶级进行压迫的物质力量。而无产阶级专政通过"把国家政权重新收回，把它从统治社会、压制社会的力量变成社会本身的充满生气的力量；这是人民群众把国家政权重新收回，他们组成自己的力量去代替压迫他们的有组织的力量"④。

可以说，马克思的上述深刻思想就对后来的马克思主义者产生了重要的影响，特别是"对直接和间接行使人民权力，以及对社会主义民主的含义等更

① 《马克思恩格斯文集》第3卷，人民出版社2009年版，第157—158页。
② 《马克思恩格斯文集》第3卷，人民出版社2009年版，第151页。
③ 《马克思恩格斯文集》第3卷，人民出版社2009年版，第156页。
④ 《马克思恩格斯文集》第3卷，人民出版社2009年版，第195页。

为广泛的问题都有直接的影响"①。然而,众所周知的是,以伯恩施坦、考茨基等为代表的第二国际的修正主义和机会主义对马克思恩格斯的阶级、国家等进行了全面的修正。显而易见,资本主义经济、政治结构在19世纪末20世纪初的变化更加突出了这一时期的国家问题。对此,第二国际的理论家们的理论主题不再围绕着国家与革命的问题来进行,一味地只是谈论国家的调和职能。他们常常强调西方资本主义社会已步入了和平发展时期,暴力革命的时代也早已逝去,在这个时期不再需要阶级斗争了,也不再需要以革命为核心的国家理论了,因此建构以民主为核心的国家理论就成为时代的需要,就如伯恩施坦曾在《社会主义的前提和社会民主党的任务》中所强调的:"民主是手段,同时又是目的。它是争取社会主义的手段,它又是实现社会主义的形式。"②由此出发,他进一步主张以民主来反对无产阶级革命,认为"在社会民主党的代表在一切有可能的地方实践上都已站在议会工作、比例人民代表制和人民立法(这一切都是同专政相矛盾的)的立场上的这一时代,坚持无产阶级专政这一词句究竟有什么意思呢? 这一词句今天已经如此过时,以致只有把专政一词的实际意义去掉并赋予它随便什么削弱了的意义,才能使这一词句和现实相一致。社会民主党的全部实践活动都是归结于创造一些状态和先决条件,它们能够促成和保证现代社会制度在不发生痉挛性爆发的情况下转移为一个更高级的制度"③。于是,伯恩施坦指出社会民主党的任务并非"想用一个无产阶级社会来代替市民社会,而是想用一种社会主义社会制度来代替资本主义社会制度"④。密利本德明确指出,这种修正主义的观点尽管在形式上有不同的表现,但它还是"统治着绝大部分的欧洲社会民主党,1914年以及战后年代的大'背叛'就是这一情况的自然表现"⑤。

---

① 拉尔夫·密利本德:《马克思主义与政治学》,黄子都译,商务印书馆1984年版,第130页。
② 殷叙彝编:《伯恩施坦读本》,中央编译出版社2008年版,第315页。
③ 殷叙彝编:《伯恩施坦读本》,中央编译出版社2008年版,第318页。
④ 殷叙彝编:《伯恩施坦读本》,中央编译出版社2008年版,第319页。
⑤ 拉尔夫·密利本德:《马克思主义与政治学》,黄子都译,商务印书馆1984年版,第131页。

　　针对伯恩施坦的修正主义观点,密利本德通过对列宁的"民主集中制"说明了政党与阶级之间的关系,认为,列宁对于马克思主义所作的贡献的精髓就是:"对他来说,重要的是:如果要推进革命进程就必须有组织和有领导。"①而且,列宁十分重视政党同工人阶级保持有机联系的重要性,他曾在《共产主义运动中的"左派"幼稚病》里强调"全部历史,特别是历次革命的历史,总是比最优秀的政党、最先进阶级的最觉悟的先锋队所想象的更富有内容,更形式多样,更范围广阔,更生动活泼,'更难以捉摸'。这是不言而喻的,因为最优秀的先锋队也只能体现几万人的意识、意志、热情和想象;而革命却是在人的一切才能高度和集中地调动起来的时刻,由千百万被最尖锐的阶级斗争所激发的人们的意识、意志、热情和想象来实现的"②。于是,对于党的作用及其与工人阶级的关系这一工人阶级政党的代表性问题就贯穿于以列宁和卢森堡为代表的争论之中。

　　不过,密利本德并不打算在上述争论中二者择一,他一方面认为"尽管政党是工人阶级最重要的表现方式,但还有其他形式的工人阶级组织对政治问题和斗争有着直接关系"③;不过另一方面,他又强调"革命不仅必然包括一定程度的'取代',而且实际上需要这种'取代'。这对马克思主义的规划也有影响,至少在一定程度上影响革命后权力的行使,并且可能对它有很大影响"。④在密利本德看来,这个具有坚决性与迫切性的问题却在列宁的《国家与革命》这一极为重要的文献中几乎没有谈及。他强调作为"马克思主义政治著作中论述无产阶级专政的最权威的著作"⑤——《国家与革命》——对党的论述只是一笔带过:"马克思主义教育工人的党,也就是教育无产阶级的先锋队,使

---

　　①　拉尔夫·密利本德:《马克思主义与政治学》,黄子都译,商务印书馆 1984 年版,第132 页。

　　②　《列宁专题文集》(论无产阶级政党),人民出版社 2009 年版,第 259—260 页。

　　③　拉尔夫·密利本德:《马克思主义与政治学》,黄子都译,商务印书馆 1984 年版,第141 页。

　　④　拉尔夫·密利本德:《马克思主义与政治学》,黄子都译,商务印书馆 1984 年版,第141 页。

　　⑤　拉尔大　密利本德:《马克思主义与政治学》,黄子都译,商务印书馆 1984 年版,第149 页。

它能够夺取政权并引导全体人民走向社会主义,指导并组织新制度,成为所有被剥削劳动者在不要资产阶级并反对资产阶级而建设自己社会生活的事业中的导师、领导者和领袖。"①事实上,在马克思主义思想史上,这一对于阶级与政党关系的阐发始终是围绕着如何理解社会主义民主,以及有关社会改良与革命之间的问题展开的。可以说,密利本德基于英国本土的现实所进行的对于资本主义民主与社会主义民主之间关系的思考、对于改良还是革命道路选择的探索都是建立在此基础之上的,也是在这一意义上,他认为"不管马克思主义的目标是多么清楚明确,但是如何才能达到这一目标却成为马克思主义队伍内部最有争论的问题"②。今天的我们已经了解,即使随着时间的推移与经验的累积,对于这个问题的争论也没有变得缓和;事实上,这一深刻的分歧在未来很长一个时期内仍将持续下去。那么,我们又应如何去理解这一问题呢?

不言而喻,对列宁来说,马克思在其国家理论、政权学说中始终坚持贯彻的是阶级分析与阶级斗争学说——"阶级斗争学说经马克思运用到国家和社会主义革命问题上,必然导致承认无产阶级的政治统治,无产阶级的专政,即不与任何人分掌而直接依靠群众武装力量的政权"③,由此深入发挥了马克思、恩格斯有关无产阶级、国家与民主间的关系的思想。列宁指出,第二国家的修正主义者只是说无产阶级需要国家,却没有理解无产阶级需要什么样的国家。实际上,马克思认为,无产阶级所需要的国家,就是无产阶级专政。那么,无产阶级专政的国家与资产阶级的国家存在着质的区分:其一,作为资产阶级压迫无产阶级的工具,资产阶级的国家将随着资产阶级的发展,其政治压迫功能会日益加强;但是,无产阶级专政则是"逐渐消亡的国家,即组织得能立刻开始消亡而且不能不消亡的国家"④。其二,如果说资产阶级的国家是少

---

① 《列宁专题文集》(论马克思主义),人民出版社 2009 年版,第 198 页。
② 拉尔夫·密利本德:《马克思主义与政治学》,黄子都译,商务印书馆 1984 年版,第164 页。
③ 《列宁专题文集》(论马克思主义),人民出版社 2009 年版,第 198 页。
④ 《列宁专题文集》(论马克思主义),人民出版社 2009 年版,第 197 页。

数人实施统治的国家,那么,无产阶级专政就是"劳动者所需要的'国家','即组织成为统治阶级的无产阶级'"①。在列宁这里,无产阶级需要"逐渐消亡的国家",这与马克思提出无产阶级必须用暴力打碎资产阶级的国家机器的论断并不矛盾,因为无产阶级要反对旧国家的暴力机关,就必须以暴力的形式打碎和摧毁旧的国家机器,建立新的能够消灭暴力机关的国家。需要注意的是,列宁认为,"国家消亡"的真正含义是就国家的政治职能而言的,而不是其管理职能的消亡,也就是说,作为镇压阶级的工具的政治国家消亡了,但是国家本身是由政治国家转变为"非政治国家"了②。

于是,列宁进一步阐明了民主与国家的关系。在他看来,不要抽象地去谈论民主,因为民主总是与国家的制度联系在一起的,是一种国家的形式即民主制的国家,其出现是人类历史发展到一定阶段的产物,它"决不是不可逾越的极限,它只是从封建主义到资本主义和从资本主义到共产主义的道路上的阶段之一"③。

那么,列宁在对民主制国家的发展进行论述的过程中就分别从两个层面展开了分析:一方面,在历史的层面上,列宁论及的是民主制国家的发展,正是基于对资产阶级的民主制国家和无产阶级专政的民主制国家的区分,他认为二者既有质的区分,但亦有着历史的联系,所呈现出的一个"量变-质变"的过程,正是"因为这样高度的民主制度,是同越出资产阶级社会的框子、开始对社会进行社会主义的改造相联系的。如果真是所有人都参加国家管理,那么资本主义就不能支持下去。而资本主义的发展又为真是'所有的人'能够参加国家管理创造了前提"④。这就意味着,区分资产阶级的民主制国家与无产阶级专政的民主制国家的尺度是是否要求"所有的人"参加国家管理;但是,要求"所有的人"参加管理是建立在资产阶级的民主制国家的基础之上的,并非凭空而来的。另一方面,在逻辑的层面上,列宁区分了民主的双重内蕴,亦

---

① 《列宁专题文集》(论马克思主义),人民出版社 2009 年版,第 197 页。
② 《列宁专题文集》(论马克思主义),人民出版社 2009 年版,第 234—235 页。
③ 《列宁专题文集》(论马克思主义),人民出版社 2009 年版,第 270 页。
④ 《列宁专题文集》(论马克思主义),人民出版社 2009 年版,第 271 页。

即作为国家形式的民主与作为阶级斗争手段的民主:民主作为国家形式也
"是国家形态的一种。它与任何国家一样,也是有组织有系统地对人们使用
暴力"①。这就是说,民主作为国家概念指的是民主制国家,它同样具有国家
的政治功能,当然也会使用暴力,因此国家是暴力机关的这一实质并没有因民
主制国家而得以改变。如此一来,民主也就在国家中获得了法律的定义,即
"民主意味着在形式上承认公民一律平等,承认大家都有决定国家制度和管
理国家的平等权利"②,民主作为阶级斗争手段的意义由此而产生,即通过民
主唤起革命的阶级,打碎旧的国家机器。由此,列宁通过对民主的双重内蕴的
分析,一方面不仅揭示了出民主与专政之间的辩证关系,即作为无产阶级专政
的民主制国家,无产阶级专政中就包含了民主;另一方面,还区分了资产阶级
民主制国家的民主和无产阶级专政的民主制国家的民主,认为:前者只是形式
上的民主,是抽象的、空洞的;后者是事实上的民主,是具体的、有内容的。尤
其是,列宁十分强调无产阶级专政是马克思的阶级斗争学说运用于国家和社
会主义革命的最高形式。这是因为,在他看来,马克思的无产阶级专政学说实
质上是其国家理论与革命理论的有机统一,它不仅强调无产阶级要通过暴力
革命摧毁资产阶级的国家机器,从而夺取国家政权;更是提出了无产阶级在夺
取政权后所面临的任务,就是"无产阶级需要国家政权,中央集权的强力组
织,暴力组织,既是为了镇压剥削者的反抗,也是为了领导广大民众即农民、小
资产阶级和半无产者来'调整'社会主义经济"③。这就清楚地表明,无产阶
级只有仍然需要中央集权的强力组织、暴力组织才能在国家走向消亡的过程
中实现上述任务,于是"只有懂得一个阶级的专政不仅对一般阶级社会史必
要的,不仅对推翻了资产阶级的无产阶级是必要的,而且对介于资本主义和
'无阶级社会'即共产主义之间的整整一个历史时期都是必要的,——只有懂
得这一点的人,才算掌握了马克思国家学说的实质。资产阶级国家的形式虽
然多种多样,但本质是一样的;所有这些国家,不管怎样,归根到底一定都是资

---

① 《列宁专题文集》(论马克思主义),人民出版社 2009 年版,第 270 页。
② 《列宁专题文集》(论马克思主义),人民出版社 2009 年版,第 270—271 页。
③ 《列宁专题文集》(论马克思主义),人民出版社 2009 年版,第 198 页。

产阶级专政。从资本主义向共产主义过渡,当然不能不产生非常丰富和多样的政治形式,但本质必然是一样的:都是无产阶级专政"①,鉴于此,列宁在《国家与革命》中着重指出"只有承认阶级斗争、同时也承认无产阶级专政的人,才是马克思主义者。"②

正是通过辨析、论述无产阶级国家的暴力性质,列宁进一步地对革命与民主之间的辩证关系进行了澄清,揭示出了革命不仅涵括了无产阶级民主制度建立的内容,还涵括了促使国家消亡的内容。与此同时,这也进一步说明,革命与民主之间的辩证关系,在列宁这里不仅呈现为其政治学研究范式的问题架构,而且还显现为国家的内在权力结构。这种双重显现实际上表明,若要建立社会主义国家的民主制度,无产阶级必须要进一步改造、改变旧的社会权力结构,如果只停留在发展经济的层面上是远远不够的。而为了完成这一任务,研究国家的经济基础不仅是必要的,更为必要的是研究国家的政治结构,从而揭示社会权力更迭的内在机制。尽管列宁的思想距离今天已经一百年了,其间,整个世界经历了沧桑变化,资本主义社会不仅自身发展了巨大改变,其与社会主义社会之间的力量对比也几经浮沉,全球经济也发生了显著的结构性变化,但是,列宁思想中对于思考与研究当下国家的社会权力关系、国家控制与反制的关系、中国道路与世界社会主义运动之间的关系以及如何建构中国的社会主义民主制度等依然有着重要的价值。

不过问题在于,密利本德在自己所生活的时代与国度中又是如何理解列宁的这一理论呢? 正如前文所一再指出的,密利本德在研究范式上继承了列宁提出的政治/权力分析模式,但是,在其理论观点和结论上又与之有所不同,这尤其表现在密利本德对社会主义道路的思考与探索之中,这一思考与探索主要是围绕着改良与革命、资本主义民主与社会主义民主等问题展开的。

其次,通过对改良与革命关系的论述,密利本德选择了在发达资本主义国家中通过改良路径以实现社会主义。

① 《列宁专题文集》(论马克思主义),人民出版社 2009 年版,第 207 页。
② 《列宁专题文集》(论马克思主义),人民出版社 2009 年版,第 206 页。

通常被奉为自由、民主典范的现代资本主义国家曾一度被看做是"政治现代化"的唯一模式。对此,密利本德基于经典马克思主义的理论立场,对之持有的是批判性态度。正如前文所述,他在《资本主义社会的国家》和《马克思主义与政治学》等文本中肯定了现代资本主义民主制的实质仍然是为资产阶级统治服务的,是少数人享有的民主,并不因其形式上已发生的诸多重大变化而改变其实质的内容。问题在于,在资产阶级民主制的国家中,究竟该采取何种战略从而走向社会主义? 事实上,这是始终萦绕在近 200 年来马克思主义发展中最富争议性的问题之一,即在这个战略问题上的分歧主要在于实现社会主义的唯一合理的与现实的道路究竟是"革命"抑或是"改良"? 不仅如此,密利本德认为在目前的情况下,"更重要的是设法澄清马克思主义思想内部在这一革命战略问题上真正的分野是在什么地方。"[①]

第一,密利本德通过严格区分资产阶级的改良主义与马克思主义的改良主义,试图澄清马克思主义的改良主义的真实含义。他指出,之所以会造成讨论革命与改良这两种不同的战略产生的混乱,其中一个需要阐明的因素"就是在工人运动的内部和外部,经常存在一种社会改良的趋向"[②]。那么,何谓社会改良?

密利本德认为,作为"一直是资本主义政治内在的组成部分"[③]的社会改良"不仅不关心向社会主义发展的问题,反而把社会改良看成是反对向社会主义发展的重要预防措施"。[④] 其表现形式主要有,马克思恩格斯曾批判过的"保守的或资产阶级的社会主义"、以英国的工联主义为重要表征的"工联主义意识"等,它们的共同特征是主张在资本主义社会的现存秩序之内进行局

---

① 拉尔夫·密利本德:《马克思主义与政治学》,黄子都译,商务印书馆 1984 年版,第 165 页。

② 拉尔夫·密利本德:《马克思主义与政治学》,黄子都译,商务印书馆 1984 年版,第 165 页。

③ 拉尔夫·密利本德:《马克思主义与政治学》,黄子都译,商务印书馆 1984 年版,第 165 页。

④ 拉尔夫·密利本德:《马克思主义与政治学》,黄子都译,商务印书馆 1984 年版,第 165 页。

部性的改良。于是,在根本上来说,社会改良不过是一种"用以抵抗要求进行过于激进和迅速改良的压力"①的必要的安全措施、一种维护资产阶级统治的手段罢了。这种资产阶级的改良主义所理解的"社会主义"具有的不过是一种修辞手段的意义。

与此不同,密利本德认为,改良主义——作为马克思主义传统中与革命相对的两个主要战略之一——虽然也在资本主义的范围内寻求经济的、政治的与社会的等各式各样的改良——不过是通向"'推翻'资本主义并达到一个完全不同的社会,即社会主义社会"②的一种手段或步骤。换言之,社会改良具有两个不同的内涵:一方面,作为资产阶级的改良主义,其目的是为了维护资产阶级的阶级统治以及维持现存社会内在的权力结构;而另一方面,作为马克思主义的改良主义,其目的是为了推翻资产阶级的阶级统治以及打破重构现存社会内在的权力结构。二者有着根本的区别,因此,在讨论战略问题时,应对概念进行区分,以免陷入盲目的争论中,例如在马克思主义内部主张革命战略的人,常常把马克思主义的改良主义同资产阶级的改良主义混淆起来,将革命与改良截然对立起来。这是因为,马克思主义的改良主义的最终目的与革命的目标是联系在一起,亦即是为了实现社会主义。与此同时,改良主义并不等于没有暴力,因为它"是从斗争方面来设想这一过程的,更具体地说,它包括许多不同阵线和不同方面的阶级斗争"③,而且它也"不包括放弃必须用暴力对付保守派的暴力的可能性"④,革命也不等于没有妥协与商议。因此,马克思主义的改良主义并不反对革命,相反它作为革命进程中合理战略——"首先意味着关心保卫工人阶级利益的日常斗争并促进各个方面的改良;其

---

① 拉尔夫·密利本德:《马克思主义与政治学》,黄子都译,商务印书馆1984年版,第168页。
② 拉尔夫·密利本德:《马克思主义与政治学》,黄子都译,商务印书馆1984年版,第168页。
③ 拉尔夫·密利本德:《马克思主义与政治学》,黄子都译,商务印书馆1984年版,第171页。
④ 拉尔夫·密利本德:《马克思主义与政治学》,黄子都译,商务印书馆1984年版,第183页。

次是彻底进入资产阶级民主政治中去"①。

　　由此,密利本德认为,应该摒弃马克思主义内部关于改良主义与革命战略之间的对立。既然马克思主义的改良主义战略与革命战略并不是对立的,那么马克思主义内部的激烈和不可调和的辩论和斗争还存在? 密利本德认为,马克思主义的改良主义是与"起义策略"②相区别的。尽管密利本德无意于否定以列宁主义为代表的"起义策略",然而他始终认为,虽然"起义策略"在俄国取得了胜利,建立起苏维埃的社会主义政权,但在发达资本主义社会的西欧国家中,更为合理与可行的是选择改良主义的战略。事实上通过对第三国际输出革命的历史进行简要梳理后,密利本德提出,尽管从来没有在理论上被系统阐明过,西欧发达资本主义国家那些具有第三国际传统的共产党在国际共产主义运动中实际上都放弃了起义策略,且都明确地转向改良主义战略。那么,这一事实究竟意味着什么? 在密利本德看来,"实际上,'改良主义'战略提出了两个主要的问题。第一个问题是(这个问题现在是比较不重要的),通过选举方式取得行政权力是否可能? 第二问题是(这是一个完全不同类型的问题),当共产党或者'左'翼联盟中的共产党取得了这种权力之后将会发生什么情况? 显然,这些都是现代马克思主义政治学的中心问题。"③显而易见的是,密利本德对第一个问题基本持肯定态度,即这种改良主义战略在发达资本主义国家中是可行的;关键在于第二问题,即共产党在通过选举方式获得行政权力之后,应当如何改造资本主义民主制。可见,密利本德在对待资本主义民主制的态度上与列宁是不同的,前文已经清楚地论述了列宁对于资本主义民主制与无产阶级专政的关系的辩证态度,强调要以无产阶级专政的国家打碎摧毁资产阶级民主制的国家;但密利本德却是强调对于资产阶级民主制的改造。

---

　　①　拉尔夫·密利本德:《马克思主义与政治学》,黄子都译,商务印书馆1984年版,第174页。
　　②　密利本德认为,作为一种政治战略,起义策略一开始指的是列宁主义,即适应于或至少试图适应于一种特殊政治战略的政治类型,但随后却被斯大林主义可怕地歪曲了。参见拉尔夫·密利本德:《马克思主义与政治学》,黄子都译,商务印书馆1984年版,第180页。
　　③　拉尔夫·密利本德:《马克思主义与政治学》,黄子都译,商务印书馆1984年版,第186页。

那么,密利本德是如何理解资产阶级民主制的呢?

第二,密利本德在强调资产阶级民主制的历史进步性的同时,认为资产阶级民主制的局限性为对其的改造提供了现实的可能性。

一方面,密利本德认为对于资本主义现实条件下的资产阶级民主制应当给予辩证地看待与具体的分析。资产阶级民主制本身有其历史的进步性,因此对资产阶级民主制的形式与成果,我们在自上而下地将之视为统治阶级的有效统治工具的同时,亦需要自下而上看的视角,"毫无疑问,统治、剥削与资本主义民主制紧密相连,至少在发达资本主义国家里的确如此。但它仍然是来自下层的、旨在扩大政治、公民、社会权力的要求以及来自上层的、力图限制与腐蚀这些权力的激烈斗争的结果。"①因此,资产阶级民主制——在作为下层民众通过不断斗争而获得的胜利成果的意义上——在一定程度上体现了民主的意愿与需求,不应简单地将之否定与抛弃。

另一方面,密利本德认为,尽管资产阶级民主在发达资本主义国家中已经是现实的、广泛的存在,不过它也有着明显的局限性,主要表现在如下方面。

其一,经济上的发展并未带来政治民主的进步,二者之间呈现出非同步性,这突出地体现在"在两个方面,劳动过程仍然是居支配地位的主体,发达资本主义的产业大军,不管其雇主是谁,都持续地在组织内部起作用,他们对于其权力机构的存在没有起任何作用,他们对于其政策和意图的决定也没有作出任何贡献"②。因此,资产阶级民主制尽管在政治上具有代议制、多党制与普选制等诸多的形式,民主、自由与平等也在一定程度上得以实现,但只是法律意义上的民主,是形式上的民主,因为在资本主义社会的内在权力结构之中,工人阶级几乎无法起到任何作用。

其二,通过对"资本主义民主制"进行概念的定位,进一步明晰了其实质就是为资本主义制度提供统治工具,揭示出"民主的要求和政治的现实并不

---

①　Ralph Miliband, *Fukuyama and the Socialist Alternative*, New Left Review, I/193, May-June. 1992, p.110.

②　拉尔夫·密里本德:《资本主义社会的国家》,沈汉、陈祖洲、蔡玲译,商务印书馆1997年版,第43页。

真正相适应"①。密利本德明确指出,"资本主义民主制",是指通过《1867年
第二次改革法案》以来,尤其是1918年和1928年两次选举法导致普选制包括
成年人以来,逐渐发展而成的英国政治体制,其最终目的依然在于尽可能地
"扼制而绝非助长民众行使决策权和处理国事的权力"②。这一点,就资产阶
级民主制的发展历史而言,资产阶级之所以选择民主制度而非专制制度抑或
是其他类型的独裁制度,实际上是一种迫不得已的选择。于是,"'资本主义
民主制'这一提法,也往往用来表示像在英国这样一个资本主义社会中经常
存在和无法消除的矛盾现象或紧张关系,一方面保证民众享有体现在奉为神
圣的普选权中的权力,另一方面又横加阻挠,拒不实行那种诺言。固然有一套
民主制度和惯例使工人阶级、参加工会的工人、各个政党和团体等能够以自下
而上地施加压力和提出要求,来表达意见和选派代表;但资本主义制度的整个
背景又要求尽可能地削弱它们可能产生的影响"③。这就明确揭示出了"资本
主义民主制"不过是资产阶级遏制下层压力与控制抗争的有效手段,正是通
过它的精心设计与运行,使得"要求改革和革新的急湍自上而下便自然成为
涓涓细流"④,以民主的形式疏导和减少压力与冲突。

其三,通过"阶级和阶级冲突"的分析概念阐明了资本主义民主制具有虚
假性与欺骗性。在密利本德那里,发达资本主义国家中的资本主义生产方式
尽管随着所有权和控制权的集中与分离有所变革,尤其是私有经济成分管理
人员的性质、作用和目的业已发生了变化,但是"这些变革并没有给这一制度
的动态带来任何根本的变化"⑤,这就是说,虽然统治阶级成员之间的情况千

　　① 拉尔夫·密利本德:《英国资本主义社会民主制》,博铨、向东译,马清槐校,商务印书馆
1988年版,第2页。
　　② 拉尔夫·密利本德:《英国资本主义社会民主制》,博铨、向东译,马清槐校,商务印书馆
1988年版,第2页。
　　③ 拉尔夫·密利本德:《英国资本主义社会民主制》,博铨、向东译,马清槐校,商务印书馆
1988年版,第2—3页。
　　④ 拉尔夫·密利本德:《英国资本主义社会民主制》,博铨、向东译,马清槐校,商务印书馆
1988年版,第5页。
　　⑤ 拉尔夫·密利本德:《英国资本主义社会民主制》,博铨、向东译,马清槐校,商务印书馆
1988年版,第8页。

差万别,但却因为"在社会背景、教育程度和'生活方式'上有着非常类似的地方"①而依然有着很大程度的共同性,并且在这些所有的共同性中,最为重要的就是在思想意识和政治观点上他们所呈现出的高度一致性。除此以外,工人阶级的成员——就如同统治阶级的成员一般——亦有着许多的共同性,这些共同性:一方面表现在他们共同处在生产过程中的从属地位,另一方面也表现在工人阶级"具有共同的社会境遇、文化程度和'生活方式'。它的从属地位远远超过生产过程的范围:工人阶级的每个成员不仅在工作上而且在社会生活的一切领域都几乎毫无权力、责任和影响可言"②。毋庸置疑,统治阶级与工人阶级之间在生产生活的大多数方面存在着相当"客观"和极其巨大的差别。但是,资本主义民主制却以民主、自由、平等的表象掩盖着所有事实上的不平等与差别,于是,"虽然所有的宣传故意说这些差别大都已成陈迹,'拉平现象'和'平均主义'即使有的话也已经几乎模糊了阶级界线,但事实上英国一直是、今天依然是个极不平等的国家,"③这也充分表现在了诸如"财富、收入、工作条件、安全、住房、教育和'生活机遇'方面"④,可以说"在英国,其他任何事情都可以说带有'民主的'性质,关于个人财富的分配却不是这样"⑤。因此,密利本德在批判继承其老师哈罗德·拉斯基(Harold Joseph Laski)思想的基础上,试图结合英国社会背景对英国的政治体制即资本主义民主制进行探讨,说明其在保卫英国以阶级为基础的社会方面所发挥的作用。

其四,由资本主义社会的根本矛盾所决定,资本主义民主制在多重危机的挤压之下,其前途受到诸多限制。尽管在发达资本主义国家中,"资本主义民

①　拉尔夫·密利本德:《英国资本主义社会民主制》,博铨、向东译,马清槐校,商务印书馆1988年版,第9页。

②　拉尔夫·密利本德:《英国资本主义社会民主制》,博铨、向东译,马清槐校,商务印书馆1988年版,第12页。

③　拉尔夫·密利本德:《英国资本主义社会民主制》,博铨、向东译,马清槐校,商务印书馆1988年版,第13页。

④　拉尔夫·密利本德:《英国资本主义社会民主制》,博铨、向东译,马清槐校,商务印书馆1988年版,第13页。

⑤　拉尔夫·密利本德:《英国资本主义社会民主制》,博铨、向东译,马清槐校,商务印书馆1988年版,第13页。

主制最显著的特点之一,正在于它有一定的恢复力及其政治体制承受危机、冲突和混乱的巨大能力"①,然而在急剧恶化的危机条件下和阶级斗争日益激化的情况下,民主制可能转变为资本主义独裁制。于是,在这种情形下,"只要不破坏安定,电台和电视台可以自由发表评论,将实行新闻检查,但程度有限;另一方面,由新闻机构自己进行检查的做法则是没有限度的。"②这也就完全暴露出了资本主义民主制阶级本质与专制特性,就此而言,资本主义民主制与资本主义独裁制不过是资本主义制度这枚硬币的两面。因此,"在资本主义社会,民主的理念无论就其范围还是就其内容来说,都受到极大限制,从而减少了它对现存政权与特权的威胁。"③

其五,资本主义民主制并不能彻底解决资本主义制度的根本弊端与多重困境。资本主义社会的危机症候(在当代,它不仅表现为经济、政治与文化的危机,还体现在生态危机、恐怖主义危机与难民危机等方面)并不会因为资本主义民主制的出现而得以改变,这是因为资本主义民主制无法克服基于资本主义私有制基础上产生的异化特质,即"资本主义社会生来就是以统治和剥削——这两个特点对人的关系产生着决定性的影响——为基础的。就此而言,资本主义社会是极为不道德的社会,这是由其本性所决定的"④。

通过上述分析,尽管今天发达资本主义国家中以"资本主义民主制"为主要形态的资产阶级民主制体现了人类政治文明发展的历史性成就,展现了人类共同的政治智慧,是有着其自身的合理性的;然而,它同时亦是资本主义诸多矛盾、特别是阶级矛盾与冲突的集中呈现,因此它究其本质而言是一种矛盾性的存在,即它是作为维护既存社会秩序的被操控、且具有欺骗性的一种交往

---

① 拉尔夫·密利本德:《英国资本主义社会民主制》,博铨、向东译,马清槐校,商务印书馆1988年版,第173页。

② 拉尔夫·密利本德:《英国资本主义社会民主制》,博铨、向东译,马清槐校,商务印书馆1988年版,第180页。

③ Ralph Miliband, *The Plausibility of Socialism*, New Left Review, I/206, July-August. 1994, p.3.

④ Ralph Miliband, *The Plausibility of Socialism*, New Left Review, I/206, July-August. 1994, p.13.

方式。正是在这一点上,密利本德就通过对资本主义民主制的辩证分析,重新阐述了其与社会主义民主制的关系,进而提出了自己关于社会主义在发达资本主义国家中实现的改良主义路径。

最后,通过对资本主义民主与社会主义民主间关系的论证,密利本德阐明了社会主义的可信性(plausibility),表达了社会主义是值得为之奋斗且最终可以实现的坚定信念。

对密利本德而言,相较于资本主义社会中的民主,"社会主义的任务就是要大大地扩展民主的范围"①,也就是说,社会主义是要在生活的一切领域深化与扩展民主的斗争的组成部分。显然,在这里,密利本德并不主张完全摒弃掉资本主义民主、进而设想在资本主义废墟上建构社会主义民主,相反他却认为在二者之间是存在着历史的联系,因为"资产阶级民主制度,则可以相信能提供这样的可能性。这种可能性是通过采取一种避开镇压一切反对派和窒息公民自由的战略而达到的"②,所以尽管这种战略充满着不确定性、困境与危险,但"通过去掉它们的阶级局限性而使之得以扩充和扩大"③是可以通向社会主义民主的。不过需要注意的是,密利本德认为,对于资产阶级民主的观点,任何严肃的社会主义民主都应当坚持加以认真对待、吸收,这种坚持其实亦是对正在从事的社会主义事业——它并非是来自乌托邦式的彼岸的构建——的一种强调,从根本上来看,它是将新的实质性内容赋予了现存的事物,从而为社会主义民主的内涵的进一步丰富所进行的路径探索。因此,社会主义民主并不是对于资本主义民主的简单复制,而是在扬弃资本主义私有制基础上的一种超越。于是,问题在于,如果说社会主义民主不仅包含着对资本主义民主的扩展、且是对它的超越的话,那么它究竟意味着何种意义的扩展抑或是超越呢?

---

① Ralph Miliband, *The Plausibility of Socialism*, New Left Review, I/206, July-August. 1994, p.3.
② 拉尔夫·密利本德:《马克思主义与政治学》,黄子都译,商务印书馆1984年版,第201页。
③ 拉尔夫·密利本德:《马克思主义与政治学》,黄子都译,商务印书馆1984年版,第201页。

　　值得指出的是,密利本德所说的社会主义民主并不包括斯大林主义式的苏联社会主义实践——曾在《社会主义的可信性》中被称为"社会主义的一个可怕的畸形",并且在最糟糕的情形下被视为对社会主义的彻底否定与拒斥。于是,他对理想的社会主义进行了建构,其中民主、平等和社会化在更深刻的意义上都应被看做是达到最终界定社会主义含义的目标的手段,即实现比在资本主义——以统治和剥削为基础的社会——中所曾实现的这一更大程度上的社会和谐目标的手段。一方面,密利本德强调了经济基础对于社会主义民主的决定作用,指出:"关键在于,社会主义民主绝对依靠对经济的不断发展的社会化改造,除非这一点实现了,改良方式所提出的一切才真正意味着对资本主义主导的社会制度中的劳动方式努力进行人道主义的改造……如果不对更大范围内的经济活动方式进行社会化改造,那么是不可能得到根本治疗的。"①进而他提出了一种改良主义的政治战略,即有关社会主义混合经济模式的构想。这是因为,密利本德认为,社会主义——作为一种新的社会秩序的创造,即使在几乎不可能获得的最佳条件下创造这样一种秩序——必然是一项非常困难的事业,其中充满了艰难的选择和巨大的张力,比如对一个后资本主义社会的组织和管理中必然产生和出现的问题、习惯和传统等。他主张,必须将社会主义看做是一个过程,即它是在这样一些社会中得到发展的,其中每一个社会都构成一个非常复杂的整体,对这些社会的历史都要加以认真研究,且要重视其复杂性。社会主义不能立刻抛弃在一直以来被编织到社会秩序的结构中的一切,因为其中有许多正是自下而上进行艰苦斗争的结果。显而易见的是,密利本德在这里十分强调资本主义民主与社会主义民主之间的联系,即他是从连续性的视角来看待二者之间的关系的。但与此同时,他也一再强调,社会主义所要建立的是一种新的社会秩序,不过这种新的秩序是以连续性和非连续性为标志的——它既植根于当前的现实之中,又不断地努力超越这一现实。正是在此意义上,密利本德认为,社会主义民主并不仅仅意味着资本主义民主的扩大,而且标志着对它的超越。另一方面,密利本德指出了社会主

---

① Ralph Miliband, *Socialism for a Sceptical Age*, Polity Press, 1994, pp.96-97.

义民主的实质是真正的、普遍的民主。正如前文已指出的,在对英国资本主义民主制的考察中,他通过对英国的阶级构成的分析,指出资本主义民主制的目的一向是满足资本的需要但又不致使工人阶级疏远到爆发危机的程度。其中,代议制、普选权、劳动党和工会都在遏制阶级冲突中发挥作用。因此,资本主义民主只是形式上民主,具有虚假性。然而,社会主义社会的"民主遍布于全社会,成为社会秩序理所当然的构成部分,从而使参与权成为一种'自然'的公民权利"。[①] 并且,社会主义是以真正民主的方式分配和分散权力,因而自治将成为社会主义主要的管理形式是完全可能的,所以"在社会主义的核心中,总是存在一种信念,即相信绝大多数的人们都是有潜力的,社会主义民主的基本目标就是创造条件,使得这种潜力得以全方位的展现"[②]。

可以说,密利本德对于以改良的路径在西欧发达资本主义国家实现社会主义,基本还是持一种较为乐观的看法的。不过具体到英国的社会主义实践,密利本德表现出了十分谨慎的态度,这主要体现在自 20 世纪 60 年代以降他始终对工党修正主义的批判之中。众所周知,作为一个具有社会主义基因的工人阶级政党,英国工党在 20 世纪 50 年代之后,其内部的修正主义倾向日益明显,即对传统社会主义和生产资料公有制进行否定的思想开始占据上风。密利本德认为,造成这次修正主义的真正原因在于当时工党的领导人开始放弃一种社会主义的承诺,它表现为一种令人难以忍受的选举的、政治的和意识形态的术语迷障。因此,在英国:一方面,目前仍然无法找到其他任何"左"派政党能够代替工党担当起领导者的职能;另一方面,但对社会主义的前景来说,工党并不是一个坚定的、可靠的领导者。因此,虽然"工党仍是'工人阶级政党',在这个意义上,目前没有别的重要的政党取代它。当然,这一直以来是英国社会主义的两难困境,且不是一个似乎马上就能解决的难题。不过,首要的步骤是现实主义地看待工党,能够希冀它做什么和不做什么。这种观点的依据只是在于,社会主义者可以开始讨论所有任务中最重要的任务,即创立

---

① Ralph Miliband, *Socialism for a Sceptical Age*, Polity Press, 1994, p.90.

② Ralph Miliband, *Socialism for a Sceptical Age*, Polity Press, 1994, p.95.

英国真正的社会主义运动"①。可是,就在密利本德始终与工党内部的修正主义进行不懈斗争的过程中,20世纪80年代之后出现了一种"新修正主义",即在20世纪70年代末以来,以霍布斯鲍姆、霍尔、坎贝尔、萨缪尔、加雷斯·斯特德曼·琼斯(Gareth Stedman Jones)、墨菲、拉克劳、保罗·赫斯特(Paul Hirst)等人为代表的英国"左"派知识分子对于本国社会主义战略的审视、反思、批判与重构。虽然这些"新修正主义者"的理论立场、政治态度、思想观念与具体观点之间存在着明显的差异性,不过,他们在研究方法、所关心的论题以及某些正在进行的仍然重要的流行的批判上又呈现出显著的相似性。与20世纪50年代出现的修正主义不同的是,"新修正主义"在起源、人员构成及其宗旨上出现了新变化。

第一,在起源上,作为"源于对传统劳工和社会主义运动以及党团的局限性的不满所引发的'新社会运动',对在激烈的社会变革中工人阶级成为革命主体的能力的日渐怀疑,以及随之发生的'马克思主义的危机'等等"②,实际上是国内"撒切尔主义"的崛起以及国际"现实存在的社会主义"的实践等多重因素相互作用的产物。

第二,在人员构成上,呈现出了多元化的特点,主要表现为其主要成分不再只是右翼社会民主党人,相反,却有着许多多年党龄的英国共产党党员在其中,如霍布斯鲍姆;也有作为50年代新左派的主要成员、且一直坚定地进行着激进社会变革运动的萨缪尔、霍尔;除此之外,还有一些属于工党内部的不同派别、和平运动组织、女权主义运动以及各类生态运动等的成员。

第三,在宗旨上,尽管"新修正主义者"试图以其所提出的问题、所进行的批判、所表达的疑问与所构筑的方向推进社会主义事业的前进,尽管他们也或多或少地与马克思主义的组织保持着一定的相关性,尽管他们之中没有人明确抛弃社会主义的信仰,但是在密利本德看来,其实质却是对社会主义立场的一种倒退,一种从社会主义立场到修正主义立场的倒退,而这将对英国的社会

---

① Ralph Miliband,*The Labour Government and Beyond*,Socialist Register 1966,p.24.

② Ralph Miliband,*The New Revisionism in Britain*,New Left Review I/150,March-April 1985,pp.6-7.

主义未来形成十分负面的效应。

之所以将"新修正主义"看做是社会主义立场的倒退，是因为他们共同分有四个基本的特征：其一，提出告别工人阶级的"优先原则"，拒绝"阶级政治"。所谓告别工人阶级的"优先原则"，即认为在所有资本主义国家中，由马克思与后来的马克思主义者所赋予的革命主体职能的承担已经被工人阶级加以拒绝，并强调阶级这一陈旧的概念应当被全新的概念——基于利益、关系与话语的多元化，源自于社会集团、阶层与运动的多重性以及不断改变同盟的斗争性等类型——所取代。由此，其二，希望通过各种新社会运动的斗争而不是传统的阶级斗争形式来实现社会主义。其三，拒斥"国家主义"，反对为了社会改良利用资本主义国家，并贬低、否定国家的作用。其四，对于工党（包括工党"左"派）的历史作用给予批评甚至是否定。基于此，密利本德一方面并不否认"新修正主义"对于传统与自满的社会主义概念有着许多重要的洞察与必要的批判、修正；但是另一方面，他亦指出，"新修正主义"常常在很大程度上偏离了很多需要阐明的真正的社会主义战略的核心问题，尤其是沉迷于新的社会主体与旧的社会主体、市民社会与国家之间的虚假分化。于是，密利本德就以"一个知识分子的激情和见识"①提出了一系列重要的观点。

第一，关于社会主义的主体问题。虽然当前的确出现了社会主义事业与工人阶级相互分离的趋向，但这并非是一个充分理由足以解构工人阶级。当"新修正主义"低估乃至于完全忽视这一事实——亦即属于社会主义题中应有之义的社会变革是一项十分艰巨的事业②——的时候，"'统治阶级'并不是一个语言形象，它意味着非常真实的和强大的权力集中，意味着与资本和资本主义国家有着紧密的联系，以及阶级权力与国家权力的联合，它拥有武装起来的强大资源，联合它的广泛的同盟，阻止对这种权力的一切实质性挑战。我认为，修正主义似乎没有足够认真地对待这种权力：在对其性质、意义与含义

①　Leo Panitch, *Ralph Miliband, Socialist Intellectual*, 1924-1994, Socialist Register 1995, p.15.
②　注：之所以艰巨并不只是由于工人阶级可能不支持它，而且也是由于统治阶级的反对。

的分析与实际认知上,以及对现实的社会主义策略的意义上,大部分相关文本太过简单"①。

第二,关于变革的能动主体问题。需要注意的是,密利本德还是充分肯定了以女权运动、和平运动与生态运动等形式的新社会运动在对抗资本主义构成中的积极意义,但问题在于,这亦无法成为取消工人阶级的革命主体的充分理由。密利本德始终强调,主要的资本主义掘墓人仍然是组织化的工人阶级,因为"如果组织化的工人阶级拒绝做这项工作,那么这项工作将不会完成;作为一个充满冲突的、不断增长的专制与残酷的社会制度,资本主义将继续存在下去,一代又一代地延续下去,资本主义阻碍了这个制度,它已经造成了巨大的资源无法人道与理性地加以利用"②。于是,在这一过程中:

第三,关于社会主义建设中的国家问题。他认为,后资本主义的国家"不仅要遏制和征服对社会主义运动的抵制,而且要履行许多不同的职能,包括对在'人民权力'名义下的不同的和可能冲突的力量间的利益关系进行调停……国家和它的各个地方机构要能够对政治、市民和社会权力提供最终保护;在反对性别歧视、种族主义、歧视以及即使当资本主义被超越之后也将是常见的权力滥用等现象上,国家将提供最后援助,人们仍将认识到国家的这种重要作用"③。换言之,后资本主义社会的国家是发生了根本转变的国家,是一个真正民主的、具有代表性的国家,显然"在这个意义上,通过适当的控制,后资本主义社会中的国家权力并不与阶级权力相冲突,而是其必不可少的补充"。④

通过以上分析,我们可以看出,密利本德的阶级理论始终是与他的国家理

---

① Ralph Miliband, *The New Revisionism in Britain*, New Left Review I/150, March-April 1985, p.8.

② Ralph Miliband, *The New Revisionism in Britain*, New Left Review I/150, March-April 1985, p.13.

③ Ralph Miliband, *The New Revisionism in Britain*, New Left Review I/150, March-April 1985, pp.15-16.

④ Ralph Miliband, *State Power and Class Interests*, New Left Review, I/138, March-April.1983, p.68.

论交织在一起的,他通过从权力关系的视角对阶级的政治结构进行分析,具体分析了统治阶级与被统治阶级之间的权力关系的构成及其转化,进而揭示了这种权力关系构成的转化的基本要素与成因,区分了资本主义民主与社会主义民主的政治、经济体制架构,并试图概要地说明通向社会主义民主的结构化改革的类型,从根本上说他真正关注的仍然是工人阶级和社会主义的历史命运。从这个角度来看,人们才有可能理解他一生对于献身促进于社会主义事业的坚持,理解他对于"新修正主义者所忽略的阶级和国家的关键问题"①的阐释。

小　结

诚如潘尼奇所说:"英国的新左派所创造的精神空间,为当代学术界留下了广泛而不可磨灭的巨大影响。在文化与政治意识方面,尤其是它对英国众多知识分子与学术圈外的激进主义分子也发挥了相当大的作用。不过,这个理念也产生了一种新的实践,即去发现一种新的社会主义政治。密利本德对马克思主义理论的突出贡献就是比任何其他人都清楚直接地阐明在发达资本主义国家如何实现那样一种挑战。"②当然,密利本德也一直受到诸多的批评与指责,例如有人指责他的《资本主义社会的国家》落入了自己公开批评的对象即多元主义、精英主义的概念框架之中,也有人批评他"是一个保守的阶级还原论者,敌视民主多元论。实际上,他的阶级和政党中心论将会导致极端的先锋队政治:特别是极权主义、男权主义、种族主义和亲苏的偏见"③。但无论如何,正如林春所指出的,尽管英国新左派的研究在推进马克思主义学术研究与民族文化的激进化方面起到了十分重要的作用,但较之老"左"派,新左派

① Leo Panitch, *Ralph Miliband*, *Socialist Intellectual*, 1924-1994, Socialist Register 1995, p.18.
② Leo Panitch, *Ralph Miliband*, *Socialist Intellectual*, 1924-1994, Socialist Register 1995, pp. 10-11.
③ *The Guardian*, August 8, 1985.

的失败在于它缺少组织化力量,其中,密利本德是极个别的能够认识到组织化力量、创造出取代僵化的"左"翼组织的杰出人物,但"密利本德是孤独的,他认为,放弃旧的'左'派政党就不得不提出一个更大的问题,即对于马克思主义者来说,现存的或者即将创造的何种组织才有可能推进社会主义事业"①。那么,究竟如何看待政治学研究范式下密利本德所构建的阶级理论呢?

　　首先,我们应该承认,历史是思想的实验室。任何思想与理论的价值与合理性,都应放在岁月的长河中加以淘洗、淬炼,由历史来加以评判。真正有价值、合理的思想,无论在当时多么不被人们所理解、接受,甚至受到多么严峻的挑战和批判,都将随着历史的发展而呈现出自身的价值,证明自身的合理性。基于此,我们才能真正理解密利本德的阶级理论的意义之所在。

　　其次,尽管批判地继承了列宁的政治/权力分析模式,但作为当代英语世界具有领导意义的马克思主义政治学家,密利本德是置身于英国这一西欧发达资本主义国家来思考问题的,所看到的是西欧资本主义的新变化及其给社会主义事业、甚至于世界历史发展所带来的影响,这是因为"社会主义不是一个民族的过程,而是整个世界的过程。这个巨大的过程——在今天首先是资本主义体系的解体——是我们生活于其中的确实的过程,仅仅就它的史无前例的规模而言,显然不可能在一天里到达目的地"②。因此,密利本德是从一个西方人的视角提出了现代社会发展的问题。显然,他所得出的结论较之于置身于经济、政治和文化落后的俄国的列宁是有着显著的差异的。这是十分自然的事情。既然密利本德的理论是由其所处的环境和面临的问题所决定,那么,人们就应该结合其理论创造的历史背景、所面临的问题对之进行研究,思考其所提出的问题,进而发掘其中有价值的东西。如在前文中所论述的,作为英国马克思主义的一个杰出的政治思想家,密利本德在建构阶级理论的过程中:其一,在理论态度上,一方面始终坚持马克思主义的立场,主张回到原典文本,厘清基本理论问题的来龙去脉;另一方面继承了英国实用主义的哲学传

---

①　Lin Chun, *The British New Left*, Edinburgh University Press 1993, pp.xvi–xvii.

②　Lucio Colletti, *From Rousseau to Lenin: Studies in Ideology and Society*, translated by John Merrington and Judith White, Monthly Review Press 1972, p.226.

统,面对着社会历史发展中出现的新现象与新问题,他始终积极推进开放的、灵活的、平等的对话,并力图在原则性、准则性与灵活性、机动性的辩证的有机统一之中达成有关社会主义的基本共识。其二,在方法论上,一直坚持以阶级的分析方法来认识资本主义,勾画资本主义社会下阶级和国家权力的结构——这一结构建立了一道抵制更为人性化的、更民主的社会秩序(即社会主义)的壁垒,并压制任何可能的反抗力量,从而为社会主义的斗争指引着方向,这是因为对他而言,"马克思主义的阶级分析模式认为能够为大量看似不同的现象的理解提供一种组织原则。尽管这一原则容易受到还原论的滥用,然而这并不是不可避免的。"①其三,在理论创造上,他则通过修改列宁的国家理论研究了发达资本主义国家的内在权力结构,以辩证的思维说明了改良与革命、资本主义民主和社会主义民主之间的关系,阐发了他的阶级理论与国家理论,由此说明了今天的发达资本主义国家不只是资本的国家,更是霸权的国家。毫无疑问,"我们社会主义者进行反对霸权阶级斗争的最终目的是使社会主义成为'时代的共识'"②,也就是说,既要"激烈地批判现行的社会秩序"③,也要"证明一个基于完全不同基础的全新的社会秩序不仅是大家可期待的,而且也是完全可能实现的"④。事实上,密利本德对发达资本主义国家的内在权力结构及其变化的分析,即一种阶级的分析,就为分析全球化的话语领导权,构建新的马克思主义阶级理论的政治学研究范式具有重要的意义。

最后,密利本德的理论创造,尤其是与普兰查斯之间的争论,使英国马克思主义学术界日益开始重视欧洲大陆的马克思主义理论。其中,马克思的《1857—1858年经济学手稿》完整英译本在1973年的出版,促发了英国学术界研究《资本论》的高潮。尤其是2008年全球金融危机的发生,英国马克思主义哲学的阶级理论研究再度复兴,并通过重新强调马克思的《资本论》及其手稿对阶级研究的意义。于是,"对于一个阶级的觉醒来说,最重要的不是源

---

①　Ralph Miliband, , *Counter-Hegemonic Strategies*, Socialist Register 1990, p.363.

②　Ralph Miliband, , *Counter-Hegemonic Strategies*, Socialist Register 1990, p.363.

③　Ralph Miliband, , *Counter-Hegemonic Strategies*, Socialist Register 1990, p.348.

④　Ralph Miliband, , *Counter-Hegemonic Strategies*, Socialist Register 1990, p.348.

自各种形而上学支点的唤醒或启蒙,而是在历史客观矛盾运动基础上的经济关系调整或变革"①,在此意义上,密利本德的阶级理论又一次充分证明了"阶级理论的中心议题,并不是阶级为什么在死亡,而是阶级为什么会如此顽强地继续存在"②。

可以说,由密利本德所代表的英国马克思主义哲学中阶级理论的政治学研究范式,是对自 20 世纪 60 年代末 70 年代初以来时代问题的回应,亦即在经济上经历了从福特主义到后福特主义的流变,在政治上从阶级革命退却到新社会运动,以及在理论上发生从马克思的"强阶级理论"到韦伯"弱阶级理论"的置换之后的发达资本主义国家中的阶级理论衰落的一种理论对抗——"一方面是正本清源。另一方面则是奠定基础,这一基础正如他自己曾指出的那样,是'一种长期缺乏、即在政治学研究中作为一种根本性的、批判性的与祛魅化的原则'。"③尽管这种理论对抗在整个新自由主义占据上风的时代语境中仿佛是不合时宜的,但恰恰是这种不合时宜使密利本德能够并不悲观地坚信社会主义是值得为之奋斗且是最终可以实现的。对我们而言,他所实践的这种开放的、富有想象力的马克思主义哲学有力地证明了,今天那些指责经济主义、决定论抑或极权主义是马克思主义理论与实践所固有的东西的思想"不过呈现为最拙劣的陈词滥调、最粗鲁的滑稽模仿的一种复归"④。

---

① 唐正东:《马克思主义哲学研究当下遇到的三个理论问题》,《南京社会科学》2011 年第 3 期。
② 戴维·李、布莱恩·主编:《关于阶级的冲突》,姜辉译,重庆出版社 2005 年版,第 271 页。
③ Leo Panitch, *Ralph Miliband*, *Socialist*, *Intellectual*, 1924–1999, Socialist Register 1995, p.1.
④ Leo Panitch, *Ralph Miliband*, *Socialist*, *Intellectual*, 1924–1999, Socialist Register 1995, p.1.

第四章　阶级理论的政治经济学研究范式的复归

　　如果说,英国马克思主义哲学中阶级理论的政治学研究范式意味着其对于新自由主义语境中"阶级"衰落的一种应对,它更多是从政治批判的角度理解阶级以批判资本主义,那么人们需要看到的是,在马克思那里,对于资本主义的批判仅仅停留在政治批判的层面是不够的。一直以来,马克思对自己在政治经济学的工作的描述是政治经济学批判——这不仅是其1859年《政治经济学批判》一书的标题,而且也是《资本论》的副标题,因此是在康德"划界"意义上对于政治经济学的理解。也就是说,不管是古典经济学还是新古典经济学它们对资本主义的运行阐发了多少,但却无法真正洞察资本主义的表象,即便是所谓"真实表象"背后的东西,因其自身的概念框架将资本主义的内在逻辑视为理所当然直接接受下来,可以说甚至在其发展的顶峰时期,这一研究框架也早已被资本主义非批判性的假定所渗透与污染。于是,在这一意义上,它成为一种意识形态。那么,对于资本主义的批判而言,政治经济学的批判就是必要的,因为以此可以认识到资本主义在历史发展中与制度上的阶段性与特殊性。

　　21世纪的今天,对资本主义的有效批判仍然应遵循这一方向:不仅要充分考察资本主义业已发生的重大变化,而且也要仔细考量这些变化的新理论体系的演变。显然,这一点对于阶级理论的发展也是适用的。也是在这个意义上,阿列克斯·卡利尼科斯(Alex Callinicos)指出:"工人阶级从来都不只是一个社会学范畴,自从马克思1844年写就《〈黑格尔法哲学批判〉导言》,它就一直同时是政治,甚至是形而上学的哲学概念。对于马克思本人及其后继者而言,工人阶级毫无疑问是历史变迁的政治主体、现代社会政治转型的革命性能动者和1789年法国大革命的继承者。其使命是通过打开共产主义之门,完成自由、平等、友善(或者更好一些的团结)的社会理想的建构。虽然就迄今为止民主社会的历史而言,工人阶级尚未真正具备这一资质,但试图将其发展成为这一社会政治主体的持续努力,使得工人阶级并不仅仅是一个社会学的范畴。"①那么,21世纪以来的英国马克思主义哲学中的阶级理论又呈现出哪些变化呢?

不言而喻,由于"马克思主义在英国的最新发展是与其本土的社会政治生活和全球政治形势联系在一起的"②,因此我们可以看到的是,随着新世纪尤其是2008年金融危机的发生以来,全球资本主义发生了诸多新的变化,其中,阶级问题——这一在国外尤其是西方马克思主义研究中一度沉寂——开始呈现复兴之势。于是,在英国这一有着鲜明阶级特征的国家中,阶级理论的研究也出现了新的特质:其一,受分析的马克思主义、后马克思主义影响的阶级问题研究。其理论趋向于强调在全球资本主义与新技术革命的时代语境中,伴随着新社会运动兴起而出现的传统工人阶级"衰落"趋向所提出的围绕着中间阶级以及社会构成等问题的带有明显"去阶级化"烙印的分析话语。这一研究是以对马克思恩格斯、列宁所强调的阶级与阶级斗争理论的远离与拒斥,也是对卢卡奇等西方马克思主义的开创者所强调的阶级意识理论的摒弃为标志的,其主要代表人物有科恩、拉克劳—墨菲等③。其二,坚持马克思对资本主义的批判,即:一方面是对马克思经典的阶级分析方法及其阶级意识的坚持与强调,特别强调回归到政治经济学批判的维度上,重新恢复劳动价值论的当代解释力,重视对于具体的社会经济制度对人的行为的影响的分析与

---

　　① 卡利尼科斯:《谁是今日革命之主体?》,鲁绍臣译,《当代国外马克思主义评论(11)》,人民出版社2013年版,第399—400页。

　　② 汪行福:《各主要国家及地区马克思主义研究年度报告2007·英国》,《国外马克思主义研究报告2007》,人民出版社2007年版,第28页。

　　③ 由于这一研究虽然并不属于本书在第一章中对"英国马克思主义"一词(时间、地域与理论、政治)的界定,因此本书对此将在后文稍作交代,并不作为重点来加以论述。

研究,重视阐明作为集体力量的阶级概念,提出对社会结构的变化要置放在
"社会—经济阶级"相互冲突的背景中来进行考察。在理论旨趣上,政治经济
学的研究反对市场万能论,反对消费主义逻辑,主张被统治阶级旨在改造社
会-经济环境的变革运动。另一方面,阶级理论研究的视角也不断得以拓展,
如伊格尔顿基于某种带有谱系学方法的马克思主义本体论来分析恐怖主义问
题。但从总体上来看,复归到政治经济学批判的研究范式成为 21 世纪的阶级
理论研究的主要趋势。概而言之,阶级理论的政治经济学研究强调的是对阶
级的理解依然要回到对资本逻辑的批判,即使资本逻辑随着时代的发展形态
上有所不同,由此导致了社会实践的需求有所不同,阶级之间的权力关系也随
之发生变化,但是资本追逐增殖的本性并无二致,因此,马克思以阶级斗争来
理解现代资本主义的方式在今天依然有效。只是对于今日的马克思主义者来
说,问题在于,如何重新激活无产阶级?

　　于是,本书将沿着 21 世纪以来英国马克思主义哲学中阶级理论发展的两
种不同路径分别加以考察,其中对受分析的马克思主义、后马克思主义影响的
阶级理论的探究就构成了锚定其政治经济学研究范式转向的背景。

第一节　复归的锚定点:"去阶级化"
分析话语的诸形式

　　如前所述,随着 20 世纪 70 年代新自由主义的兴起,马克思主义——无论
是在理论层面,还是在实践层面——都遭受了重大的挫折与挑战,事实上,如
果"从 1968 年事件的分水岭算起,无论是东欧还是西欧,马克思主义政治已陷
入危机之中,最近十几年更陷入一片混乱。西方马克思主义与当代政治运动
的发展命运共沉浮,因此它遭受了严重的、实际上是致命的打击"[①]。从这个

---

　　① 安德鲁·莱文:《什么是今天的马克思主义者?》,载罗伯特·韦尔、凯·尼尔森编:《分
析马克思主义新论》,鲁克俭、王来金、杨洁等译,中国人民大学出版社 2002 年版,第 26 页。

角度出发,"阶级的终结"成为了这一时期主要的理论论调,它主要呈现为如下形式:其一,旨在超越阶级分析方法——作为"一种粗线条的分析方法"①——的分析马克思主义的阶级观,以此"重建、捍卫与修正历史唯物主义"②。其二,是来自于后马克思主义者的阶级观,即对阶级政治的完全消解。

一、分析马克思主义对于阶级概念的重释

　　众所周知,分析马克思主义提出自己的理论任务就是重建、捍卫与修正历史唯物主义,那么,能否实现这一理论任务呢? 当"分析马克思主义思潮的发展已将历史唯物主义置于怀疑之中,最终必然会得出这一基础性理论难以为继的结论"③,其中当然包括了阶级理论这一历史唯物主义的核心原则。可以说,尽管分析马克思主义对阶级问题的研究主要是以赖特为代表,但事实上我们可以发现无论是科恩,还是罗默、赖特等人④都对此有所论及。

　　一般来说,历史唯物主义与阶级分析毫无疑问地是马克思主义或马克思主义哲学的核心构成,但是这些基本的内容几乎完全被分析马克思主义者们否认了。那么,他们为什么会选择这样的理论道路? 可以说,马克思主义者抑或马克思的追随者们最想了解的就是"决定资本主义向社会主义转变的最为关键的因素是什么"⑤,而在寻找与探究这一"最为关键的因素"的过程中,我们需要牢牢把握住这一点。这是因为,如果说历史唯物主义探索的是历史发展的规律及解释历史发展的轨迹的话,那么,理解这一点是十分重要的。阶级

---

　　① 安德鲁·莱文:《什么是今天的马克思主义者?》,载罗伯特·韦尔、凯·尼尔森编:《分析马克思主义新论》,鲁克俭、王来金、杨洁等译,中国人民大学出版社 2002 年版,第 35 页。

　　② 安德鲁·莱文:《什么是今天的马克思主义者?》,载罗伯特·韦尔、凯·尼尔森编:《分析马克思主义新论》,鲁克俭、王来金、杨洁等译,中国人民大学出版社 2002 年版,第 36 页。

　　③ 安德鲁·莱文:《什么是今天的马克思主义者?》,载罗伯特·韦尔、凯·尼尔森编:《分析马克思主义新论》,鲁克俭、王来金、杨洁等译,中国人民大学出版社 2002 年版,第 38 页。

　　④ 需要说明的是,尽管罗默、赖特都是英美分析马克思主义的代表人物,但二者不同于科恩的是,他们均为美国马克思主义者,在此的相关论述是基于将二者作为比较性的研究对象纳入到文中的。

　　⑤ 凯·尼尔森:《跋:论历史进步的根源》,载罗伯特·韦尔、凯·尼尔森编:《分析马克思主义新论》,鲁克俭、王来金、杨洁等译,中国人民大学出版社 2002 年版,第 407 页。

分析理论亦不例外。可以说,各种各样的马克思主义都赋予了阶级结构和阶级冲突以基础性的意义,除了分析马克思主义之外。但正如莱文所强调的,问题的关键在于,"从社会结构层次上看,权力是真正能够解释社会秩序和社会变革的因素。"①而且,马克思主义者认为,权力基本来源于生产资料的所有者,所以它是阶级利益冲突之下阶级分化生成的不可忽略的基础。换言之,权力建构了社会生活。可以说,这是马克思主义所独有的一个观点,而它反之亦则可以从历史唯物主义得到解释和支持。但以科恩为代表的分析马克思主义者却对此持有不同的观点。

(一)科恩论"资产阶级与无产阶级"

首先,科恩认为,分析的马克思主义有必要清理与修正无产阶级的概念。他指出,"当今有三个问题应当引起我们当中那些现在在马克思主义传统范围内从事研究的人注意。它们是关于反对和推翻资本主义的方案的设计、正确性和策略的问题。第一个问题是,我们想要什么? 一般说来,甚至更具体点讲就是,我们所追求的是什么形式的社会主义社会? 第二个问题是,为什么我们想要这种社会主义? 资本主义究竟错在哪里? 第三个问题是,我们怎样才能实现它? 现今发达资本主义社会的工人阶级已不是原来的工人阶级,或已不是过去认为的工人阶级,这一事实对于实践意味着什么?"②在这里,如何理解发达资本主义社会的工人阶级就成为马克思主义理论所必须回答的时代问题之一。

其次,在1968年的《资产阶级和无产阶级》一文中,科恩在发生学的意义上论及了自己关于马克思《神圣家族》中"资产阶级和无产阶级"——即"有产阶级和无产阶级同样表现了人的自我异化。但是,有产阶级在这种自我异化中感到幸福,感到自己被确证,它认为异化是它自己的力量所在,并在异化中获得人的生存的外观。而无产阶级在异化中则感到自己是被消灭的,并在其

---

①　凯·尼尔森:《跋:论历史进步的根源》,载罗伯特·韦尔、凯·尼尔森编:《分析马克思主义新论》,鲁克俭、王来金、杨洁等译,中国人民大学出版社2002年版,第408页。

②　G.A.科恩:《卡尔·马克思的历史理论——一种辩护》,段忠桥译,高等教育出版社2008年版,第10页。

中看到自己的无力和非人的生存的现实"①——的扩展性反思,认为这是自己走向分析哲学路向的理论动因之一。于是,鉴于分析马克思主义对于概念的明晰与逻辑的严密的要求,科恩试图对马克思的无产阶级概念进行明晰的界定。在文中,科恩通过对"为什么有产阶级在这种自我异化中感到幸福,无产阶级则不会呢"②的追问,指出答案主要是因为,"不同于无产阶级,资产阶级既无法摆脱异化,也无意于摆脱自身的异化"③;由此,他试图以人与物(即资本)之间的关系来说明阶级的概念。

第一步,区分了人与物之间存在的关系不过是两种,它们分别为:人支配物;物支配人。

第二步,细分了两种关系的不同情形:

一方面是人支配物的两种结果,即:

(1)人在自身所处的环境中得以确证,然而人仅仅是了解自身的处境,但并不知道自身自然身处其中;于是(2)人虽然熟悉自身环境,但是由于不自知自身自然身处其中,因此无法享受其处境,更无法从自己的劳动之中得到满足感、愉悦感;

(3)人在自身所处的环境中无法得以确证,由此,人不但无法对自身自然加以确证,而且使自身自然与其所处的环境即外部的定在相对立,进而发现这种环境对自身自然所具有的压迫性。

另一方面则是物支配人的两种结果,即:

(4)人感到自己被确证,在此情形下,于是(5)人熟悉自身的处境而且在他所做的一切当中得到享受和满足;

(6)由于相对立于自身处境,因此人们能够感受到这种压迫性。

据此,科恩认为,无论是资本家还是工人,都是属于"物支配人"的状况,

①　《马克思恩格斯文集》第 1 卷,人民出版社 2009 年版,第 261 页。

②　G.A, Cohen, *Bourgeois and Proletarians*, Journal of History of Ideas, Vol29, No. 2 (April. - Jun., 1968), p.213.

③　G.A, Cohen, *Bourgeois and Proletarians*, Journal of History of Ideas, Vol29, No. 2 (April. - Jun., 1968), p.213.

因为二者都是异化的,只是工人阶级属于(6)的情形①。因此,科恩对马克思《神圣家族》中的无产阶级概念的范围及其特质进行了严格的划分,进而指出这一时期论述异化与无产阶级就成为马克思主要的理论任务,而这一任务的完成可以通过《德意志意识形态》中的"人的本质"和《巴黎手稿》中的"异化理论"加以论证。根据《德意志意识形态》中通过以人与动物的区别来说明人的本质,亦即"可以根据意识、宗教或随便别的什么来区别人和动物。一当人开始生产自己的生活资料,即迈出由他们的肉体组织所决定的这一步的时候,人本身就开始把自己和动物区别开来"②,科恩提出,如果根据"种加属差"这一传统的定义方式,那么在马克思对人的本质的定义之中,人(定义)=动物("种")+生产人们所必需的生活资料("属差")。也就是说,人的本质的定义充分说明了,确立人之本性的就在于人是生产者。那么,由于人实际上是一种生产性的存在,因此"生产活动就必须成为每个个体的目的、根本利益与目标"③,进而"要成为非异化的人,就必须将生产活动作为目的自身,不但利用自身的力量来从事生产,而且乐于进行这样的生产活动"④。于是,尽管资本家与无产阶级都是异化,但他们异化的原因不同:前者之所以是异化的,是因为其根本不进行生产活动,也就不具有人的本质;后者之所以是异化,是因为其所进行的生产活动却不是为了自身力量的实现,而是谋生的手段。可以说,科恩对无产阶级概念的理解在这一时期主要是借助于马克思早期文本的思想进行的,问题在于,这种理解在他看来不过是对抽象资本主义的一种现象研究,仍然是模糊的。

最后,在《卡尔·马克思的历史理论———一种辩护》中,科恩提出了阶级的结构定义。科恩明确拒绝 E·汤普森对无产阶级概念的理解,认为汤普森

---

① G.A, Cohen, *Bourgeois and Proletarians*, Journal of History of Ideas, Vol29, No. 2 (April. – Jun. ,1968) ,pp.227–228.

② 《马克思恩格斯文集》第 1 卷,人民出版社 2009 年版,第 519 页。

③ G.A, Cohen, *Bourgeois and Proletarians*, Journal of History of Ideas, Vol29, No. 2 (April. – Jun. ,1968) ,p.213.

④ G.A, Cohen, *Bourgeois and Proletarians*, Journal of History of Ideas, Vol29, No. 2 (April. – Jun. ,1968) ,p.213.

误解了结构概念。于是,科恩:一方面,承认将无产阶级理解为"必须出卖其劳动力以获得生活资料的处于从属地位的生产者"①是一个正确类型的定义,但仍有缺陷需要修补。另一方面则认为应"根据其成员在经济结构中的地位,以及他们在其中的实际权利和义务"②对阶级进行定义。也就是说,科恩认为可以从结构上来定义阶级,亦即"可随意地以或多或少(即使也许不像数学那样)的精确性,通过联系生产关系来界定阶级"③。当然,需要看到的是,科恩并不想要表明生产关系"机械地"决定阶级意识或阶级组织的形成,他对汤普森的批评更多的意在认为汤普森过于轻易地放弃了关于阶级的结构定义④。

可以看到的是,尽管科恩试图论证无产阶级的概念,但最终这种理论论证并没有明确无产阶级的概念。这是因为,无论是对生产关系、还是对阶级的理解,科恩都是将之置于一个更大的、超历史的技术发展的背景之下。这种以科恩对于马克思主义技术决定论的有力辩护为代表的理论,可以说深深影响了分析马克思主义中的罗默、赖特等人。接下来,我们简要考察一下他们是如何在重建马克思的历史理论的过程中"重新理解"阶级的。

(二)罗默:剥削与阶级

在罗默这里,他把自己独特的剥削和阶级理论与历史理论联系起来。众所周知,剥削,在马克思那里是与阶级紧密联系在一起的概念,其产生是因为资本家通过购买的劳动力不断创造出剩余价值。然而,罗默对马克思建立在劳动价值论与剩余价值理论基础上的剥削理论持有否定的态度,认为有必要区分剥削的技术意义与规范意义,他说:"马克思主义把剥削用作一种统计量既有实证性的目的也有规范性的目的。在其实证性的用法中,对工人的剥削

---

① G.A.科恩:《卡尔·马克思的历史理论——一种辩护》,段忠桥译,高等教育出版社 2008 年版,第 92 页。

② G.A.科恩:《卡尔·马克思的历史理论——一种辩护》,段忠桥译,高等教育出版社 2008 年版,第 92 页。

③ G.A.科恩:《卡尔·马克思的历史理论——一种辩护》,段忠桥译,高等教育出版社 2008 年版,第 94 页。

④ 关于如何理解汤普森的阶级定义,第二章已有具体论述,此处不展开。

被说成是为了解释利润。在其规范性的用法中,剥削被说成是为了指出工人受到资本家的不公正的对待。"①可以说,正是通过对技术性剥削与规范性剥削的划分,罗默就在对剥削的道德问题的研究中阐发了自己对于阶级的理解。

毫无疑问,技术性剥削和规范性剥削具有完全不同的基础,也就是说,技术性剥削,意即"在既定的经济中,如果某些成员必须从事超过社会必要劳动时间(即多于社会必要劳动时间)的劳动才能挣得他们所需的消费品集,而其他人以少于社会必要劳动时间的劳动就能挣得他们的消费品集,那就可以说剥削将会存在"②,可见这一对于剥削的定义正是基于社会必要劳动时间。规范性剥削,则是指不公正地利用某人或生产资料,例如资本家不公正地占有和利用生产资料,或者不公正地对待工人。可以说,前者是以一种数量化的方式、即实证的方式来说明剥削,在罗默看来这正是传统马克思主义以劳动价值论为基础说明剥削的方式;后者则是以经济类型和财产制度不平等的方式来说明剥削。由于二者的基础不同,所以它们对于剥削的道德问题研究的意义也是完全不同的,这就意味着,技术性剥削只是从以经济中的技术要素为尺度来讨论剥削问题,它不足以说明剥削的道德与合理性的问题;规范性剥削则是从经济中的社会不平等的根源上对剥削的起源进行分析,实质上是对剥削的不道德与不合理性的批判。如此一来,如果要从道德角度展开对资本主义制度的批判,那么马克思主义就应该重点关注规范性剥削。于是,罗默认为,"剥削应直接以财产关系来定义,而不应通过剩余价值这一迂回而且最终并不成功的路线来定义。"③

那么,我们又该如何对待罗默的这一观点呢? 显然,对此我们需要以辩证的态度来理解。一方面,从肯定的角度来看,罗默对于技术性剥削和规范性剥削的区分,其目的是为了发现剥削的不道德与不合理性的经济根源。在此基

---

① 约翰·E.罗默:《在自由中丧失——马克思主义经济哲学导论》,段忠桥、刘磊译,经济科学出版社2003年版,第59页。

② 约翰·E.罗默:《在自由中丧失——马克思主义经济哲学导论》,段忠桥、刘磊译,经济科学出版社2003年版,第23页。

③ 约翰·E.罗默:《在自由中丧失——马克思主义经济哲学导论》,段忠桥、刘磊译,经济科学出版社2003年版,第145页。

础上,他批判了自由主义(罗伯特·诺齐克)以技术性剥削否定规范性剥削、从而为资本主义剥削的不道德与不合理性所进行的辩护,指出这一辩护的基本主张就是"证明这些不平等可以以一种在道德上能予以辩护的方式从初始状态中产生,而所谓初始状态是指人们只拥有自己而外部世界(土地、自然资源)尚无主的状态"①。因此,罗默提出"一种根据财产关系对剥削的定义",即"对剥削的关注现在被更充分地看做对不平等地拥有财产及其后果的关注:在历史中演进的是财产的类型,其不平等的分配标志着经济结构的特征"②。很明显,罗默在这里是从人们的财产关系上,从有形资产的原初分配上探讨不平等的起源,以此论证了有形资本的最初分配上也存在着不道德的情形。可以说,罗默的剥削理论的研究目的就在于对自由主义的批判,所以他始终强调,"本书的一个目的是要表明,处于核心地位的马克思主义的剥削和阶级的概念,其建构并不需要一种特殊的逻辑。对它们的研究可以在私有财产制度的模型中,利用微观经济分析的标准工具来进行。我一直主要感兴趣的是对剥削进行研究的这样一条渠道,通过这一渠道,马克思主义从道德的视角建立起它对生产资料私有制的批判"③,由此可以看出其分析马克思主义哲学是具有批判性与合理性的。

另一方面,从否定的角度来看,罗默从道德角度建构起剥削理论事实上是对马克思劳动价值理论的否弃。如前所析,罗默对于剥削的定义,就是强调剥削的不道德是不能在劳动与生产活动中找到原因的,所以不应当从劳动价值的计算中定义剥削,而应该从资本的原初分配的考察中来加以定义。据此,人们认为罗默的剥削理论是否定马克思的劳动价值论的,他本人也承认这一点。但是,罗默又认为,否定劳动价值论是剥削不道德的基础,这一点并不背离马克思的剥削理论,也没有否定马克思的剥削理论,这是因为马克思在强调价格

---

① 约翰·E.罗默:《在自由中丧失——马克思主义经济哲学导论》,段忠桥、刘磊译,经济科学出版社 2003 年版,第 171 页。

② 约翰·E.罗默:《在自由中丧失——马克思主义经济哲学导论》,段忠桥、刘磊译,经济科学出版社 2003 年版,第 13 页。

③ 约翰·E.罗默:《在自由中丧失——马克思主义经济哲学导论》,段忠桥、刘磊译,经济科学出版社 2003 年版,第 190 页。

与劳动价值背离无关于剥削理论之时,在论证价格不仅取决于劳动价值、还取决于市场价值、取决于供需平衡之时,实际上并没有坚持劳动价值论。因此,罗默认为,承认劳动价值论的错误,并拒绝以此作为剥削的道德问题研究的基础,这丝毫无损于马克思的剥削理论;同时,以人们的财产关系作为考察剥削的道德问题的基础,反倒是对马克思剥削定义的修正和完善,进而由此说明了阶级产生的机制。这就意味着,阶级的产生正是在于人们初始财产所有的不平等以及分配的不公正,由此决定了社会成员的行为在此基础上作出最优的选择,因此"一个人的阶级地位不是外在地给定的。确切地讲,它的出现是他最优化行为的结果,这一行为是要在初始资产既定的情况下最大化其效用"[1],可以看出,阶级的分化在这里就被看做是社会成员根据自己的财富情况进行最优化选择的结果。于是,根据"阶级-财富对应原理",即"阶级地位与财富的一致性"[2],罗默明确了阶级划分的标准,人们的阶级地位是他们自己在财富的约束下进行的选择的结果。那么,在财产私有制和市场化的社会中,由于人们所拥有的生产要素不同,拥有财产的人选择了雇佣别人劳动,只拥有劳动力禀赋的人则只能选择被雇佣,正是在理想的市场体系中,社会成员出现了阶级地位的差异,亦即阶级的划分及其最终形成是以市场的存在及其作用为中介的一种社会现象。那么,罗默的自我辩解及其对于阶级的理解有没有问题呢? 若有,问题又何在?

毋庸讳言,马克思并不否认需求与消费对于市场价格有着重要的影响,亦对资本积累中的不公正现象进行谴责。但是,马克思在强调这些社会因素对剥削的道德性影响时,从来没有否定资本家利用生产的技术因素剥削工人的不合理性。十分清楚的是,马克思认为,正是因为资本家对于工人的劳动力价值的不公正的利用与占有,亦即资本家对于工人的剩余价值的榨取与获得,是通过迫使工人在生产过程中付出远超于劳动力价值的劳动、却只用支付少于

---

① 约翰·E.罗默:《在自由中丧失——马克思主义经济哲学导论》,段忠桥、刘磊译,经济科学出版社 2003 年版,第 85 页。

② 约翰·E.罗默:《在自由中丧失——马克思主义经济哲学导论》,段忠桥、刘磊译,经济科学出版社 2003 年版,第 91 页。

劳动力价值的工资的方式实现对于工人的剥削。可见,对马克思而言,剥削的不道德与不合理性不仅存在于生产地点之外的社会环境中,而且存在于生产地点之内的资本家与工人之间的关系之中。罗默提出以资本最初分配的不平等来说明剥削的起源,否认马克思的劳动价值论揭示剥削秘密的合理性,实质上就将对剥削的不道德说明诉诸劳动之外、阶级之外的因素,剥削由此就与阶级分离开来,剥削也就仅仅成为对人们活动及其分配关系的一种说明,而不再是阶级对立的原因。究其本质而言,这一所谓“修正与完善”马克思剥削理论的目的不过是为了论证:其一,剥削不再是存在于工人和资本家之间的对立中的唯一现象,它还存在于工人和资本家之外的非生产性关系之中。在他看来,只要是能够使得人们获得超出或少于社会必要劳动时间分配的社会和人群,其中都存在着剥削。这就意味着,剥削并非是资本主义社会所特有的现象,而是广泛地存在于封建社会、资本主义社会和社会主义社会之中。其二,剥削对于阶级与阶级斗争的说明没有直接的价值,因为剥削如前文所述的那样并非是阶级斗争的直接原因,相反,它在特定的阶段与条件下还会使得剥削阶级与被剥削阶级双方获得利益,此时剥削的存在就具有了合理性。其三,不能简单地谴责剥削的道德性。显然,马克思是以劳动价值论批判了剥削的不道德,但罗默却以对劳动价值论的否弃,将剥削视为有形财产的不平等所有权的产物,由此认为对于剥削的道德谴责必须根据具体情况而定。换言之,对于剥削的道德谴责要根据人们获得有形财产的方式加以考量,如果有形财产的不平等所有权是以个人能力或运气等方式获得的,则不能进行道德谴责;反之,如果有形财产的不平等所有权是以抢劫或掠夺等不正当手段获得的,那么它就是不道德的。根据罗默的观点,我们可以发现:其一,剥削的概念被泛化了,剥削成为任何社会都存在的必然现象;其二,马克思对于资本主义的批判亦被弱化了,继而否定了阶级斗争对于消灭剥削的意义。

　　如果说,历史在罗默这里是以这种有形财产关系的形式演进的,那么,较之马克思的政治经济学批判和历史理论从资本主义的生产自身发现资本主义制度的不道德和不合理性的根源,进而批判和消灭资本主义制度,罗默的剥削理论只局限于对资本主义剥削制度的道德批判,并不要求消灭资本主义制度。

也是在此意义上,罗默竟然声称:"消灭财产权不需要消灭物质性的生产要素,因为财产权在这里是一个法律上的概念,而不是一个物质实体。就像消灭资本主义财产权不是意指生产资料本身被毁灭一样,消灭'社会主义财产权'也不需要消灭技能。消灭对技能的私有权仅仅意味着对技能的不同报酬被取消。"①毫无疑问,这较之马克思的主张——消灭资本主义剥削就是消灭资本主义的生产方式——来说是完全不同的,罗默根本没有触及资本主义私有制这一实质,他所进行的不过是"设想的逻辑可能性"②,而这种设想显然与历史无关,历史在这里不过成为人们可以任意描述的事物。

(三)赖特:剥削与"新中间阶级"

面对西方发达资本主义国家新的社会状况,在罗默的研究成果基础上,赖特认为对"仅仅由资产阶级和无产阶级组成的资本主义的简单阶级构图,与对现实资本主义社会进行具体经验观察的结果之间的断裂"③进行重修,即在马克思主义的理论框架之内,重新定义阶级以重新解释发达资本主义社会的阶级问题。

首先,赖特阐发了以剥削为核心的阶级概念及其结构性质,也即"作为一个抽象概念,马克思主义的阶级概念是围绕四个基本的结构属性建立起来的:各阶级之间是相互联系的;这种关系是对抗性的;这种对抗性是来源于剥削的;剥削是基于社会生产关系的。其中每一个属性都可以视为由具体阶级概念的概念构建过程所施加的进一步的概念约束"④。不言而喻,阶级在这一理论约束中:首先表现为一个关系的概念,即"各阶级总是在社会关系中,尤其是在同其他阶级的关系中被界定的"⑤,由此与等级的概念区分开来;其次,究

①　约翰·E.罗默:《在自由中丧失——马克思主义经济哲学导论》,段忠桥、刘磊译,经济科学出版社 2003 年版,第 155 页。

②　艾伦·梅克森斯·伍德:《民主反对资本主义》,吕薇洲等译,重庆出版社 2007 年版,第114 页。

③　埃里克·欧林·赖特:《阶级》,刘磊、吕梁山译,高等教育出版社 2006 年版,第 40 页。

④　埃里克·欧林·赖特:《阶级》,刘磊、吕梁山译,高等教育出版社 2006 年版,第 37 页。

⑤　埃里克·欧林·赖特:《阶级》,刘磊、吕梁山译,高等教育出版社 2006 年版,第 37 页。

其本质而言,阶级的社会关系"是对抗性的而非对称性的"①,不过即使在对抗性的阶级利益之间,"妥协"也是可能存在的;再次,这些对抗性利益的客观基础是剥削,这是阶级间对抗性关系产生的内在原因;最后,剥削的根本基础是在社会生产关系之中。在他那里,由马克思主义关于阶级的一般理论所施加的概念约束构成了一个概念框架,这个框架对于研究"中间阶级"时过于抽象,常常过分客观而难以用来研究个人生活选择。特别是,随着生产过程中技术和管理的重要性日益提高,占有技术和管理资本的"新中间阶级"往往能够获得较高收入,因而存在着技术剥削和组织剥削的情形。基于此,赖特对发达资本主义国家中的阶级结构进行了重新划分,即以财产剥削为特征的资产阶级、以技术和组织行为剥削为特征的新中间阶级和被剥削的无产阶级。

显然,赖特的这一思路是对罗默的剥削理论的致敬与修正,因为对他来说,罗默的剥削理论对于在一个社会中可能存在多种剥削形式以及各种社会形态在剥削上的差异性无法进行明晰的解释,所以他希望通过对阶级结构的经验性对之进行再建构,因为"这种选择还与信奉社会主义传统以及希望以一个解放的、平等的社会来代替资本主义的抱负有决定性的联系"②。于是,赖特对剥削理论的重构主要是按如下思路进行的。

其次,通过对剥削和非剥削性压迫的明确区分,即区分经济剥削与经济压迫的细微差异,剥削的前提条件得以确立,以此说明马克思主义剥削概念核心地位的可能性。就是说,"剥削与非剥削性压迫之间的关键不同之处是,在剥削关系中,剥削者需要被剥削者,因为剥削者依赖于被剥削者的努力。"③这就意味着,经济剥削是经济压迫,但经济压迫却不一定是经济剥削。这是因为前者"既包含着经济压迫,也包含着一个阶级的劳动成果被另一个阶级无偿占有"④,在这里,它更主要的是一个生产关系的概念,并非只是一个交换产品和

---

① 埃里克·欧林·赖特:《阶级》,刘磊、吕梁山译,高等教育出版社2006年版,第39页。
② 埃里克·奥林·赖特:《后工业社会中的阶级》,陈心想等译,裴晓梅审校,辽宁教育出版社2004年版,第37页。
③ 埃里克·奥林·赖特:《后工业社会中的阶级》,陈心想等译,裴晓梅审校,辽宁教育出版社2004年版,第12页。
④ 埃里克·欧林·赖特:《阶级》,刘磊、吕梁山译,高等教育出版社2006年版,第77页。

劳动的简单概念;而经济压迫,则是对于经济体中的一方由于自身占有财产权利所造成的对不占有或是只占有很少财产权利的另一方的压迫进行说明的概念。可以说,经济压迫是经济剥削的前提性条件。那么在赖特看来,剥削作为"一个理论性很强的术语,因为它隐含着对特定的关系和实践活动的道德谴责"①,但不止于此的是,阶级剥削是根据"三个原则性标准"得以界定的。

其一,反向性的相互依存准则,即"一群人的物质利益决定性地依赖于对另一群人的物质剥夺"②。其二,排除性准则,即由于排除被剥削者获取某些生产性资源的权利,从而确立起了剥削者与被剥削者的反向性的相互依存关系。其三,占用性准则,即把排除性准则转化为了获得剥削者物质利益的因果机制就"包括了那些控制了相关生产性资源的人们对被剥削者的劳动果实的占有"③。就是说,在经济压迫的情况下,压迫阶级在保护自身生产性资源的权利的方面具有利益;在剥削的情况下,则在被剥削者的生产性活动和成果方面拥有利益。简而言之,"正是对抗性的物质利益同相互依存关系的这种特殊结合,造成了剥削与众不同的特性,并且使阶级斗争成为具有潜在爆发性的社会力量。"④

再次,赖特认为,界定阶级关系之中"矛盾地位"的理论基础是组织剥削的概念。在他看来,罗默的地位剥削概念仍然是不规范的,这是鉴于:其一,较之于其他的剥削形式,这一概念具有逻辑上的非一致性,即地位剥削的概念并不像其他那些与生产力直接相关的剥削形式一样,与生产本身具有直接的、必然的联系;其二,地位剥削与封建剥削很难严格区分开来。由此,赖特提出,由于组织本身就具有生产资源的属性,因此可以用组织财产或调配财产来取代之。发达资本主义社会中,组织财产一般被资本家和经理控制。可以说,资本

①　埃里克·奥林·赖特:《后工业社会中的阶级》,陈心想等译,裴晓梅审校,辽宁教育出版社2004年版,第11页。
②　埃里克·奥林·赖特:《后工业社会中的阶级》,陈心想等译,裴晓梅审校,辽宁教育出版社2004年版,第12页。
③　埃里克·奥林·赖特:《后工业社会中的阶级》,陈心想等译,裴晓梅审校,辽宁教育出版社2004年版,第12页。
④　埃里克·欧林·赖特:《阶级》,刘磊、吕梁山译,高等教育出版社2006年版,第78页。

主义生产在其历史进程中发展处一整套的统治管理结构,包含有监管、各类规训与惩罚制度,其目的在于确保工人能够努力工作。也就是说,资本家不但拥有财产资源,而且还拥有对工人加以统治管理的权力。在此情形下,无论是作为资本家雇员的经理,或者是作为监督者的管理人员,只要参与了生产过程中有关统治的实践活动,那么,可以说他们就是在行使资产阶级的代理权力。

可见,较之于马克思从生产过程中来分析阶级,赖特阶级理论分析的重心就转向了政治权力集团的表现和阶级所行使的权力。在此意义上,"新中间阶级"——处于资产阶级和无产阶级中间的阶级关系的矛盾地位——就出现了,它兼具资本和劳动力二者所固有的对抗性利益。那么,一方面,"新中间阶级"就由于自己的管理权力而在阶级关系中居于一种矛盾的地位;另一方面,他们又在剥削关系中占有组织特权的地位,由此就从工人阶级中分离出来了。

最后,技术资产剥削概念的提出及其意义。如果说在赖特这里,"技术资产剥削是建立在具有限制技术供给作用的资格证书的基础之上"①的,那么,这些技术和专长的稀缺性在劳动市场中就不仅在于供应的短缺,更是因为在增加这些技术供给以满足雇佣组织需求方面所存在的系统性障碍,其中"资格证书"②是重要表现形式之一。此外,"天赋的才能是第二种途径"③。于是,资本主义国家的专家与技术人员成为区别于工人阶级的又一类别,恰恰是基于这种以技术作为剥削性的无偿占有,从而在阶级关系中居于矛盾地位,从而充分说明了今天发达资本主义社会中剥削形式的多样性与丰富性。

从上述分析可以看出,通过对四种与生产直接相关的财产——劳动力、生产资料、组织和技术——的确立,以及对于剥削的四种不同的表现形式④的论述,赖特就建构起一种新的剥削理论以此说明发达资本主义社会的阶级构成。

---

① 埃里克·奥林·赖特:《后工业社会中的阶级》,陈心想等译,裴晓梅审校,辽宁教育出版社 2004 年版,第 78 页。
② 埃里克·欧林·赖特:《阶级》,刘磊、吕梁山译,高等教育出版社 2006 年版,第 78 页。
③ 埃里克·欧林·赖特:《阶级》,刘磊、吕梁山译,高等教育出版社 2006 年版,第 79 页。
④ 与之相对应,即劳动力剥削、财产关系剥削、组织资产剥削和技术资产剥削四种形式。

尽管他试图恢复基于剥削的阶级理论的解释力,亦即通过"后资本主义阶级结构的历史现实的方式去试着恢复剥削作为阶级分析的核心"①,但当他根据组织、技术与管理等因素来划分阶级之时,就已远离了马克思的阶级概念中最为根本的"生产"要素,因而无法真正深入到历史唯物主义之中。

这样,我们就以科恩、罗默与赖特为代表论述了分析马克思主义的阶级观,尽管他们在具体观点上有所不同,但从总体上看,他们的理论亦有着共同之处,这些共同之处在其理论的肯定性价值与否定性价值中得以凸显。从肯定性价值上看,分析马克思主义的阶级观是结合当代马克思主义哲学所面临的课题重新思考"阶级与阶级斗争"这一马克思主义基本理论、并以此反对自由主义对马克思的攻击的一种理论尝试,在这一意义上仍是属于马克思主义哲学的。从否定性价值上看,分析马克思主义的阶级观主要运用分析的方法研究阶级问题,其方法论上的个人主义、微观模型研究等实质上是对马克思主义辩证法的革命性与批判性的消解,即本质上是反辩证法的。

二、后马克思主义对于阶级政治的否弃

作为当代资本主义社会中最为时髦与流行的学术话语,后马克思主义已成为国内学界追逐与研究的热点之一。毫无疑问,在对后马克思主义众说纷纭的描述与研究之中,对于这一概念的定义也有着不同的理解。然而,无论如何,作为这一概念提出者的拉克劳—墨菲被认为是后马克思主义的主要代表,这一点是毋庸置疑的。鉴于本书对研究对象的划界,因此下文将重点论述以拉克劳—墨菲为代表的后马克思主义在阶级问题上所持有的基本观点。

正如艾伦·伍德所言,"阶级斗争是马克思主义的核心,这应在两种不可分的意义上加以理解:正是阶级斗争被马克思解释为历史发展的动力,而且阶级的消亡——阶级斗争的最终产物——是革命进程的最终目标。对马克思主义而言,在资本主义社会,工人阶级的重要性在于,唯独这样一个阶级,其阶级利益要求——其自身条件使其成为可能——阶级本身的灭亡。这种历史观与

---

① 埃里克·欧林·赖特:《阶级》,刘磊、吕梁山译,高等教育出版社 2006 年版,第 59 页。

革命目标的不可分割性,最能使马克思主义与其他关于社会改造的构思区别开来,没有这一点也就没有马克思主义。"①可是,对拉克劳—墨菲来说,由于"现在我们正处于后马克思主义领域,不再可能去主张马克思主义阐述的主体性和阶级概念,也不可能继续那种关于资本主义发展过程的幻象,当然也不能再继续没有对抗的共产主义透明社会这个概念"②。这里十分清楚的是,拉克劳—墨菲要求彻底地改写"左"派经典话语,认为在这一理论与政治系统已经陷入到了一种危险境地,其中"处于危机之中的是整个社会主义概念,它停留在作为大写革命角色的无产阶级本体论中心之上,作为从一种社会类型到另一种社会类型转变的基本因素,依赖于会导致要素空间化的完美整体和同质化集体意志的幻想前景。当代社会的复杂性和多样化特征不可改变地消解了那种政治虚构的最后基础"③。于是,对于马克思的阶级概念以及阶级政治的解构就成为其理论的应有之义。

首先,拉克劳—墨菲消解了马克思阶级概念的哲学基础,即对历史唯物主义经典命题的解构。对拉克劳—墨菲来说,"马克思主义传统中社会决定和政治主体一直采用的不同形式。这个起始点和不变的主题是清楚的:主体是社会阶级,它的统一是围绕着生产关系中的地位决定的利益来构造的。"④不言而喻,在马克思主义理论谱系中,阶级不仅是研究社会结构与形态演变的一个分析的方法论原则,更是承担历史变革的主体性力量。于是,按照这一传统,历史存在着内在规律,且是不断进步着的;社会历史的进步就是在不同群体或某些"普遍主体"之间的斗争中生成的,而这是可以在阶级的立场来加以理解的,即通过阶级将不同群体组织起来从而对社会结构进行变革,这是因为社会结构作为按照一定的秩序组织起来是既定的、可把握的;在这个秩序之

---

① 艾伦·伍德:《新社会主义》,尚庆飞译,江苏人民出版社 2002 年版,第 12 页。

② 恩斯特·拉克劳、查特尔·墨菲:《领导权与社会主义的策略》,尹树广、鉴传今译,黑龙江人民出版社 2003 年版,《导论》第 4 页。

③ 恩斯特·拉克劳、查特尔·墨菲:《领导权与社会主义的策略》,尹树广、鉴传今译,黑龙江人民出版社 2003 年版,《导论》第 2 页。

④ 恩斯特·拉克劳、查特尔·墨菲:《领导权与社会主义的策略》,尹树广、鉴传今译,黑龙江人民出版社 2003 年版,第 132 页。

中,社会可以被划分为诸如"经济基础与上层建筑"这样不同的层级,其中一些层级作为决定性原则起着主导作用。在这个意义上,对于阶级的分析可以说始终是与历史唯物主义的经典命题即"生产力与生产关系"的论述①关联在一起的。

　　问题在于,拉克劳—墨菲对于这一经典命题的理解,是明确将之定位于经济主义抑或是阶级还原论的近代形而上学的本质主义剩余,即基于某种本质的规定把不同的社会要素纳入同一层级,并将这一层级与其他层级对立起来,它适用于对历史唯物主义中"经济基础-上层建筑"的区分作为一种新形式的本质主义解释。在他们看来,历史唯物主义过重地看待了"生产力的发展在历史向社会主义进化中扮演关键的角色"②,于是被理解为一种自然的、线性的与中性的生产力将经济理解为了独立于人类活动发挥作用的客观现象,其发展就"使社会主义成为可能,而且它们的未来的发展使社会主义成为必然"③。对此,拉克劳—墨菲就以一种"简单的技术决定论"指责马克思将人类社会的发展仅仅归因于生产力的最终作用,拒绝以生产话语来解释历史的变迁,认为,在历史的发展进程中生产力对于生产关系并不一定具有必然的决定作用,它只具有可能性的力量。正是因为拉克劳—墨菲认为历史唯物主义的阶级概念中隐含一种本质主义的主张,即经济的发展将带来政治、文化的发展,尽管它们之间并非具有同步性,但却具有同向性,经济由此成为解释一切现象的根本原因,在此意义上,政治关系也就不过是经济物质利益的一种表现。如此一来,如果要证明"由经济层面最终构成领导权主体的三个条件相应于经典马克思主义理论的三个基本论题:经济运动规律的内生特征相应于

---

　　①　这一命题的完整表述为"社会的物质生产力发展到一定阶段,便同它们一直在其中运动的现存生产关系或财产关系(这只是生产关系的法律用语)发生矛盾。于是这些关系便由生产力的发展形式变成生产力的桎梏。那时社会革命的时代就到来了。随着经济基础的变更,全部庞大的上层建筑也或慢或快地发生变革",见《马克思恩格斯文集》第2卷,人民出版社2009年版,第591—592页。

　　②　恩斯特·拉克劳、查特尔·墨菲:《领导权与社会主义的策略》,尹树广、鉴传今译,黑龙江人民出版社2003年版,第85页。

　　③　恩斯特·拉克劳、查特尔·墨菲:《领导权与社会主义的策略》,尹树广、鉴传今译,黑龙江人民出版社2003年版,第85—86页。

生产力中心地位这一论题;社会代表在经济层面上的统一相应于工人阶级贫困的普遍化论题;生产关系应该成为超越经济领域的历史利益所在地的条件,相应于工人阶级是社会主义根本利益的论题"①是错误的,那么就必须消解掉经济基础与上层建筑之间的本质主义关联,进而解构阶级与阶级斗争。

于是,借用丹尼尔·贝尔(Daniel Bell)《资本主义文化矛盾》一书中提出的"三轴心说"理论,简言之,即认为经济、政治与文化分别围绕各自的轴心进行运转,拉克劳—墨菲取消了经济的最终决定性作用,认为经济与政治之间是独立架构的,所以"政治并不简单地是现存利益的表现,而是在塑造政治主体的过程中扮演了至关重要的角色"②。在这里,拉克劳—墨菲就强调了政治的自主性意义,甚至认为政治不仅不依赖于经济,而且具有决定经济与主体的本体论地位。换而言之,拉克劳—墨菲之所以赋予政治以本体论的地位,正是为了拒斥将阶级主体植根于经济之中的所谓阶级还原论的解释。对他们来说,主体不过是处于被建构的偶然性逻辑之中的不同个体,所以不应是一个先验的范畴;它不是在经济领域之中产生,而是政治范畴的内在规定。由此可见,正是通过将历史唯物主义经典命题理解为一种经济主义与阶级还原论,拉克劳—墨菲批判与否定它的目的就是"要拒绝阶级的政治经济和意识形态统一这个经典概念。就是要主张政治和意识形态斗争不能被理解为经济的阶级的斗争,没有中间道路……阶级'利益'并没有通过经济被给予政治和意识形态,它们形成于政治实践之中,而且被确定为政治实践的明确形式。政治实践不承认阶级利益以及对它们的代表:它建构它代表的利益"③。

进而,拉克劳—墨菲消解了马克思的阶级概念本身,即瓦解了阶级作为历史变革主体力量的意义。在他们那里,马克思主义理论谱系中所理解的社会阶级——作为被历史所决定的形式——就显现为一种由社会行为主体的不同

---

①　恩斯特·拉克劳、查特尔·墨菲:《领导权与社会主义的策略》,尹树广、鉴传今译,黑龙江人民出版社 2003 年版,第 85 页。

②　恩斯特·拉克劳、查特尔·墨菲:《领导权与社会主义的策略》,尹树广、鉴传今译,黑龙江人民出版社 2003 年版,"第二版序言"第 13 页。

③　恩斯特·拉克劳、查特尔·墨菲:《领导权与社会主义的策略》,尹树广、鉴传今译,黑龙江人民出版社 2003 年版,第 134 页。

主体身份所确立的统一性。但是,在当代发达资本主义社会中这种统一性遭遇了危机,因为:其一,尽管作为实体的阶级是一个事实性存在,但是阶级结构、阶级意识与阶级行为都已发生了重大变化,因此作为统一意义上的革命主体的当代工人阶级已碎片化,在数量与重要性上都呈现出下降的态势。其二,工业社会中以劳动与资本之间所呈现的对抗已经不再是社会对抗的主要形式,社会的与政治的关系被理解为偶然性的、断裂性的。由此,历史主体就以基于分散的、多元的社会个体利益的偶然链接的话语主体取代了基于阶级利益的无产阶级。于是,拉克劳—墨菲认为有必要重新审视马克思的阶级范畴。

拉克劳—墨菲认为,较之于马克思所生活的那个时代,发达资本主义的时代已经不再是一个"阶级反对阶级"的时代,这是由于在这个时代,工人阶级至少在社会学描述的意义上已不再居于社会结构的中心地位。尤其是福利国家的出现,使得劳动与资本之间的关系开始变得缓和,资产阶级亦通过意识形态的国家机器逐渐消解了工人阶级的斗争动力。基于此,拉克劳—墨菲指出,阶级就不再成为当代政治斗争的表现形式,而其作为传统革命主体的工人阶级的面相亦日渐模糊,无产阶级意识形态的同质性无法再以其在生产关系中的共同地位加以保证。换而言之,人们"今天不可能谈论工人阶级的同质性,更不必说把它追溯到资本积累规律中所描述的机制上去了"[1],由此便解构了马克思基于资本主义生产关系来确立的工人阶级这一政治主体。

一方面,他们通过分析"生产关系"的双重含义,质疑了马克思的工人阶级概念。在拉克劳—墨菲看来,马克思的工人阶级概念中已经"包含着两个与他们本身运动规律不同的关系:通过出卖劳动力建立起来的工资关系——它使工人变成了无产阶级;以及产生于工人在劳动过程中的位置的关系——使他成为体力劳动者"[2],由此区分了生产关系的双重含义:一是指"生产的关

---

[1]　恩斯特·拉克劳、查特尔·墨菲:《领导权与社会主义的策略》,尹树广、鉴传今译,黑龙江人民出版社2003年版,第92页。

[2]　恩斯特·拉克劳、查特尔·墨菲:《领导权与社会主义的策略》,尹树广、鉴传今译,黑龙江人民出版社2003年版,第90页。

系";另一则是指"生产中的关系",但是这双重关系在马克思那里并没有得以明确区分。马克思之所以没有区分二者,拉克劳—墨菲认为是因为这种双重关系在马克思的直接的、感性的历史经验中将趋于一致,"由于把劳动力看成简单的商品,他也倾向于从劳动过程中已经建立的关系那里取消自主性和相关性"①。但是,在拉克劳—墨菲看来,在现代资本主义中,工资关系越来越普遍化,而企业中的非技术工人却在不断减少,这两者之间的关系并没导致出现马克思曾言的雇佣劳动者的必然贫困化。这就意味着,从"工资关系"来看,人们之间的生产关系即雇佣关系是一致的,工人阶级是统一的;但从"生产中的关系"来看,工人阶级并不是统一的,甚至出现差异性。换言之,如果说社会行动者是由经济范畴所决定,那么,他们也不过是其中的一部分,因为拉克劳—墨菲眼中的雇佣工人不过只是劳动力的出卖者,而不是一个个活生生的、具体的、有血有肉的人;而且,工人相对自主的发展空间并未因为资本家与工人之间的雇佣关系而取消,可以说,现代科学技术尤其是信息技术的发展对于工人的劳动时间、劳动方式、劳动性质、劳动要求与评价体系等都有着重要的影响。于是,通过对"生产关系"的双重含义的区分,拉克劳—墨菲尤其强调了它们在生产过程中发展的非对称性对于工人阶级同质性的影响,这是因为"在生产关系之中的位置与生产者思想状况之间没有任何联系。工人阶级对某种统治形式的反抗将建立在他们在社会关系总体内占有的立场之上,而不仅仅是生产关系"②。

另一方面,通过对阶级概念的质疑,拉克劳—墨菲瓦解了工人阶级作为革命主体的本体论设定,重新寻找多样化的、离中心的新社会主体,进而以形形色色的新社会运动替代了阶级政治。尤其是在当代发达资本主义国家中,工人阶级的分化与碎片化是明确的事实表征,而这一事实表征将被资本家在应对工人在劳动过程中所具有的自主性的策略中加以利用。简单地说,资本家

---

① 恩斯特·拉克劳、查特尔·墨菲:《领导权与社会主义的策略》,尹树广、鉴传今译,黑龙江人民出版社 2003 年版,第 90 页。

② 恩斯特·拉克劳、查特尔·墨菲:《领导权与社会主义的策略》,尹树广、鉴传今译,黑龙江人民出版社 2003 年版,第 95 页。

会对工人阶级中的不同群体采取不同的策略,无论是在薪酬待遇、劳动条件与发展空间等诸多方面——这些方面恰恰是与劳动者的自主性程度直接相关的,二者呈现出正相关性,即自主性程度高的劳动者,有着较高的收入、较完善的劳动条件以及较好的发展空间。拉克劳—墨菲认为,工人阶级的这一分化与碎片化正是政治斗争的结果,于是这也就意味着对于工人阶级的说明不能再仅仅简单地借助于雇佣劳动关系,即不再简单地以经济意义来理解工人阶级。对他们来说,马克思只是在经济关系的领域内而没有从政治斗争的角度来理阶级关系。需要看到的是,拉克劳—墨菲并非是要否定主体这一概念,他们要否定的是以剩余价值学说为基础的无产阶级是历史主体的观点,建构起去阶级的主体。简言之,就是将历史主体延宕为各种基于差异性原则的、以等同逻辑进行链接的政治共同体,即以主体身份为中心的话语的随机链接。那么,这种链接又是如何形成的呢? 正是通过改造葛兰西著名的"领导权"概念,拉克劳—墨菲实现了对阶级同一性的取代。

总而言之,拉克劳—墨菲对阶级概念的消解,以及对阶级政治的否弃,仅就事实层面来说,是发达资本主义社会中作为集体认同构造形式的阶级日趋衰落的表征,其理论目标在于通过多元的激进民主政治以实现社会主义。不难看出,拉克劳—墨菲的这一思想"与英国经验有关,特别是一些知识分子中的温和派马克思主义立场。虽然这些知识分子在许多方面有分歧,但他们一致认为资本主义国家中的工人阶级已不能实现它的革命期望,所以斗争模式现在应结合来自各阶层、各团体、各社会运动的众多利益"[1]。大致来说,他们基于激进民主规划的"左"翼新政治的理论图景——一种从社会主义规划的阶级退却——就可以概括如下:"工人阶级没有发展成一个革命运动;经济的阶级利益相对地独立于意识形态和政治;工人阶级对社会主义没有基本立场;社会主义运动可以发展起来,同阶级无关;政治力量可以由'民众'政治和思想因素组成而没有阶级联系;社会主义的目标超越阶级利益;以及为社会主义

---

① 罗纳德·H.奇尔科特:《比较政治经济学理论》,高銛、高戈译,社会科学文献出版社2001年版,第113页。

而斗争包括对不平等和压迫的多元性抵抗。"①在这里，以拉克劳—墨菲为代表的后马克思主义者不但从社会主义观念中完全排除了阶级，而且不同意传统马克思主义观点对于工人阶级革命潜力之重要性的强调是因为它作为资本生产者的结构地位，后马克思主义者一般都不分析劳资剥削关系。而且，他们十分强调政治与意识形态对于经济的独立性，实际上是以对于作为古典与当代马克思主义特点的政治经济学的重视的严重损害为代价的。资本主义的本质失去了重要性，阶级与阶级斗争让位为对政治多元主义、政治组织和利益集团的强调。究其本质而言，"新"社会主义方案尽管声称马克思主义是其主要的构成性传统之一，并拒绝与马克思主义传统完全背离——无论这种拒绝将导致何种误导性后果——以表达其对于某种社会主义价值的永久性承诺，但是事实上它的确抛弃了社会主义的根本立场，并以其"复杂的、虚伪的、捉摸不定的理论歪曲，与直白无饰的、不求精致理论包装的传统社会民主主义的机会主义形成了强烈对比"②。就如前一章所论述的，拉克劳—墨菲被密利本德划归到英国新修正主义的阵营是一个中肯的描述，这是因为"只有承认阶级斗争、同时也承认无产阶级专政的人，才是马克思主义者。马克思主义者同平庸的小资产者（以及大资产者）之间的最深刻的区别就在这里。必须用这块试金石来检验是否真正理解和承认马克思主义"③。

不管是分析马克思主义对于阶级概念的重建，或者是后马克思主义对于阶级政治的否弃，虽然二者都宣称自己要努力使马克思主义理论严格起来，但实际上不过是许多学者从理论和实践上对马克思主义的一场总批驳。正如娜奥米·克莱恩在《不要品牌》中正确地指出的那样，"当全球贸易的范围扩张到世界的每一个角落时，大多数极端左翼进步势力的视野却收缩至自己的周边环境……也许是他们故意漠视身边的变化。他们引入了其他因素，却忽视了妇女和人权运动中的根源性经济问题。这种政治正确性问题，导致了一代

---

① 罗纳德·H.奇尔科特：《比较政治经济学理论》，高铦、高戈译，社会科学文献出版社2001年版，第114页。

② 艾伦·伍德：《新社会主义》，尚庆飞译，江苏人民出版社2002年版，第8页。

③ 《列宁专题文集》（论马克思主义），人民出版社2009年版，第206页。

注重想象而非行动的政治活动家的诞生。"①于是,较之于这一理论趋向,英国马克思主义哲学中的阶级理论在真正坚持马克思主义对资本主义的批判的路向上展开,其主要表现形式是以卡利尼科斯等为代表主张的政治经济学研究范式的阶级理论的形成。

第二节　卡利尼科斯:政治经济学研究范式的复归

众所周知,阶级理论的政治经济学研究范式最初是由马克思所开创的,强调以劳动价值论为理论前提研究工人阶级的革命主体地位。但是,"西方学界自20世纪60年代以来屡屡试图模糊对这一问题的认识。他们通过把马克思劳动价值论中的社会历史维度和经济学维度割裂开来……并以此为基础,把马克思的劳动价值论与斯密、李嘉图等人仅在数量维度上展开的劳动价值论等同起来,从而把马克思的剩余价值理论解读为只是工人为分配正义而提出的伦理主张。西方学界的另一些学者则在这种对马克思劳动价值论的数量化理解的基础上,把注意力集中在交换价值是资本主义经济关系的本体论基础的层面上,并由此而展开后人本主义或后结构主义式的批判理论上。"②在这里,劳动价值论的理论特质就在于它是社会历史维度和经济学维度辩证统一的充分表现。可以说,"去阶级化"理论的诸多形式——无论是分析马克思主义,还是后马克思主义,抑或其他理论——都是在不同程度上对马克思劳动价值论的否定与拒斥,仅仅是在社会学描述的意义上来理解发达资本主义社会中的阶级问题。然而,正如前文已再三强调的,阶级不只是一个社会学的范畴,它还有着其哲学的内涵。尤其是,2008年全球金融危机的爆发,再次凸显出马克思主义的政治经济学的重要价值及其对于阶级理论研究的意义。

2008年的这次危机,直接动摇了人们自20世纪70年代以来以新自由主

---

① Naomi Klein, *No Logo*, Flamingo 2000, pp.102-103.

② 唐正东:《马克思劳动价值论的双重维度及其哲学意义》,《山东社会科学》2017年第5期,第5页。

义建立起来的对于资本主义世界的信念,也成为马克思主义理论复兴一次难得的机遇。可以说,马克思主义的政治经济学研究的复兴正好受惠于此,因为"政治经济学本质上是一门历史的科学。它所涉及的是历史性的即经常变化的材料;它首先研究生产和交换的个别发展阶段的特殊规律,而且只有在完成这种研究以后,它才能确立为数不多的、适用于生产一般和交换一般的、完全普遍的规律。同时,不言而喻,适用于生产一般和交换一般的、完全普遍的规律,对于具有这种生产方式和交换形式的一切历史时期也是适用的"①。这就是说,作为历史唯物主义学说的奠基石,马克思主义的政治经济学是始终发展着的、开放性的历史科学,而不是一成不变的、机械的、封闭的教条。于是,对于阶级与阶级斗争这一历史唯物主义中的经典议题,就需要根据时代的最新变化加以研究。在这一过程中,长期致力于以马克思主义为出发点来批判其他"左"翼思潮——如分析马克思主义、后现代主义与后马克思主义②——的卡利尼科斯,就以对马克思主义、工人阶级斗争、无产阶级政党和社会主义解放有机统一的坚持,积极思考了反资本主义的政治斗争策略与社会主义的规范等问题,强调马克思主义理论发展的关键就在于继续其政治经济学批判的传统,深入研究批判理论与政治实践的相互关系,从而回归与复兴了阶级理论的政治经济学研究范式。

一、"这场危机"③与劳动价值论:复归的起点

实际上,对于今天的马克思主义者来说,2008 年的"这场危机"仿若一个"十

---

① 《马克思恩格斯文集》第 9 卷,人民出版社 2009 年版,第 153—154 页。

② 前者见 Alex Callinicos, *Wither Anglo-Saxon Marxism?*, in Jacque Bidet and Stathis Kouvelakis ed., *Critical Companion to Contemporary Marxism*, Brill, 2008, p.85-88.后者见 Alex Callinicos, *Against Postmodernism: A Marxist Critique*, Polity Press, 1991.

③ 作为一个概念,"这场危机"(this crisis)不同于"全球金融危机"的概念:前者是西方学者自 2009 年以来试图重建经济、政治、文化的思维范式的概念,在英国左派学者这里是指用于重建马克思主义的政治经济学,由此重建历史唯物主义的研究范式与理论的认识论的概念;后者只是一个现象描述的概念。参见何萍:《从"这次危机"的讨论看历史唯物主义研究视角的开新》,《天津社会科学》2015 年第 2 期,第 5 页,以及 Leo Panitch, Sam Gindin, *Capitalist Crises and the Crisis this Time*, Socialist Register 2011.

字路口",尤其是考虑到"左"派面对 21 世纪的第一场资本主义危机时的僵局,诚如潘尼奇与萨姆·金丁(Sam Gindin)所说的那样,一个十分重要的问题就是"这场危机"是否也将成为"左"派对于危机的思考方式的一个转折点,因为"恰恰是经济危机在破坏正常的政治秩序之时,也存在着一些政治机遇"①。

　　然而,事实却是"自从危机发生以来,是统治阶级,而不是工人运动,抓住了这次机遇……因此,在这紧要关头,我们需要清醒地认识到我们的弱点,同时要深入地分析这场危机,揭示其政治的和经济的前景,这是复兴'左'派的一项重要工作。在这一点上,马克思主义的政治经济学坚持认为,建立对危机的分析是其理论核心。这恰恰是为什么过去危机的当务之急总是要'回到马克思'"②。可以看出,在这里,"这场危机"主要是以马克思主义政治经济学的研究范式的复归实现马克思主义理论的复兴。正是在此意义上,卡利尼科斯强调:"马克思经济学著作所揭示出来的逻辑,诸如剥削、竞争性积累和金融泡沫正活跃于当今资本主义中……成为一个马克思主义者的理由……比过去更加充分。"③

　　那么,对于作为历史事实这一意义上的"这场危机"——以 2008 年的美国雷曼公司在次贷危机中的破产为标志——到底如何理解呢?事实上,和绝大多数"左"翼学者一样,卡利尼科斯将之视为自 20 世纪 70 年代新自由主义在全球推行之后的逻辑后果。可以说,作为"自 20 世纪 30 年代大萧条以降最严重的危机"④,"这场危机"意味着"利润率的下降趋势与金融周期相互作用的一种特殊形式,而这种相互作用正是成熟时期的马克思用以理解危机的核心"⑤。

---

①　Leo Panitch, Gregory Albo, Vivek Chibber, *Socialist Register* 2011*Preface*, Socialist Register 2011, p.viiii.

②　Leo Panitch, Gregory Albo, Vivek Chibber, *Socialist Register* 2011*Preface*, Socialist Register 2011, p.viiii.

③　蒋天婵、鲁绍臣:《马克思主义与今日反资本主义——卡利尼科斯访谈录》,载俞吾金编:《国外马克思主义研究报告 2013》,人民出版社 2013 年版,第 351 页。

④　Alex Callinicos, *Bonfire of Illusions*: *The Twin Crises of the Liberal World*, Polity, 2010, pp.1-2.

⑤　Alex Callinicos, *Deciphering Capital*: *Marx's Capital and its destiny*, Bookmarks Publications, 2014, p.292.

　　众所周知,20 世纪 70 年代末的经济危机使得西方发达资本主义国家开始对过去二三十年间所实行的福利国家政策进行反思,最后转向了撒切尔—里根主义的新自由主义政策。需要注意的是,新自由主义不仅仅是在经济层面上,而且是在政治、文化层面上所推行的一整套政策与话语体系。于是,卡利尼科斯分析了新自由主义经济政策所产生的后果恰恰就是"这场危机"。

　　首先,新自由主义只看到了 20 世纪 60 年代发展的利润率长期问题的部分被扭转,即尽管它提高了劳动剥削率、实现了相当大规模的资本的结构重组,但却没有使得利润率在足够的范围内恢复到 20 世纪 50—60 年代"经济繁荣"时期的发展水平。如此看来,在新自由主义时代,资本主义的经济增长实际上倚赖于金融市场的繁荣,但实际上,新自由主义根本无法恢复经济增长,金融市场所展现出的也是自由资本主义最为非理性与非人道的面相,因此,2008 年的"这场危机"实质上是以金融危机为表现形态的经济危机,并且由于大规模的资本结构重组的全球化使其转化为全球性的结构性危机,也是 21 世纪以来世界经济、政治与文化特质的综合表征。在这里,卡利尼科斯认为,需要重新回到马克思那里,特别是马克思主义政治经济学批判的传统中,因为正如我们所看见的,"马克思努力让《资本论》成为对资本主义作为全球系统的研究,而不仅仅是对维多利亚中期英国经济的一种描述。"[1]于是,卡利尼科斯认为对于《资本论》的重新解读有助于我们理解"这场危机",理解当代资本主义社会。在此意义上,他强调,最好循着马克思的思想轨迹与理论逻辑,"将资本主义理解成一个建立在对产业工人剥削的基础上,受竞争性资本积累驱动的社会制度"[2],并在此基础上要求重新审视劳动价值论。

　　其次,卡利尼科斯对劳动价值论的理解与辩护。

　　他指出,马克思对于自己的价值理论的一个重要发展就是在《1861—1863 年经济学手稿》中对于劳动价值论的阐述,它可以被视为马克思建构自

---

[1]　Alex Callinicos, *Deciphering Capital: Marx's Capital and its destiny*, Bookmarks Publications, 2014, p.287.

[2]　阿列克斯·卡利尼科斯:《反资本主义宣言》,罗汉、孙宁、黄悦译,世纪出版集团、上海译文出版社 2005 年版,第 40 页。

己的政治经济学理论的前提,鉴于这一点,马克思对社会资本的积累进行深入分析,认为其根源于资本家对剩余价值的剥削,剖析了交换价格较之于价值的偏离以及一般利润率的成因,阐明了利润率下降趋势的缘由。据此,在马克思那里,资产阶级与工人阶级之间所存在的利益冲突不但得以论证,而且资本主义社会所固有的危机也得以解释。正是由于这一原因,卡利尼科斯再三强调,在今天我们这个时代,劳动价值论仍然需要且值得重视,就是因为马克思以之为基石所构筑起来的资本主义理论在"这场危机"中再次焕发出强大的解释力,他对于利润率的下降趋势、金融泡沫的周期与恐慌的相关论述仍然是有意义的。如此一来,卡利尼科斯认为,对于今天的资本主义批判以及马克思主义政治经济学研究范式的复兴,劳动价值论是必须坚守的理论核心。需要看到的是,在这一点上,卡利尼科斯明显不同于当代很多"左"翼学者。他对今天马克思主义政治经济学研究领域中的"抬高资本、贬抑劳动"倾向给予了批判,认为他们在重构马克思主义政治经济学研究的过程中,往往割裂了资本与雇佣劳动的关系,认为资本积累无须依赖于生产过程中产生出的剩余价值就可以实现,甚至于主张"当下的资本主义积累更多地在劳动过程之外实现,如剥削就以剥夺共同性的形式得以实现"①。这样一来,雇佣劳动、剩余价值的生产与资本积累之间的逻辑必然性就被取消了,这就意味着,人们可以不再论及生产关系、生产过程、剩余价值等而单独对资本逻辑的运行进行研究和讨论,由此改变了对于资本主义本质是由雇佣劳动-资本这一关系的判定,弱化了雇佣劳动的理论价值。基于此,他指出"资本离不开雇佣劳动,因为后者所创造出的利润是资本的命脉"②。

于是,卡利尼科斯明确认为,对于劳动价值论,应把它放在资本主义框架下加以理解。在这一点上,可以说,卡利尼科斯是准确把握到了马克思对劳动价值论的理解。众所周知,较之于斯密、李嘉图的古典经济学劳动价值论,马克思的劳动价值论真正关注的是作为历史的、具体的资本主义生产关系,因此

---

① 哈特、内格里.《大同世界》,王行坤译,中国人民大学出版社2015年版,第110页。

② Alex Callinicos, *The Revolutionary Idea of Karl Marx*, Bookmarks Publications Ltd., 2004, p.75.

是从资本主义生产过程的角度来阐发的。显而易见的是,劳动价值论所涉及
的每个概念都具有历史性的维度,其适用性及其范围正是以资本主义生产方
式本身以及劳动在这一生产方式中的变化作为前提的,马克思在《1861—
1863年经济学手稿》这样写道:"但是这种自由的工人——从而货币所有者和
劳动能力所有者之间,资本和劳动之间,资本家和工人之间的交换——显然是
已往历史发展的产物,结果,是许多经济变革的总结,要以其他社会关系的灭
亡和社会劳动的生产力的一定发展为前提。与这种关系的前提同时产生的一
定的历史条件,在下面分析这种关系时自然会说清楚。资本主义生产的前提
是:在流通中、在市场上找到只有出卖自己的劳动能力的自由的工人或卖者。
因此,资本关系的形成从一开始就表示,资本关系只有在社会的经济发展即社
会生产关系和社会生产力发展的一定的历史阶段上才能出现。它从一开始就
表现为历史上一定的经济关系,表现为属于经济发展即社会生产的一定的历
史时期的关系。"①这就清楚地表明,"一定的历史条件"事实上指的就是资本
主义生产方式的历史条件,亦是劳动价值论得以成立的历史前提,这是因为,
无论资本主义社会中的劳资交换以何种方式呈现,它都是已经存在于资本主
义生产方式之中的。换句话说,此时的劳动就不是一般意义上的劳动即人的
有目的有意识有意志的活动,而是具体意义上的劳动即资本主义生产方式下
的劳动,是劳动资料已经被剥夺的雇佣劳动者的劳动;与此同时,资本也就成
为拥有包括雇佣劳动在内的所有劳动条件、且能自我增殖的特定商品。可以
说,马克思深刻之处恰恰表现在此,他清醒地看到,资本主义生产方式下劳动
的交换价值即再生产它这种商品自身所需要的社会必要劳动时间,即它自身
所包含的劳动量。在此意义上,卡利尼科斯明确指出,"资本主义生产方式由
两个基本要素构成,即资本竞争与生产过程中资本与雇佣劳动之间的对抗性
关系。"②二者共同构成了理解劳动价值论的基础。于是,我们将具体考察一
下卡利尼科斯是如何以"价值"概念为核心展开对资本竞争与雇佣劳动的

---

① 《马克思恩格斯全集》第32卷,人民出版社2004年版,第42页。

② Alex Callinicos, *Deciphering Capital*: *Marx's Capital and its destiny*, Bookmarks Publications, 2014, p.189.

阐释。

毫无疑问,正如前文提到的,马克思在对古典经济学进行批判的那段著名的话中已经意识到,即使像古典经济学伟大代表斯密与李嘉图,他们始终无法克服对于资本主义生产方式的反历史观点,因此,若是以劳动价值论来解释资本主义生产方式下的劳资交换问题,就不能像斯密那样简单地将这一理论理解为在结果上走向自己的对立面,也不能像李嘉图那样简单地运用这一理论来判断现实经济范畴或经济运动的合法性。基于此,卡利尼科斯就从分析马克思的价值概念入手,分析了它的质的规定性。他指出,在《资本论》第一卷中,马克思对于"价值"的思考直接源自如下困惑——"是什么使得劳动产品有可能以商品的形式呈现,即是什么使得产品有了使用价值且以一定的比例关系与其他产品交换?"[1]于是,当马克思以"价值"回到这一问题时,其意在表明资本主义生产关系形成了商品生产的全面化,这是因为在他那里,作为抽象劳动的价值,尽管呈现为产品的表象,但实质上却是资本主义生产关系的表达。因此,抽象劳动在这里也就不再是对具体劳动共性的一种抽象,而是资本主义生产方式下的历史的产物。关键在于,究竟如何理解资本主义生产方式下所发生的一切?商品生产的全面化又意味着什么?在卡利尼科斯这里,这就是说:一方面,产品——生产过程最后一个环节——必须通过市场的买卖,"生产不同商品的特定的、相互依存的生产者,他们的再生产依赖于他们在市场买卖彼此的商品。"[2]于是,正是通过市场中生产单位的竞争性的相互作用,劳动的社会特征由此建立起来。另一方面,更为重要的是,价值之所以能够形成,就在于生产过程中所必需的生产资料与劳动力具有商品的性质。"资本只有作为一种关系,——从资本作为对雇佣劳动的强制力量,迫使雇佣劳动者提供剩余劳动,或者促使劳动生产力去创造相对剩余价值这一点来说,——才生产价值。在这两种情况下,资本都只是作为劳动本身的物的条件所具有的

---

　　① Alex Callinicos, *Deciphering Capital: Marx's Capital and its destiny*, Bookmarks Publications, 2014, p.168.

　　② Alex Callinicos, *Deciphering Capital: Marx's Capital and its destiny*, Bookmarks Publications, 2014, p.170.

同劳动相异化的支配劳动的力量,总之,只是作为雇佣劳动本身的一种形式,作为雇佣劳动的条件,才生产价值。"①在这里,卡利尼科斯认为,只有以货币的形式从市场上购入生产资料和劳动力,那么产品才能转化为商品,且劳动的社会化、规范化得以实现。因此,"为了实现从具体的有用的劳动转化为抽象的社会劳动以再生产自身,对于商品生产者来说,进入市场与交换产品是必要的。"②概言之,市场与交换制约着生产的方方面面,从而形成商品生产的全面化,在这一过程中价值的本质即抽象的社会劳动才能够形成。可以说,正是由于资本主义的生产方式满足了这些条件,因此只有在资本主义社会才能实现价值与商品生产的全面化。

进而,卡利尼科斯分析了价值的量的规定性。在马克思那里,"作为无差别的人类劳动的单纯凝结"③,商品的价值是由耗费在该商品的劳动量所决定的。价值以交换价值为其表现形式,于是不同的商品间的交换就由社会必要劳动时间来规定,如此一来,社会必要劳动时间也就成为交换价值的量的规定性。同时社会必要劳动时间"是在现有的社会正常的生产条件下,在社会平均的劳动熟练程度和劳动强度下制造某种使用价值所需要的劳动时间"④,据此社会必要劳动时间乍一看上去似乎不涉及生产关系,只是与平均生产水平相关。卡利尼科斯批判这一观点,指出:

其一,正是在资本竞争的过程中生产部门的平均生产水平得以形成。对马克思来说,一个工厂的所有者即资本家可以通过自己工厂的生产效率高于平均生产水平来榨取更多的剩余价值,以获得更多的利润。为了进一步获取更多的利润,新的生产技术就被资本家源源不断地引入生产过程之中,提高劳动生产率。可以说,生产技术的革新究其本质而言,不过是出于资本家逐利的本性。换而言之,平均生产条件是由雇佣劳动和资本竞争所决定的。

---

① 《马克思恩格斯全集》第 33 卷,人民出版社 2004 年版,第 71 页。

② Alex Callinicos, *Deciphering Capital: Marx's Capital and its destiny*, Bookmarks Publications, 2014, p.172.

③ 《马克思恩格斯文集》第 5 卷,人民出版社 2009 年版,第 51 页。

④ 《马克思恩格斯文集》第 5 卷,人民出版社 2009 年版,第 52 页。

其二,马克思在《资本论》第三卷第 10 章中"对供求状况的描述可以视为社会必要劳动时间概念的一种复杂化"①。正是通过对市场价值的阐述,马克思揭示出其不仅关涉到生产条件,也关涉到社会需要,这是因为,"市场价值,一方面,应看做一个部门所生产的商品的平均价值,另一方面,又应看做是在这个部门的平均条件下生产的并构成该部门的产品的很大数量的那种商品的个别价值"②,就是说,社会必要劳动时间决定了市场价值的量;同时,市场价值又是与社会需要相关的,因为作为对某种商品的需求总量,社会需要表明了由于存在着不同的商品和服务,因此,不同的社会需要有着不一样的人群分布,于是作为"调节需求原则的东西,本质上是由不同阶级的互相关系和它们各自的经济地位决定的"③,社会需要在资本主义社会中就是由"全部剩余价值和工资的比率"④以及"由剩余价值所分成的不同部分(利润、利息、地租、赋税等等)的比率"⑤即剩余价值的分配所一起决定的。由此,清晰可见的是资本主义社会需要分布与调节的前提性条件就是资本家与工人的分化,"鉴于阶级决定社会需要的分布,生产平均水平与马克思所称的'社会需要'之间实现了一种对应关系:社会需要和生活条件决定了为了满足某种社会需要所必需的劳动量。"⑥不过在现实世界中,这种对应关系显然实际上并不必然就能够实现。简言之,满足社会需要所必需的劳动量与实际耗费在一定物品上的社会劳动量并不必然相等,"如果某种商品的产量超过了当时社会的需要,社会劳动时间的一部分就浪费掉了,这时,这个商品量在市场上代表的社会劳动量就比它实际包含的社会劳动量小得多。(只有在生产受到社会实际的预定的控制的地方,社会才会在用来生产某种物品的社会劳动时间的数量和要

---

① Alex Callinicos, *Deciphering Capital: Marx's Capital and its destiny*, Bookmarks Publications, 2014, p.184.

② 《马克思恩格斯文集》第 7 卷,人民出版社 2009 年版,第 199 页。

③ 《马克思恩格斯文集》第 7 卷,人民出版社 2009 年版,第 202 页。

④ 《马克思恩格斯文集》第 7 卷,人民出版社 2009 年版,第 202 页。

⑤ 《马克思恩格斯文集》第 7 卷,人民出版社 2009 年版,第 202 页。

⑥ Alex Callinicos, *Deciphering Capital: Marx's Capital and its destiny*, Bookmarks Publications, 2014, p.186.

由这种物品来满足的社会需要的规模之间，建立起联系。）因此，这些商品必
然要低于它们的市场价值出售，其中一部分甚至会根本卖不出去。"①那么，这
一情形下的社会劳动力就会被重新进行分配，从而导致商品在生产时的实际
劳动总量的变化。通过上述分析可以看出，价值，无论是其质的规定性，还是
其量的规定性，都是基于资本主义生产方式这个"一定的历史条件"之下的，
那么以价值为核心的劳动价值论也就以资本主义生产方式作为其前提了。可
以说，卡利尼科斯看到了马克思的劳动价值论所具有的双重维度，即经济学维
度与社会历史维度的有机统一。

最后，卡利尼科斯就以劳动价值论为理论基点，认为作为马克思危机理论
的当代再现，"这场危机"实质上是新自由主义的产物，因此，对"这场危机"的
批判作为对新自由主义的批判，在研究方法上突出了国家的地位。由于"新
自由主义是当代资本主义的存在方式。作为一种积累体系，它是在 20 世纪
70 年代中期开始的积累环境中逐渐发展起来的，与之相伴的是凯恩斯主义社
会民主观点的失灵、发展主义的瘫痪与苏联集团的内爆。究其实质，新自由主
义是在'不干涉'的意识形态伪装下系统地运用国家权力来推行重构资本规
则的霸权计划，这一计划包括了以下 5 个方面的内容：国内资源的分配、国际
经济的整合、国家与意识形态的再生产以及工人阶级的再生产"②，因此要复
归马克思主义政治经济学的研究范式，就不仅要分析危机的经济根源，还要对
国家的经济职能以及国家在市场中的作用有一个全新的认识。

于是，一方面，卡利尼科斯指出，经济危机是马克思政治经济学的重要论
题。在他看来，马克思曾经有过写作一部以资本为起点、以世界市场与危机为
结点的 6 卷本著作的理论计划，"这反映出马克思将危机概念作为资本主义
生产方式的所有矛盾的总和。"③虽然最终因为疾病与死亡，马克思没有按预

---

① 《马克思恩格斯文集》第 7 卷，人民出版社 2009 年版，第 208—209 页。

② Alfredo Saad-Filho, *Crisis in Neoliberalism or Crisis of Neoliberalism*? Socialist Register 2011, pp.242-243.

③ Alex Callinicos, *Deciphering Capital*：*Marx's Capital and its destiny*, Bookmarks Publications, 2014, p.235.

想完成这一计划,但正是在《资本论》第三卷第 3 部分,马克思在利润率下降的趋势中讨论了危机。卡利尼科斯认为,利润率的下降趋势与金融市场中的泡沫周期与恐慌构成了经济危机运行的决定性机制①。一般说来,利润率的下降趋势带来了资本主义的动态性与不稳定性,它关涉的是:在资本主义的生产方式下,单个资本家为了获得更高的回报与更多的利润,对于改进生产方法不断进行投资。通过控制生产成本并将之压缩到低于其所在行业的平均成本,单个资本家通过增加销售、打压价格等方式排挤竞争对手以获得成功。于是,其他资本家不断加入这一竞争性过程中,由此推动技术的革新。如此周而复始、循环往复,带动整个行业的平均生产成本不断下降。在这一过程中,正是由于个别行业与行业平均成本之间的差额是单个资本家的优势的来源,因此,资本家的超额利润(即技术租金)也就会随着这种成本差额的消失而消失。一般来说,生产力的提高来源于每个工人管理的厂房和设备的增加,于是获得创新的代价就是要加大每个工人管理厂房和设备方面的投资,即提高马克思所说的资本的有机构成。但是,利润的真正来源从根本上说是劳动力。因此除非提高剥削程度,否则想从劳动力身上榨取同等利润的话,资本规模就必须扩大。换言之,利润率下降了。所以,"在劳动剥削程度不变甚至提高时,剩余价值就会表现为不断下降的一般利润率"②。卡利尼科斯认为,马克思对利润率的下降与资本的有机构成的提高之间关系的分析只是一种理论的抽象,其目的并不是对现实经济领域进行预测,而是对于一种可能性的强调。实际上,利润率的趋向下降取决于构成其下降的要素以及起"反作用的各种原因"③——马克思列举的 6 个因素:"劳动关系剥削程度的提高、工资被压低

---

① 卡利尼科斯认为,在马克思那里,使得危机发生的相关性因素主要有 6 个:(1)商品流通过程中买与卖的分离,信用制度中货币支付功能的失效;(2)生产资料生产部门与生活资料生产部门之间交换的不协调;(3)产业后备军的涨落;(4)不变资本的周转;(5)利润率下降的趋势及其反趋势之间的相互作用;(6)金融泡沫及其破灭。那么,依照其解释力的大小及其在解释过程中的地位,卡利尼科斯认为(5)与(6)是危机产生的原因。参见 Alex Callinicos, *Deciphering Capital: Marx's Capital and its destiny*, Bookmarks Publications, 2014, p.237, pp.246–258.

② Alex Callinicos, *Deciphering Capital: Marx's Capital and its destiny*, Bookmarks Publications, 2014, p.237.

③ 《马克思恩格斯文集》第 7 卷,人民出版社 2009 年版,第 258 页。

到劳动力的价值以下、不变资本各要素变得便宜、相对过剩人口、对外贸易和
股份资本的增加"①——的相互作用。在卡利尼科斯看来,上述要素可被归因
为"不变资本价值的下降抑或是剩余价值率的上升"②。可以说,"几个主要
的资本主义国家的经济在 20 世纪 60 年代末开始经历严重的利润危机。这一
危机伴随着世界经济进入低速增长时期,直到被后来绵延至今的全球性经济
衰退所打破。"③

　　继而,他进一步阐明了马克思的危机理论对于理解"这场危机"的意义。
诚如他所言,"马克思沿着两条路径进行研究——写作《政治经济学批判大
纲》与对危机进行经验性的、物质性的研究。"④正如前文已经指出的,卡利尼
科斯明确指出,作为以金融危机为其主要表现形态的"这场危机",它具有全
球性的特质,实质上也是自 20 世纪 70 年代末新自由主义全球推行以来经济、
政治、文化与社会诸多特点的综合性表征。因此,卡利尼科斯试图通过改变
《政治经济学批判大纲》与《资本论》3 卷本的阅读视角,重新理解马克思的政
治经济学研究范式首先在于问题域的转换,他指出,尽管《资本论》是一部因
为马克思本人给自己所制定的庞大的写作计划而未能最终得以完成的著作,
当然这种未完成部分的是因为自身的虚弱与死亡,"正如我们所强调的,《资
本论》在很多方面,在 21 世纪直接向我们证明着这种未完成性。这并不是意
味着人们应当非批判地接受《资本论》;恰恰相反,正如罗莎·卢森堡在《资本
积累论》中曾经做过的那样,继续马克思对于资本主义生产方式的分析,从一
开始就要求与他有着不同意见的一种意愿。这并不会改变这一事实,即《资
本论》对于任何一个试图理解这个世界的人来说都是不可或缺的。"⑤在他看

---

　　① 《马克思恩格斯文集》第 7 卷,人民出版社 2009 年版,第 258—268 页。

　　② Alex Callinicos, *Deciphering Capital*: *Marx's Capital and its destiny*, Bookmarks Publications,
2014, p.268.

　　③ 阿列克斯·卡利尼科斯:《反资本主义宣言》,罗汉、孙宁、黄悦译,世纪出版集团、上海
译文出版社 2005 年版,第 17 页。

　　④ Alex Callinicos, *Deciphering Capital*: *Marx's Capital and its destiny*, Bookmarks Publications,
2014, p.240.

　　⑤ Alex Callinicos, *Deciphering Capital*: *Marx's Capital and its destiny*, Bookmarks Publications,
2014, p.314.

来,卢森堡对于马克思主义政治经济学的理论价值就在于她对剩余价值的货币实现问题的考察,在这一问题上其理论贡献可概括为:一,揭示了资本积累中最重要的金融问题在于资本主义进程中货币的性质;二,指明了扩大再生产的平衡依赖于投资的动力;三,强调危机理论的基础是对价值和剩余价值的生产动力不足的说明。其中,他就具体论述了金融在马克思的危机分析中所具有的关键性作用。

基于劳动价值论,马克思就在剩余价值理论的框架中讨论了金融问题。对他来说,金融市场与信用制度构成了剩余价值的分配、过剩资本的处理的有效路径,是因为"金融市场的发展使得有闲钱的人(⋯⋯)可以把钱出借给产业资本家,以此交换作为可能抽取租金的剩余价值的一部分"①。因此,金融市场的功能就在于资本的集中化并使之实现最大限度的增殖。由此可见,资本的流动与积累就通过金融市场与信用制度的作用而不断增加,进一步导致了资本主义生产的扩大化。当然,金融市场的发展还导致了资本所有者与资本操控者之间的分离,由此加剧了其不稳定性与投机性,亦即"实际执行职能的资本家转化为单纯的经理,别人的资本的管理人,而资本所有者则转化为单纯的所有者,单纯的货币资本家⋯⋯这是资本主义生产方式在资本主义生产方式本身范围内的扬弃,因而是一个自行扬弃的矛盾,这个矛盾明显地表现为通向一种新的生产形式的单纯过渡点。它作为这样的矛盾在现象上也会表现出来。它在一定部门中造成了垄断,因而引起国家的干涉。它再生产出了一种新的金融贵族,一种新的寄生虫"②。对马克思来说,资本主义生产方式下,利润率有下降的趋向,那么利润率的下降趋向将会导致金融市场的获利空间收缩,进而过剩资本出现泛滥,金融危机由此爆发。这就意味着,金融危机不仅是金融市场与信用制度自身所存在问题的表现,更是会植根于资本主义生产方式中总问题的折射。

另一方面,卡利尼科斯就以对马克思经济危机理论的阐发为自己的政治

① Alex Callinicos, *Deciphering Capital: Marx's Capital and its destiny*, Bookmarks Publications, 2014, p.278.

② 《马克思恩格斯文集》第7卷,人民出版社2009年版,第495—497页。

立场提供了理论支撑。在他看来,于马克思而言,经济危机不仅"是资本主义社会生产力与生产关系之间矛盾的表达"①,而且"是历史变革的动力与'真正的革命'的催化剂,由此'给资产阶级制度的存在条件以实际的威胁'"②。但需要注意的是,作为"真正的革命"的催化剂,经济危机可能促发革命的发生,但并不必然导致其发生,因此它并不是革命爆发、进而终结资本主义的充分条件。事实上,马克思早就揭示过经济危机在资本主义社会中的合理性的一面,即作为经济周期的一个环节,经济危机的"反作用"就为利润率的上升、资本的重新积累提供了前提,即"利润率足够大的下滑将迫使资本家要么破产,要么缩减产出和劳动力,由此导致的失业率上升又削弱了工人讨价还价的力量。那些侥幸保住工作的工人就在失业大军的压力下被迫接受更低的工资、更长的工作时间还有更差的待遇,结果更加助长了资本家的剥削。同时,实力较强的资本家们可以趁机低价买断破产企业的股票,并以有利的条件吞并那些幸存的弱小企业。原有投资的价值也因此被减少。于是两种过程——剥削的增强和资本的贬值——交织在一起,提高了总利润与总资本的比率,即利润率上升。利润率的提高达到一定的水平会刺激投资的恢复,进而经济开始复苏,直到利润率的又一次大幅下跌并再次导致地狱般的循环"③。

此外,卡利尼科斯认为,在《1861—1863 经济学手稿》中,"马克思深化了自己对于资本与世界市场之间关系的理解"④,因为马克思是这样论述的:"如果剩余劳动和剩余价值只表现在国民的剩余产品中,那么,为了价值而增加价值,从而榨取剩余劳动,就会受到[国民]劳动的价值借以表现的使用价值的局限性或狭隘范围的限制。但是只有对外贸易才使作为价值的剩余产品的真

① Alex Callinicos, *Deciphering Capital*: *Marx's Capital and its destiny*, Bookmarks Publications, 2014, p.238.

② Alex Callinicos, *Deciphering Capital*: *Marx's Capital and its destiny*, Bookmarks Publications, 2014, p.238.

③ 阿列克斯·卡利尼科斯:《反资本主义宣言》,罗汉、孙宁、黄悦译,世纪出版集团、上海译文出版社 2005 年版,第 17 页。

④ Alex Callinicos, *Deciphering Capital*: *Marx's Capital and its destiny*, Bookmarks Publications, 2014, p.293.

正性质展现出来,因为对外贸易使剩余产品中包含的劳动作为社会劳动发展起来,这种劳动表现在无限系列的不同的使用价值上,并且在实际上使抽象财富有了意义……但是,只有对外贸易,只有市场发展为世界市场,才使货币发展为世界货币,抽象劳动发展为社会劳动。抽象财富、价值、货币、从而抽象劳动的发展程度怎样,要看具体劳动发展为包括世界市场的各种不同劳动方式的总体的程度怎样。资本主义生产建立在价值上,或者说,建立在包含在产品中的作为社会劳动的劳动的发展上,但是,这一点只有在对外贸易和世界市场的基础上[才有可能]。因此,对外贸易和世界市场既是资本主义生产的前提,又是它的结果。"①

从以上分析可以看出,卡利尼科斯以劳动价值论为核心强调重新理解马克思的资本主义理论尤其是资本积累理论,其目的是为了说明:其一,马克思的资本主义理论并不只限于分析物质性生产过程等某一部分,而是关涉资本主义经济的全部;其二,对马克思的资本主义理论不仅要进行物质化的、经验化的解释,更要从剩余价值的实现的角度加以理解;其三,从历史唯物主义的观点来看,"这场危机"的深入研究与超越,需要建立起以资本的结构性危机观念为核心的研究方法②。由此,他考察了国家在当代经济发展中的地位,强调重建当代经济的节点在于重新理解国家的经济职能。

卡利尼科斯认为,尽管现代国家的经济职能日益突出,但却无法真正规避与解决经济衰退的问题。他指出,较之于 19 世纪的国家只是执行其政治职能,即为资本积累提供诸如警察、军队、法庭、监狱与济贫法案之类的"外部条件",当代发达资本主义国家发挥着更多的作用:其一,以国家资本主义的方式,即通过由国家所拥有的国有企业进行商品生产;其二,大量的劳动力——诸如教育、健康和福利等公共基础设施的提供者——由国家来雇佣;其三,整

---

① 《马克思恩格斯全集》第 35 卷,人民出版社 2013 年版,第 226 页。
② 这一研究方法可大致概括为三个方面:其一,通过阶级与国家的关系来揭示引发结构性危机的复杂因素,主张将阶级与国家作为一种前提对技术的变化和资本的有机构成等多种因素进行说明;其二,重视分析导致危机发生的偶然性因素;其三,分析经济危机的不同模式,因为结构性危机的发生是在质上影响社会经济、政治与文化关系的结果。参见 Leo Panitch,Sam Gindin,*Capitalist Crises and the Crisis this Time*,Socialist Register 2011,pp.6-9.

个国家的经济管理等职责由政府所承担。显然,对卡利尼科斯来说,国家的经济职能与垄断资本主义发展的关联性主要体现在,"对煤炭、铁路与钢铁等非营利性的基础产业的国有化,实际上就将剩余价值从较低效率的资本转移到较高效率的资本。对一个相对受到良好教育且健康的劳动力群体的需要已由福利国家的发展所提供。"①可是,这种福利主义的国家制度在经历了20世纪50—60年代的经济繁荣时期之后,面对着70年代的世界性经济衰退却显得束手无策,在全球化的时代国家需求管理无论从任何角度来看似乎都不那么行之有效了。这恰恰是新自由主义兴起的历史语境。也是在此意义上,卡利尼科斯提出:"马克思主义'左'派必须面对这两个相关性问题:资本主义的新自由主义重构是否以一种新的增长方式完善了这一制度? 同样,它是否彻底击溃了作为集体主体的工人阶级?"②对此,他认为,以2008年全球金融危机为其表现形式的"这场危机"就以否定的方式明确回答了第一个问题,不过"对于反资本主义的行动者而言,迫在眉睫的政治任务是对于集体行动的诸多形式的优势与劣势的意识"③,从这个角度来看,由新自由主义对于工人运动的进攻所带来的对于工人阶级组织与斗争的"传统"形式的消解,将是一个巨大的错误,"新自由主义时代对于工人阶级的重构,正如在资本主义历史的早期阶段一样。由于资本积累模式与核心的变化,活劳动的结构也随着发生了变化。"④就是说,一旦关于资本积累的讨论无关乎劳动的话,那么工人阶级也就不再成为资本主义再生产的必需,即工人阶级的存在正是资本主义社会得以持续的必要条件。由此可见,他对劳动价值论的重申,事实上是与其对反抗资本主义的解放主体的选择相一致的,亦即工人阶级仍然是今天反抗、推翻与消灭资本主义的革命性主体力量。

二、工人阶级与革命主体

不言而喻,正如前文一再指出的那样,新自由主义的资本主义的推行不仅

---

① Alex Callinicos, *The Revolutionary Idea of Karl Marx*, Haymarket Books, 2012, p.230.

② Alex Callinicos, *The Revolutionary Idea of Karl Marx*, Haymarket Books, 2012, p.312.

③ Alex Callinicos, *The Revolutionary Idea of Karl Marx*, Haymarket Books, 2012, p.313.

④ Alex Callinicos, *The Revolutionary Idea of Karl Marx*, Haymarket Books, 2012, p.313.

仅是在经济意义上,而且也是在政治、意识形态与文化意义上的活动。在这一过程中,由于资本主义社会内部阶级结构的变化,各种形形色色的"阶级终结论"、"无阶级的神话"与"告别工人阶级"的论调甚嚣尘上,概而言之,这些论调的共同之处就在于对马克思主义的阶级理论的拒斥与消解,认为工人阶级已经衰落甚至消失了,它再也不是社会变革的主体性力量。面对这一现状,卡利尼科斯就以劳动价值论为基础剖析、批判了新自由主义的资本主义,论述了工人阶级作为革命主体的可能性问题。

首先,卡利尼科斯批判了对于阶级概念的种种社会学描述。正如前文所析,马克思的阶级概念从来不只是一个社会学的范畴,而是一个哲学的范畴。然而,在当代诸多对于阶级进行拒斥与消解的理论中,其共同点主要是以社会学的描述来理解阶级概念,并常常以地位、职业与收入来定义阶级。具体来说:

其一,地位与阶级。众所周知,地位这一概念最初来源于韦伯对于地位群体的讨论,它"或者是直接建立在阶级处境的基础之上的,或者是以复杂的方式与阶级处境相关联的。可是,它并不只是由阶级处境来决定的"①,就其所有实际目标来看,地位更多的同对物质产品和观念,或是机会的垄断紧密联系在一起的,主要关涉的是人们如何对自己的社会位置进行理解,以及这种位置如何被他人所认知。在卡利尼科斯看来,如果以地位来理解、定义阶级,往往会导致人们对于生活方式与消费样式的过度关注,于是,在经历了 20 世纪50—60 年代经济繁荣之后,许多体力劳动者的消费观念、消费行为与消费样式在一些方面"已经趋同于那些传统上被认为是中产阶级的消费样式——这两个群体中的成员都倾向于拥有私家车,在 Sainsbury'超市购物,且有抵押贷款"。② 这就为工人阶级的资产阶级化/中产阶级化的观点提供论证。但对卡利尼科斯来说,消费样式的相似性事实上是对社会权力关系的一种遮蔽,因此,作为一个认识论的概念,地位究其本质而言是唯心主义的。

---

① 格伦斯基:《社会分层》,王俊等译,华夏出版社 2005 年版,第 122 页。

② Alex Callinicos, Chris Harman, *The Changing Working Class*: *Essays on Class Structure Today*, Bookmarks, 1987, pp.2-3.

　　其二,职业与阶级。一般来说,在经验性研究中,将职业作为社会结构基本维度的相对优点与这一研究中的社会经济地位是否有用没有关系,因此"是研究实践而不是理论将社会经济地位与职业结合在一起"①。现实中有关阶级的很多实证性的数据往往以职业来定义阶级,甚至将二者等同起来。但是,"职业地位的总体性概念在科学上已经过时了。"②对他来说,虽然以职业划定阶级至少有着关注工作的物质现实这一优点,但是它同样也在一定程度上掩饰了参与生产过程的不同社会集团之间的内在对抗。基于这一角度,"任何沿着职业界定劳动力的做法都是对资本主义社会中基本冲突的遮蔽。"③

　　其三,收入水平与阶级地位。显而易见,所谓收入,"是指人们接受的作为他们工作或投资回报的金钱、工资、收益。"④在现代社会中,收入可说是大多数人用以获取生活必需品与单一奢侈品的方式,将阶级地位与收入水平等同起来,"通常会导致一种令人讶异的幼稚的、粗浅的观点,即生活水平的提高将逐渐地动摇阶级的反抗。"⑤这是因为,阶级分析在马克思那里更为关注的是反映社会财富分配状况的相对收入,而非关心收入的绝对水平。

　　可以说,上述三种理解方式都将"阶级结构视为一种阶梯形,在其中,各种社会群体基于其地位、职业或是收入来占据或高于或低于他人的社会地位"⑥。显然,这种有关阶级的静态的、结构性的社会学描述并不能够真正诠释人类社会历史的发展。因此,人们需要重新回到马克思主义的阶级理论。

　　其次,正是通过对以劳动价值论为核心的资本主义理论的重申,卡利尼科

---

　　① 格伦斯基:《社会分层》,王俊等译,华夏出版社 2005 年版,第 254 页。
　　② 格伦斯基:《社会分层》,王俊等译,华夏出版社 2005 年版,第 254 页。
　　③ Alex Callinicos, Chris Harman, *The Changing Working Class*: *Essays on Class Structure Today*, Bookmarks, 1987, p.3.
　　④ 哈罗德·R.克博:《社会分层与不平等:历史、比较、全球视角下的阶级冲突》,蒋超等译,上海人民出版社 2012 年版,第 24 页。
　　⑤ Alex Callinicos, Chris Harman, *The Changing Working Class*: *Essays on Class Structure Today*, Bookmarks, 1987, p.5.
　　⑥ Alex Callinicos, Chris Harman, *The Changing Working Class*: *Essays on Class Structure Today*, Bookmarks, 1987, p.5.

斯论证了工人阶级在发达资本主义社会中的实体性存在。

　　毋庸置疑，马克思指出了资本主义具有两大基本特征——对产业工人的剥削和资本的竞争性积累，由此，前一个特征就构成了资本与劳动力的关系，后一个特征就构成了资本与资本之间的关系，二者共同构成了资本主义的两大关系，且其共同点在于二者都是对立性的。不过，前者呈现为一种纵向关系，即剥削者与被剥削者之间必然的对立关系；后者则呈现为一种横向关系，即剥削者在从工人阶级那里获取利润时通过分配所形成的竞争性关系。因此，卡利尼科斯认为，将资本主义视为一个建立在剥削基础上的社会制度的意义主要在于：其一，阶级对抗是对资本主义本质的揭示，而绝不是资本主义的偶然的、次要的特征。由于资本与雇佣劳动者之间的根本对立关系，雇佣劳动者受经济环境所迫出卖自己的劳动力，这种对抗性关系并不会因为劳动者的职业或身份而改变。其二，马克思的剩余价值理论揭示了工人的劳动是资本追逐利润的源泉。这也就充分说明了资本主义是建立在深刻的不平等基础之上的，因为那些进行实际工作生产产品、提供服务的人被迫劳动，并养活了资产阶级，后者只是由于占有生产资料而占有了劳动产品。于是，人们将发现那些"大多数反驳斯密关于生产劳动和非生产劳动的区分的著作家，都把消费看做对生产的必要刺激，因此，在他们看来，那些靠收入来生活的雇佣劳动者，即非生产劳动者（对他们的雇用并不生产财富，而对他们的雇用本身却是财富的新的消费），甚至从物质财富的意义来说，也和生产工人一样是生产劳动者，因为他们扩大物质财富消费的范围，从而扩大生产的范围"①。这就十分清楚地表明"这种看法大部分是从资产阶级经济学观点出发，一方面为有闲的富人和提供服务给富人消费的'非生产劳动者'辩护，另一方面为开支庞大的'强大政府'辩护，为……辩护，因为这些非生产劳动者——他们的服务体现为有闲的富人的一部分支出——都有一个共同点，就是他们生产'非物质产品'，但消费'物质产品'即生产工人的劳动产品"②。其三，借助于历史性

---

①　《马克思恩格斯全集》第 33 卷，人民出版社 2004 年版，第 342 页。
② 《马克思恩格斯全集》第 33 卷，人民出版社 2004 年版，第 342 页。

的考察,马克思的剩余价值理论对资本主义生产方式以及前资本主义以阶级为基础的生产方式进行对比性分析,指出,资本主义制度下工人只具有出卖自己劳动力的自由,因此不得不遭受资本家的剥削。其四,剥削关系清楚地说明资本主义制度下创新的真正源泉是工人。其五,资本主义剥削理论揭示出资本主义制度的缺陷,因为资产阶级对于工人阶级的依赖关系一方面表明了工人阶级是受剥削者,另一方面却也揭示了工人阶级是潜在的力量,"工人阶级的重要性就来自他们有能力使公平法则成为现实:因为他们遭受的剥削将关系到资本主义能否运行,他们也有团结在一起的实力来打断、破坏并重新组织生产,从而将经济生活的轨道转向完全不同的方向。"①不过,需要看到的是,工人阶级采取反抗行动并获得成功的充分条件并不仅仅是由其在生产过程中的地位所构成。这也是马克思主义哲学发展史,尤其是西方马克思主义哲学发展史中始终无法回避的一个问题,即阶级形成、阶级意识生成与行为的问题。

最后,通过分析后马克思主义理论家们的政治主体思想,卡利尼科斯恢复了新自由主义的资本主义国家中工人阶级的革命主体地位。

正是因为将工人阶级理解为一个哲学范畴,所以卡利尼科斯首先就通过辨析两个不同话语序列中的工人阶级的内涵,阐明了阶级与主体的关系。在他看来,对于工人阶级的阐述,需要厘清两个主要的话语序列:其一,是历史考察的话语序列,在其中是"通过相关评估资料和相应理论进行阐述和限定的经验实体层面上的工人阶级"②,即经济、社会实际生活中的工人阶级,是一种现实性存在;其二,是政治行动的话语序列,也是"在政治和策略传统中寻求理解和支持,或是通过社会行动团结起来,并最终成为自觉地扮演工人阶级自身的角色,提升和推动革命进程的集体主体,实现人类解放的政治谋划理

---

① 阿列克斯·卡利尼科斯:《反资本主义宣言》,罗汉、孙宁、黄悦译,世纪出版集团、上海译文出版社 2005 年版,第 70 页。
② 卡利尼科斯:《谁是今日革命之主体?》,鲁绍臣译,《当代国外马克思主义评论(11)》,人民出版社 2013 年版,第 400 页。

论"①,亦即自我建构为政治主体的工人阶级,是一种可能性存在。在卡利尼科斯看来,对于这两个话语序列,重要的不只是对二者之间相互关系的关注,更是对二者之间真正相互指涉的可能性的探讨。可以说,《哲学的贫困》中马克思对于自在阶级与自为阶级的区分表明了对于上述两个方面的天然的相互关联的一种概念化。问题在于,这种相互关联是天然的吗? 相对于马克思对阶级的渐进式思考模式,后来的理论家们——尤其是列宁与葛兰西——却对此提出了不同的看法,亦即马克思主义哲学史、特别是西方马克思主义哲学史所一直面对的问题,即工人阶级能否真正成为能动的政治行动主体?

对于这一问题,卡利尼科斯认为,有必要对阶级与主体进行比较性分析,这是鉴于"在马克思主义的语境中,作为在生产关系中有着客观位置的阶级(比如没有生产资料,只能被迫出卖劳动力给资本家等)和通过分享共同信念而拥有共同身份的集体能动性主体之间是有明确界限的"。② 于是,区分阶级与主体意味着:第一,存在着各种不确定的方式使得客观存在的无产阶级被质询为主体,即这种质询可能使其设想为工人,但也有可能使其被引入到种族/民族、性别等的编码方式之中。第二,可以有效地面对列宁与葛兰西所思考的问题,即无产阶级革命意识的形成不具天然性、必然性与永恒性。换言之,作为集体主体,革命的无产阶级的形成具有非还原的偶然性,因此,集体能动性的构成中政治、意识形态与经济过程一样起着不可或缺的作用。显然,这一观点明显不同于阶级的机械决定论与还原论的诠释。第三,可以有助于当代西方"左"翼明确未来的政治愿景与策略。

卡利尼科斯清醒地意识到,工人阶级成为政治行动的主体这一构想在当前的政治实践与学术话语中——无论是主流的还是非主流的,无论是革命的抑或是非革命的——都显得不合时宜。对此,他指出这一现状产生的原因主要是在于:一方面,第二次技术革命导致的经济发展对于传统工人阶级的重

---

① 卡利尼科斯.《谁是今日革命之主体?》,鲁绍臣译,《当代国外马克思主义评论(11)》,人民出版社2013年版,第400页。

② 卡利尼科斯:《谁是今日革命之主体?》,鲁绍臣译,《当代国外马克思主义评论(11)》,人民出版社2013年版,第401页。

构；另一方面，自 20 世纪 70 年代新自由主义的全球推行以来，工人阶级在经济与政治领域斗争的接连失败，使得作为政治行动者的工人运动日趋衰落。但是，卡利尼科斯认为，这并不代表着当代激进"左"翼思潮中政治主体问题的消失。对于后马克思主义者们在这一问题上常以对阶级概念的消解重塑各种政治主体的理论诉求，卡利尼科斯认为：第一，这种理论诉求往往以"主体化的事业"取代"主体的事业"来理解政治，如朗西埃。第二，政治主体化模式的分裂与碎片化，即"把被'自然秩序'的功能配置所定义的身份转换为了一系列的争议，使得政治主体化变成了多重碎片线索的产物，个体与个体之间的网络意识通过它发现了作为会说话的动物的实际条件与作为话语言说平等之间冲突的裂缝"①。第三，即使试图将阶级关系与政治的主体化勾连起来的理论尝试，也未能给予"理解在生产关系中处于相同位置——比如相同的阶级立场——的全体如何能够融为政治主体的框架"②，由此，工人阶级便被边缘化了，如哈特和内格里。于是对卡利尼科斯来说，问题的关键就在于如何将资本主义的生产方式理论与革命政治理论统一起来，也就是如何使"政治主体化的过程与阶级关系的关联节点"③概念化，进而实现"工人阶级的再概念化"④。对此，在对工人阶级的理解上：一方面，依然需要坚持这一概念与资本主义生产方式有着直接关系。另一方面，认为其作为资本主义的雇佣劳动者具有真实的经济、政治和社会作用。因此，在分析新自由主义的全球资本主义社会时，马克思本人对于工人阶级这一概念的分析依然具有解释力。我们现在就应当摒弃阶级已经消亡的这一错误思想，这是因为：一方面，无论是财富、还是权力，在新自由主义的资本主义社会都日渐集中于全球社会政治的统治

① 卡利尼科斯：《谁是今日革命之主体？》，鲁绍臣译，《当代国外马克思主义评论(11)》，人民出版社 2013 年版，第 403 页。

② 卡利尼科斯：《谁是今日革命之主体？》，鲁绍臣译，《当代国外马克思主义评论(11)》，人民出版社 2013 年版，第 405 页。

③ 卡利尼科斯：《谁是今日革命之主体？》，鲁绍臣译，《当代国外马克思主义评论(11)》，人民出版社 2013 年版，第 406 页。

④ 卡利尼科斯：《谁是今日革命之主体？》，鲁绍臣译，《当代国外马克思主义评论(11)》，人民出版社 2013 年版，第 409 页。

阶级手中;另一方面,正是如马克思恩格斯《共产党宣言》中所预想的一般,全球范围内的正在进行的无产阶级扩大化。事实上,"就是资本的全球化加剧了全球产业工人的增加。"①在这个意义上,"断言工人阶级过将是可笑的。在新自由主义时代,我们已经看到了一个矛盾的、不均衡的、膨胀的资本主义,它已经把更广泛的社会阶层拉进了雇佣劳动之网。"②毫无疑问的是,"资本主义生产的真正限制是资本自身,这就是说:资本及其自行增殖,表现为生产的起点和重点,表现为生产的动机和目的;生产只是为资本而生产,而不是反过来生产资料只是生产者社会的生活过程不断扩大的手段"③,因此,问题的关键是资本主义本身连同其主导思维———一种剥削和竞争性积累的逻辑,它不仅体现为企业间的经济对立,还体现为国家间的政治对立;贫穷、社会的不公正、经济危机、生态问题乃至于战争这些人类社会面临的主要问题,在卡利尼科斯看来,都是根源于资本主义制度。如果说要真正、彻底地解决这些问题,就必须诉诸工人阶级这一政治行动的主体。

当然,正如前文已分析的,卡利尼科斯同样看到,工人阶级在资本主义生产过程中的地位并不是其采取反抗行动、继而推翻资本主义制度的充分条件,这是因为,在这一过程中,工人阶级面对的是新自由主义的——经济、政治与文化一体化的——资本主义,对这一整体性结构的推翻必然伴随着国家政治权力的获得,因此诉诸现实政治中不同社会主体(哈特和内格里的"诸众"概念)彼此之间的自发协作是不可能发生的,必须通过工人阶级政党的组织作用才能实现,这是由于"新自由主义,通过剥开资本主义表面上(至少在富裕的北半球)能够为人接受的机构和行为,把人们的注意力集中到资本主义的结构性缺陷上,这些缺陷已经根深蒂固,只有推翻资本主义才能将其扫除"。④

---

① 阿列克斯·卡利尼科斯:《反资本主义宣言》,罗汉、孙宁、黄悦译,世纪出版集团、上海译文出版社2005年版,第67页。
② 亚历克斯·卡利尼科斯:《列宁主义过时了吗?》,刘旭东译,《国外理论动态》2014年第4期,第44页。
③ 《马克思恩格斯文集》第7卷,人民出版社2009年版,第278页。
④ 阿列克斯·卡利尼科斯:《反资本主义宣言》,罗汉、孙宁、黄悦译,世纪出版集团、上海译文出版社2005年版,第5—6页。

通过上述分析可以看出,对卡利尼科斯而言,"马克思主义不仅一直在理论上被驳斥否定,而且在政治上也遭受了数次严重的、但并不致命的失败。"①因此,卡利尼科斯的理论创造,其目的就在于努力弥合始终存在着马克思主义作为理论与实践之间的裂缝。他以对劳动价值论的重申试图复归并重建马克思主义的政治经济学研究范式,以此阐发自己的阶级理论,就是为了更好地理解新自由主义的资本主义,继而制定反抗资本主义的政治策略,可见,他要拒绝的是对资本主义经济和政治的分离的态度:

一方面,在理论上,马克思主义的科学性就在于分析、批判资本主义的强大解释力。对卡利尼科斯而言,对劳动价值论与雇佣劳动的重申,就把劳动的逻辑纳入资本主义理论之中,由此阐明了:第一,不能离开工人阶级作为资本主义的能动主体与对立者的功能来理解经济危机,包括"这场危机";第二,如果说工人阶级不为资本划定边界,那么资本就能穿越经济危机为积累所设置的阻碍;第三,工人阶级并不是天然的、内在的且必然的就是革命的;第四,马克思主义必须坚持政治经济学批判的维度,唯有如此才能有助于真正理解、回答工人阶级如何真正成为革命主体这一重要的问题。概而言之,资本主义问题的核心是工人阶级,这也是"在所有关于《资本论》的论辩中,从不应该忘记的是,马克思是从工人阶级的视角写作的,其目的是为了帮助这一阶级与其曾遭受过的苦难进行斗争、并从资本关系的专制中解放自身"②。从这个角度来看,工人阶级的政治经济学意味着"寻找另一个世界是实际可行的"③。

另一方面,在实践中,马克思主义的有效性在于指导推翻、消灭资本主义的政治运动。如前所述,虽然卡利尼科斯依然强调了工人阶级在新自由主义的资本主义的当代世界作为反抗、推翻资本主义的革命主体的有效性,但是他同样看到了"马克思的政治遗产——工人阶级组织推翻资本的必要性——并

---

① Alex Callinicos, *Wither Anglo-Saxon Marxism?*, in Jacque Bidet and Stathis Kouvelakis ed., *Critical Companion to Contemporary Marxism*, Brill, 2008, p.89.

② Alex Callinicos, *Deciphering Capital: Marx's Capital and its destiny*, Bookmarks Publications, 2014, p.315.

③ 阿列克斯·卡利尼科斯:《反资本主义宣言》,罗汉、孙宁、黄悦译,世纪出版集团、上海译文出版社 2005 年版,"前言"第 18 页。

非牢不可破"①,因此有必要建立工人阶级自己的政党组织。可以说,卡利尼科斯本人在英国社会主义工人党(SWP)中的实践活动恰恰是对自己坚守马克思主义实践精神的真实写照。对他来说,马克思主义不仅是一种批判理论,也是一种政治立场和策略。诚如迈克·麦克莱尔(Mike Macnair)所言,在1883年所起草的《法国工人党纲领导言(草案)》中马克思早已清楚地表明了如下观点:"生产者阶级的解放是不分性别和种族的全人类的解放;生产者只有在占有生产资料之后才能获得自由;生产资料属于生产者只有两种形式:(1)个体形式,这种形式从来没有作为普遍事实而存在,并且日益为工业进步所排斥;(2)集体形式,资本主义社会本身的发展为这种形式创造了物质的和精神的因素;"②但是,"这种集体占有只有通过组成独立政党的生产者阶级或无产阶级的革命活动才能实现。"③毋庸置疑,资本主义改良无法实现生产资料的集体占有,只有通过政党组织起来的无产阶级才能实现。显然,马克思主义在这里是与生产资料公有制以及工人阶级斗争密切相关的,英国社会主义工人党应以马克思主义政党参加竞选。

　　综上所述,卡利尼科斯的理论创造不仅是对马克思主义传统的一种真正延续,即"要有连续的创造性的更新。马克思主义是理论和实践的统一,因此这种更新过程兼具知识和政治两个维度"④,而且也是对英国马克思主义哲学传统的一种诠释:一方面,在复归与重建马克思主义政治经济学研究范式的过程中,卡利尼科斯始终坚持借助于历史唯物主义的工具——它不是现存的理论,更不是抽象的公式,而是经验分析的方法——来分析和研究资本主义的结构性危机,这与英国马克思主义哲学传统注重经验研究的特点是分不开的。另一方面,是英国马克思主义哲学传统中的托洛茨基主义因素。卡利尼科斯认为,托洛茨基主义"代表了马克思主义的另一个版本,它既寻求分析的缜

---

　　① 亚历克斯·卡利尼科斯:《列宁主义过时了吗?》,刘旭东译,《国外理论动态》2014年第4期,第44页。

　　② 《马克思恩格斯文集》第3卷,人民出版社2009年版,第568页。

　　③ 《马克思恩格斯文集》第3卷,人民出版社2009年版,第568页。

　　④ 亚历克斯·卡利尼科斯:《列宁主义过时了吗?》,刘旭东译,《国外理论动态》2014年第4期,第44页。

密,又试图与政治实践保持着某种系统性的联系,而后者恰好构成了经典马克思主义传统的一部分"①。由此可见,对于英国马克思主义者来说,十分重要的就是"今天社会主义运动的重塑,以及它能够帮助革命性转变的实现与社会秩序的民主化重新回到议事日程走多远。这就包括了对于当今革命政党的概念和工人阶级作为革命代理人的重要性的评价。这两个概念的含义不仅是为了政治实践,也是为了革命愿景"。②

小　结

诚如本雅明在《历史哲学论纲》(1940 年)中所言,"受马克思主义影响的历史学家眼里总会有阶级斗争。这种斗争是为了粗俗的、物的东西的斗争。但没有这种粗俗的、物的东西,神圣的、精神的东西就无法存在。然而在阶级斗争中,这种神圣的、精神的东西却没有落入胜利者手中的战利品上体现出来。相反,它们在这种斗争中表现为勇气,幽默,狡诈和坚韧,它们有一种追溯性力量,能不断地把统治者的每一场胜利无论是过去的还是现在的——置于疑问之中。仿佛花朵朝向太阳,过去借助着一种神秘的趋日性竭力转向那个正在历史的天空冉冉上升的太阳。历史唯物主义者必须察觉到这种最不显眼的变化。"③在这个意义上,无论是受到分析马克思主义还是后马克思主义影响的阶级理论,抑或是始终坚持资本主义批判立场、复归与重建政治经济学研究范式的阶级理论,它们都代表了阶级理论在当代英国马克思主义研究中的复兴之势。这种复兴,亦是对于新自由主义的资本主义当代世界所提出的时代问题的回应。

---

①　Alex Callinicos, *Wither Anglo-Saxon Marxism?*, in Jacque Bidet and Stathis Kouvelakis ed., *Critical Companion to Contemporary Marxism*, Brill, 2008, p.93.

②　Leo Panitch, Gregory Albo, *Socialist Register* 2017 *Preface*, Socialist Register 2017, p.x.

③　阿伦特编:《启迪:本雅明文选》,张旭东、王斑译,生活·读书·新知三联书店 2008 年版,第 266—267 页。

　　尤其是后者,就以对于马克思主义理论的创造性更新丰富了英国马克思主义哲学中的阶级理论研究,这是因为,对于以卡利尼科斯为代表的英国马克思主义者来说,"马克思主义理论的发展首先需要深化和更新马克思的政治经济学批判。他的目标是资本主义经济制度:在他的杰作《资本论》中,马克思发现了它的结构逻辑。资本主义是不断发展的,马克思主义分析也应如此。"①正是通过前文的分析可以看出,卡利尼科斯阶级理论的政治经济学研究范式的复归与重建,事实上体现了他对历史唯物主义的一种深刻的历史主义的理解:历史唯物主义并不是抽象的公式,而是以现代的社会主义运动作为自己的内容和基础的。由这一理解所规定,因此说明社会主义运动,揭示无产阶级革命的条件与根据就成为了历史唯物主义的最重要的内容。在此意义上,卡利尼科斯的理论创造可以被视为当前正在进行的马克思主义政治经济学复兴的一种表现形式,有助于理解"这场危机"以来资本主义正在发生什么。

---

　　①　亚历克斯·卡利尼科斯:《列宁主义过时了吗?》,刘旭东译,《国外理论动态》2014年第4期,第42页。

结语:反思与希望

　　毫无疑问,英国马克思主义哲学中的阶级理论始终是与历史唯物主义的阶级概念直接相关的,这种相关性事实上与阶级概念在整个资本主义发展的历史语境有关。可以说,自 1968 年"五月风暴"失败之后,尤其是 20 世纪 90 年代初的苏东剧变这一历史事件使得马克思主义理论遭受到前所未有的重创——以历史唯物主义理论和社会主义实践的双重危机为表征,且一直延续至今。当代很多被冠之以激进"左"翼的西方马克思主义者纷纷拒斥与否定诸如物质生产、经济基础与上层建筑、阶级斗争与暴力革命等经典马克思主义的基本概念,进而对当代资本主义条件下解放话语的可能性与合法性展开质疑与批判,由此,再一次凸显出了马克思主义哲学在理论与实践关系问题上的张力,于是"想象世界的终结比想象资本主义的终结要容易得多"①。

　　于是,在这样一个时代,一个宣称阶级与阶级斗争已经"消失"的时代,本书却试图通过对马克思阶级概念的溯源性考察,进而对英国——这一有着鲜明的阶级特征的国家——马克思主义哲学中的阶级理论进行整体性研究,以期更好地理解当代发达资本主义社会。在马克思那里,无产阶级作为一个哲学范畴,它标志马克思的哲学视野已经由对现存世界(资本主义)的批判扩展到对未来社会(共产主义)的探讨,而英国马克思主义哲学中阶级理论从历史学的研究范式—政治学的研究范式—政治经济学的研究范式的嬗变,就为这一批判与探讨提供了具体的内容。

---

　　① Fredric Jameson, *Future City*, New Left Review 21, May-June 2003, p.76.

可以说,作为最为深刻地洞察与理解我们这个世界与人类自身困境的思想家,马克思通过历史唯物主义理论的建构,探讨、阐明了现代资本主义社会发展规律与内在逻辑,科学地揭示了历史的发展动力,由此展望了人类社会的未来愿景。从这个角度出发,马克思恩格斯的阶级理论实际上是对历史主体的说明,亦即从经济关系的人格化角度来思考人类历史的主体。在此意义上,马克思基于是考察财产权与劳动之间的关联,是通过深入到生产领域来实现的。作为生产关系的法律用语,财产关系不过是现代社会,即以资本为主轴完成交换的社会何以可能的一个必要条件。正因为"商品不能自己到市场去,不能自己去交换,因此,我们必须找寻它的监护人,商品占有者"。所以"他们必须彼此承认对方是私有者。这种具有契约形式的(不管这种契约是不是用法律固定下来)的法的关系,是一种反映着经济关系的意志关系"①。这就说明了财产权完全可被看做是现代资本主义世界诞生过程中为"交换社会何以可能"提供保护的一个外在机制。于是,在财产私有的框架之内,所谓的平等与自由不过是一种幻象,那么对马克思阶级概念的理解,无疑必须将它置于马克思对财产权批判的原则中去阐释,可以说,正是马克思正确地将财产关系理解为劳动与资本的关系,进而在劳动的秘密与资本的逻辑的维度上双重洞察了历史的机制:一方面,试图从劳动的秘密中分析出剥削与阶级意识问题,从而扬弃阶级本身;另一方面,则试图扬弃洛克等人所确证的财产权,瓦解资本逻辑。对这一原则的强调,也是我们阐释马克思阶级概念的基本着眼点。

与此同时,相较于历史唯物主义理论对人类深层历史逻辑的揭示,作为历史主体的阶级概念在具体的现实的工人运动的政治实践中却遭遇了困境,即马克思恩格斯原初所设想的作为历史使命的承担者、能动的革命的集体主体的工人阶级为什么在关键时刻未能实现自己的任务?事实上,西方马克思主义以及后马克思主义集中探讨的便是这个问题,即作为认识主体的阶级概念。

显然,在这里,关于阶级概念就有着双重的理解,即历史主体的理解与认识主体的理解。问题在于,如何处理这双重理解之间的逻辑关系?可以说,对

————————

① 《马克思恩格斯文集》第 5 卷,人民出版社 2009 年版,第 103 页。

这一问题的理解与回答就构成了英国马克思主义哲学中阶级理论讨论的主要内容,其研究范式的转换,尤其是"这场危机"之后政治经济学研究范式的复归与重建,恰恰表明了,在当代发达资本主义社会,对于阶级意识的生成来说,最重要的并不是来自各种形而上学的启蒙或唤醒,而是基于历史客观矛盾运动基础之上的经济关系的变革,因为"资本主义及其取得的辉煌成就,在其起源上,在其日常的运作中,在其理论核心的极度不公平的经济秩序上,都植根于剥削"①。对于马克思来说,现代社会的矛盾有赖于被剥削阶级的自我发展来解决,所以,政治活动的目标就是:在历史唯物主义这一科学理论的指导下,组织工人阶级去执行历史所赋予的使命。事实上,马克思在1872年《关于海牙代表大会》中就已经指出了工人运动的多样性,他强调:"我们从来没有断言,为了达到这一目的,到处都应该采取同样的手段。"②也就是说,马克思承认工人阶级在资本主义民主制度下为争取自己的经济利益与政治利益可以采取不同的手段与形式,在此意义上,工人阶级可以充分参与到当代西方发达资本主义国家中的各种新社会运动之中,将其视为实现人的个性自由全面发展的一个中间环节。这是因为,"在工人阶级的斗争中,它的经济运动是和政治运动密切联系着的"③。

那么,关于资本主义的未来,如果借用佩里·安德森在访谈《终结、未来、行动者》中的表述来说,有两句话,它们的意义彼此关联:一句是查尔斯·奥尔森(Charles Olson)的伟大诗篇《翠鸟》(*The Kingfishers*)著名的第一行:"不变的,是求变的意志。"另一句则是让·鲍德里亚在2001年写下的名言,即"普天之下,关于任何确定秩序的观念,都让人无法忍受"④。显然,这对于今天的工人阶级同样适用,因为:2008全球金融危机的爆发与占领华尔街等各类形式抗议运动的发生,给马克思主义理论复兴带来了新的机遇,人们似乎有

① 戴维·施韦卡特:《反对资本主义》,李智、陈志刚等译,中国人民大学出版社2008年版,第317页。
② 《马克思恩格斯全集》第18卷,人民出版社第一版,第179页。
③ 《马克思恩格斯全集》第17卷,人民出版社第一版,第456页。
④ https://www.thepaper.cn/newsDetail_forward_1723220.

理由相信，作为"解放的知识"的马克思主义哲学将有可能再次改变我们对历史的理解，这是因为"哲学家们只是用不同的方式解释世界，问题在于改变世界"[1]。从这个角度来看，"马克思主义旨在成为一种科学的理论，一种立足于对现实的经验世界的理性理解基础上的理论。然而，它又是一种希望哲学。"[2]

[1]《马克思恩格斯文集》第 1 卷，人民出版社 2009 年版，第 502 页。

[2] 戴维·施韦卡特：《反对资本主义》，李智、陈志刚等译，中国人民大学出版社 2008 年版，第 328 页。

参 考 文 献

一、中文著作（含中文译著）

1.《马克思恩格斯文集》第 1—10 卷,人民出版社 2009 年版。

2.《马克思恩格斯全集》第 1 卷,人民出版社 2002 年版。

3.《马克思恩格斯全集》第 4 卷,人民出版社 1958 年版。

4.《马克思恩格斯全集》第 21 卷,人民出版社 2003 年版。

5.《马克思恩格斯全集》第 32 卷,人民出版社 2004 年版。

6.《马克思恩格斯全集》第 33 卷,人民出版社 2004 年版。

7.《马克思恩格斯全集》第 35 卷,人民出版社 2013 年版。

8.《马克思恩格斯全集》第 42 卷,人民出版社 1979 年版。

9.《列宁专题文集》(论马克思主义),人民出版社 2009 年版。

10.《列宁专题文集》(论辩证唯物主义和历史唯物主义),人民出版社 2009 年版。

11.《列宁专题文集》(论资本主义),人民出版社 2009 年版。

12.《列宁专题文集》(论社会主义),人民出版社 2009 年版。

13.《列宁专题文集》(论无产阶级政党),人民出版社 2009 年版。

14.《列宁选集》(1—4 卷),人民出版社 2012 年版。

15.罗斯·阿比奈特:《现代性之后的马克思主义》,王维先等译,李鸣镝校,江苏人民出版社 2011 年版。

16.卡洛·安东尼:《历史主义》,黄艳红译,格致出版社 2010 年版。

17.凯文·安德森:《列宁、黑格尔和西方马克思主义:一种批判性研究》,

张传平译,南京大学出版社 2012 年版。

18.佩里·安德森:《当代西方马克思主义》,余文烈译,东方出版社 1989 年版。

19.佩里·安德森:《绝对主义国家的系谱》,刘北成、龚晓庄译,上海人民出版社 2001 年版。

20.佩里·安德森:《思想的谱系——西方思潮左与右》,袁银传、曹荣湘等译,社会科学文献出版社 2010 年版。

21.阿伦特编:《启迪:本雅明文选》,张旭东、王斑译,生活·读书·新知三联书店 2008 年版。

22.雷蒙·阿隆:《阶级斗争——工业社会新讲》,周以光译,译林出版社 2003 年版。

23.雷蒙·阿隆:《雷蒙·阿隆回忆录》,杨祖功等译,新星出版社 2006 年版。

24.路易·阿尔都塞:《保卫马克思》,顾良译,商务印书馆 2006 年版。

25.路易·阿尔都塞、艾蒂安·巴里巴尔:《读〈资本论〉》,李其庆、冯文光译,中央编译出版社 2008 年版。

26.殷叙彝编:《伯恩施坦读本》,中央编译出版社 2008 年版。

27.亨利·伯恩斯坦:《农政变迁的阶级动力》,汪淳玉译,叶敬忠译校,社会科学文献出版社 2011 年版。

28.保罗·鲍曼:《后马克思主义与文化研究》,黄晓武译,江苏人民出版社 2011 年版。

29.齐格蒙特·鲍曼:《工作、消费、新穷人》,仇子明、李兰译,吉林出版集团有限公司 2010 年版。

30.朱迪斯·巴特勒、欧内斯特·拉克劳、斯拉沃热·齐泽克:《偶然性、霸权和普遍性——关于左派的当代对话》,胡大平、高信奇、蒋桂琴、童伟译,江苏人民出版社 2004 年版。

31.哈里·布雷德曼:《劳动与垄断资本:二十世纪中劳动的退化》,方生、朱基俊、吴忆萱、陈卫和、张其骈译,商务印书馆 1978 年版。

32.皮埃尔·布尔迪厄:《区分——判断力的社会批判》,刘晖译,商务印书馆 2015 年版。

33.皮埃尔·布尔迪厄:《世界的苦难:布尔迪厄的社会调查》,张祖建译,中国人民大学出版社 2017 年版。

34.阿列克斯·卡利尼科斯:《反资本主义宣言》,罗汉、孙宁、黄悦译,世纪出版集团、上海译文出版社 2005 年版。

35.曼纽尔·卡斯特:《网络社会的崛起》,夏铸九、王志弘译,社会科学文献出版社 2001 年版。

36.G.A.科恩:《卡尔·马克思的历史理论——一种辩护》,段忠桥译,高等教育出版社 2008 年版。

37.查尔斯·蒂利:《社会运动,1768—2004》,胡为钧译,上海世纪出版集团 2009 年版。

38.德雷克·格利高里、约翰·厄里编:《社会关系与空间结构》,谢礼圣、吕增奎等译,北京师范大学出版社 2011 年版。

39.特里·伊格尔顿:《美学意识形态》,王杰等译,广西师范大学出版社 1997 年版。

40.特里·伊格尔顿:《历史中的政治、哲学、爱欲》,马海良译,中国社会科学出版社 1999 年版。

41.特里·伊格尔顿:《后现代主义的幻象》,华明译,商务印书馆 2000 年版。

42.特里·伊格尔顿:《理论之后》,商正译,商务印书馆 2009 年版。

43.特里·伊格尔顿:《马克思为什么是对的》,李杨、任文科、郑义译,新星出版社 2011 年版。

44.特里·伊格尔顿:《论邪恶:恐怖行为忧思录》,林雅华译,湖南人民出版社 2014 年版。

45.费彻尔:《马克思与马克思主义:从经济学批判到世界观》,赵玉兰译,北京师范大学出版社 2009 年版。

46.T.H.马歇尔、安东尼·吉登斯等:《公民身份与社会阶级》,郭忠华、刘训练编,江苏人民出版社 2008 年版。

47.安东尼·吉登斯:《超越左与右》,李惠斌、杨雪冬译,社会科学文献出版社 2009 年版。

48.安东尼·吉登斯:《历史唯物主义的当代批判》,郭忠华译,上海译文出版社 2010 年版。

49.安东尼奥·葛兰西:《狱中札记》,葆煦译,人民出版社 1983 年版。

50.安东尼奥·葛兰西:《现代君主论》,陈越译,上海人民出版社 2006 年版。

51.安东尼奥·葛兰西:《狱中书简》,田时纲译,人民出版社 2007 年版。

52.安东尼奥·葛兰西:《葛兰西文选》,李鹏程编,人民出版社 2008 年版。

53.安东尼奥·葛兰西:《火与玫瑰》,田时纲译,人民出版社 2008 年版。

54.戴维·格伦斯基编:《社会分层》,王俊等译,华夏出版社 2005 年版。

55.于尔根·哈贝马斯:《现代性的哲学话语》,曹卫东等译,译林出版社 2008 年版。

56.哈贝马斯:《理论与实践》,郭官义、李黎译,社会科学文献出版社 2010 年版。

57.哈特、内格里:《大同世界》,王行坤译,中国人民大学出版社 2015 年版。

58.大卫·哈维:《新帝国主义》,初立忠、沈晓雷译,社会科学文献出版社 2009 年版。

59.大卫·哈维:《新自由主义简史》,王钦译,上海译文出版社 2010 年版。

60.大卫·哈维:《资本的限度》,张寅译,中信出版集团 2017 年版。

61.艾瑞克·霍布斯鲍姆:《帝国的年代:1875—1914》,贾士蘅译,江苏人民出版社 1999 年版。

62.艾瑞克·霍布斯鲍姆、安东尼奥·波立陶:《新千年访谈录》,殷雄、田培义译,新华出版社 2001 年版。

63.艾瑞克·霍布斯鲍姆:《非凡的小人物》,王翔译,柯雄校,新华出版社 2001 年版。

64.E.J.霍布斯鲍姆:《匪徒:秩序化生活的异类》,李立玮、谷晓静译,中国友谊出版公司2001年版。

65.埃里克·霍布斯鲍姆:《史学家——历史神话的终结者》,马俊亚、郭英剑译,上海人民出版社2002年版。

66.艾瑞克·霍布斯鲍姆:《霍布斯鲍姆看21世纪》,吴莉君译,中信出版社2010年版。

67.艾瑞克·霍布斯鲍姆:《原始的叛乱》,杨德睿译,社会科学文献出版社2014年版。

68.艾瑞克·霍布斯鲍姆:《论历史》,中信出版社2015年版。

69.埃里克·霍布斯鲍姆:《工业与帝国——英国的现代化历程》,梅俊杰译,中央编译出版社2016年版。

70.黑格尔:《哲学史讲演录》第1—4卷,贺麟、王太庆等译,世纪文景、上海人民出版社2013年版。

71.《詹姆逊全集》第1卷,王逢振译,中国人民大学出版社2004年版。

72.弗雷德里克·詹姆逊:《马克思主义与形式》,李自修译,百花洲文艺出版社1995年版。

73.弗雷德里克·詹姆逊:《重读〈资本论〉》,胡志国、陈清贵译,中国人民大学出版社2015年版。

74.马丁·卡诺伊:《国家与政治理论》,杜丽燕、李少军译,桂冠图书股份有限公司2002年版。

75.罗斯玛丽·克朗普顿:《阶级与分层》,陈光金译,复旦大学出版社2001年版。

76.哈罗德·R.克博:《社会分层与不平等:历史、比较、全球视角下的阶级冲突》,蒋超等译,上海人民出版社2012年版。

77.迈克尔·肯尼:《第一代英国新左派》,李永新、陈剑译,江苏人民出版社2010年版。

78.戴维·李、布莱恩·特纳主编:《关于阶级的冲突》,姜辉译,重庆出版社2005年版。

79.让·卢日金内、皮埃尔·库尔-萨利、米歇尔·瓦卡卢利斯:《新阶级斗争》,陆象淦译,社会科学文献出版社 2009 年版。

80.卢卡奇:《历史与阶级意识》,杜章智、任立、燕宏远译,商务印书馆 1992 年版。

81.汤姆·洛克曼:《马克思主义之后的马克思》,杨学功、徐素华译,东方出版社 2008 年版。

82.恩斯特·拉克劳、查特尔·墨菲:《领导权与社会主义的策略》,尹树广、鉴传今译,黑龙江人民出版社 2003 年版。

83.戴维·米勒编:《布莱克维尔政治学百科全书》,邓正来等编译,中国政法大学 2002 年版。

84.拉尔夫·密利本德:《马克思主义与政治学》,黄子都译,商务印书馆 1984 年版。

85.拉尔夫·密利本德:《英国资本主义社会民主制》,博铨、向东译,马清槐校,商务印书馆 1988 年版。

86.拉尔夫·密里本德:《资本主义社会的国家》,沈汉、陈祖洲、蔡玲译,商务印书馆 1997 年版。

87.托马斯·皮凯蒂:《21 世纪资本论》,巴曙松译,中信出版社 2014 年版。

88.罗纳德·H.奇尔科特:《比较政治经济学理论》,高銛、高戈译,社会科学文献出版社 2001 年版。

89.威廉·I.罗宾逊:《全球资本主义论》,高明秀译,社会科学文献出版社 2009 年版。

90.约翰·E.罗默:《在自由中丧失——马克思主义经济哲学导论》,段忠桥、刘磊译,经济科学出版社 2003 年版。

91.肖恩·塞耶斯:《马克思主义与人性》,冯颜利译,任平校,东方出版社 2008 年版。

92.拉斐尔·塞缪尔:《英国共产主义的失落》,陈志刚、李晓江译,社会科学文献出版社 2010 年版。

93.理查德·斯凯思:《阶级》,雷玉琼译,吉林人民出版社2005年版。

94.莱斯利·斯克莱尔:《资本主义全球化及其替代方案》,梁光严等译,社会科学文献出版社2012年版。

95.戴维·施韦卡特:《反对资本主义》,李智、陈志刚等译,中国人民大学出版社2008年版。

96.斯图亚特·西姆:《后马克思主义思想史》,吕增奎、陈红译,江苏人民出版社2011年版。

97.汤普森:《民俗学、人类学与社会史》,蔡少卿编:《再现过去:社会史的理论视野》,浙江人民出版社1988年版。

98.汤普森:《英国工人阶级的形成》,钱乘旦等译,译林出版社2001年版。

99.爱德华·汤普森:《共有的习惯》,沈汉、王加丰译,上海人民出版社2002年版。

100.凡勃伦:《有闲阶级论》,李华夏译,中央编译出版社2012年版。

101.维柯:《新科学》,朱光潜译,商务印书馆1989年版。

102.马克斯·韦伯:《经济与社会》,约翰内斯·温克尔曼整理,林荣远译,商务印书馆1997年版。

103.马克斯·韦伯:《社会科学方法论》,韩水法、莫茜译,中央编译出版社1999年版。

104.锡德尼·维伯、比阿特里斯·维伯:《资本主义文明的衰亡》,秋水译,上海世纪出版集团2005年版。

105.埃里克·奥林·赖特:《后工业社会中的阶级》,陈心想等译,裴晓梅审校,辽宁教育出版社2004年版。

106.埃里克·欧林·赖特:《阶级》,刘磊、吕梁山译,高等教育出版社2006年版。

107.埃里克·欧林·赖特:《阶级分析方法》,马磊、吴菲等译,复旦大学出版社2011年版。

108.雷蒙·威廉斯:《关键词》,刘建基译,生活·读书·新知三联出版社2005年版。

109.艾伦·伍德:《新社会主义》,尚庆飞译,江苏人民出版社 2002 年版。

110.艾伦·梅克森斯·伍德:《民主反对资本主义》,吕薇洲等译,重庆出版社 2007 年版。

111.罗伯特·韦尔、凯·尼尔森编《分析马克思主义新论》,鲁克俭、王来金、杨洁等译,中国人民大学出版社 2002 年版。

112.《国外马克思主义研究报告》(2007—2016),人民出版社 2008—2017 年版。

113.《当代国外马克思主义评论》,人民出版社 2008—2017 年版。

114.白刚:《瓦解资本的逻辑:马克思辩证法的批判本质》,中国社会科学出版社 2009 年版。

115.崔树义:《当代英国阶级状况》,浙江大学出版社 2006 年版。

116.段忠桥:《重释历史唯物主义》,江苏人民出版社 2009 年版。

117.何秉孟、姜辉:《阶级结构与第三条道路——与英国学者对话实录》,社会科学文献出版社 2005 年版。

118.何萍:《马克思主义哲学史教程》,人民出版社 2010 年版。

119.何萍:《在社会主义入口处——重读列宁〈国家与革命〉》,人民出版社 2013 年版。

120.贺来:《主体性的当代哲学视域》,北京师范大学出版社 2013 年版。

121.孔民安等著:《当代国外马克思主义新思潮研究》,中央编译出版社 2012 年版。

122.糜海波:《国外马克思主义的"新阶级理论"研究》,南京大学出版社 2013 年版。

123.乔瑞金等著:《英国的新马克思主义》,人民出版社 2013 年版。

124.孙亮:《重审马克思的"阶级"概念》,江苏人民出版社 2016 年版。

125.唐正东:《资本的附魅及其哲学解构》,江苏人民出版社 2013 年版。

126.汪民安:《生产》第六辑,广西师范大学出版社 2008 年版。

127.王沪宁:《政治的逻辑》,上海人民出版社 1994 年版。

128.王南湜、谢永康:《后主体性哲学的视域》,中国人民大学出版社 2004

年版。

129.吴恩裕:《马克思的政治思想》,商务印书馆 2008 年版。

130.吴晓明:《形而上学的没落》,人民出版社 2006 年版。

131.夏莹:《拜物教的幽灵》,江苏人民出版社 2014 年版。

132.俞吾金:《问题域的转换:对马克思和黑格尔关系的当代解读》,人民出版社 2007 年版。

133.俞吾金:《被遮蔽的马克思》,人民出版社 2012 年版。

134.张盾:《黑格尔与马克思政治哲学六论》,学习出版社 2014 年版。

135.张一兵:《资本主义理解史》,江苏人民出版社 2009 年版。

136.张亮:《阶级、文化与民族传统——爱德华·P.汤普森的历史唯物主义思想研究》,江苏人民出版社 2008 年版。

137.郑忆石:《社会发展动力论》,重庆出版社 2012 年版。

138.周穗明:《20 世纪末西方新马克思主义》,学习出版社 2008 年版。

139.邹诗鹏:《激进政治的兴起:马克思早期政治与法哲学批判手稿的当代解读》,复旦大学出版社 2012 年版。

140.邹诗鹏:《虚无主义研究》,人民出版社 2017 年版。

141.柄谷行人:《跨越性批判:康德与马克思》,赵京华译,中央编译出版社 2011 年版。

142.柄谷行人:《历史与反复》,王成译,中央编译出版社 2011 年版。

143.渡边雅男:《马克思的阶级概念》,李晓魁译,宋丽丹校,社会科学文献出版社 2015 年版。

二、英文著作(含学术期刊)

1.*Historical Materialism*,Historical Materialism Press,2007-2016.

2.*Monthly Review*,Monthly Review Press,1961-2016.

3.*New Left Review*,London:Verso,1960-2017.

4.*Socialist Register*,The Merlin Press Ltd,1964-2016.

5.Perry Anderson,*Arguments Within English Marxism*,NLB and Verso,1980.

6. André Béteille, *Marxism and Class Analysis.*, Oxford University Press, 2007.

7. Jacque Bidet and Stathis Kouvelakis ed., *Critical Companion to Contemporary Marxism*, Brill, 2008.

8. Wendy Brown, *States of Injury: Power and Freedom in Late Modernity*, Princeton University Press, 1995.

9. Alex Callinicos, Chris Harman, *The Changing Working Class: Essays on Class Structure Today*, Bookmarks, 1987.

10. Alex Callinicos, *The Revolutionary Idea of Karl Marx*, Haymarket Books, 2012.

11. Alex Callinicos, *Bonfire of Illusions: The Twin Crises of the Liberal World*, Polity, 2010.

12. Alex Callinicos, *Deciphering Capital: Marx's Capital and its destiny*, Bookmarks Publications, 2014.

13. Ralf Dahrendorf, *Class and Class Conflict in Industrial Society*, Stanford University Press, 1959.

14. Patrick Dunleavy and Brendan O'Leary, *Theories of the State: The Politics of Liberal Democracy*, Macmillan Education, 1987.

15. André Gorz, *Farewell to the Working Class*, translated by Michael Sonenescher, Pluto Press, 1980.

16. John Richard Green, *A Short History of the English People*, Arkose Press, 2015.

17. E. J. Hobsbawm, *The Historians' Group of the Communist Party*, M. Cornforth ed., *Rebels and Their Causes: Essays in Honor of A. L. Morton*, Lawrenced and Wishart, 1978.

18. E. J. Hobsbawn, *Worlds of Labour*, George Weidenifeld & Niclolson Limited, 1984.

19. Bob Jessop, *Nicos Poulantzas Marxist Theory and Political Strategy*, Macmillan, 1985.

20. G. Stedman Jones, *Languages of Class: Studies in English Working Class History*, Cambridge University Press, 1983.

21.*Class, Power and the State in Capitalist Society Essays on Ralph Miliband*, edited by Paul Wetherly, Clyde W. Barrow and Peter Burnham, Palgrave Macmillan, 2008.

22.Ralph Miliband, *Socialism for a Sceptical Age*, Polity Press, 1994.

23.Raphael Samuel, *People's History and Socialist Theory*, Routledge & Kegan Paul, 1981.

24.Beverley Skeggs, *Class, Self, Culture*, Routledge, 2004.

25.E.P.Thompson, *The Politics of Theory*, edited by Raphael Samuel, *People's History and Socialist Theory*, Routledge & Kegan Paul, 1981.

26.Steven Woodhams, *History in the Making: Raymond Williams, Edward Thompson and Radical Intellectuals*, 1936—1956, The Merlin Press Ltd, 2001.

27.Michael A.Lebowitz, *Beyond Capital*, Palgrave Macmillan, 2003.

28.*The Poulantzas Reader*, edited by James Martin, Verso, 2008.

29. Jacques Bidet, *Exploring Marx's 'Capital'*, translated by David Fernbach, Brill, 2007.

30. *Anthropologies of Class*, edited by James G. Carrier and Don Kalb, Cambridge University Press, 2015.

31.Clark Everling, *Dialectics of Class Struggle in the Global Economy*, Routledge, 2010.

后　　记

　　惭愧地说,这是我的第二本专著,与第一本相距了整整十年。人生能有几个十年? 本以为,作为博士论文的一种后续性研究,选择英国马克思主义哲学中的阶级理论进行研究于我并非一件难事,特别是在这一研究还得到了国家社会科学基金青年项目资助的情况下;然而,就连自己都未曾想到的是,正是在这一过程中(2012年与2014年是两个重要的时间节点)我却经历了自己学术研究之路上的思想危机,坠入了深深的怀疑主义与虚无主义之中。于我,这是一段艰难而黑暗的时光,但值得庆幸的是,身边的诸位师长、学友与亲人始终对我不离不弃,并给我温暖与力量,助我前行。

　　在此,我首先最想感谢的是我的博士后合作导师何萍教授。何老师严谨扎实的学问与求真求实的人格一直浸润着我。无论是在我初踏武大美丽校园恣意挥洒青春、走上学术之路的七年美好时光里,还是在那早该出炉但却姗姗来迟的出站报告所延宕的又一个七年岁月痕迹中,何老师始终关心我的学术成长,甚至在我最想放弃的时刻也在鼓励我、帮助我,给我宽松的学术研究环境,让我沉静下来安心完成研究。

　　同样,我亦要深深感谢武汉大学马克思主义哲学学科的陶德麟教授、朱传棨教授、汪信砚教授、赵凯荣教授、李佃来教授、赵士发教授与李志教授,衷心地感谢诸位老师这么多年以来对我的关心、支持、帮助与提携。尤其是,诸位老师在学术上的厚重造诣、为人上的虚怀若谷与气度上的海纳百川都让我深受教益。另,值得深深感谢的还有复旦、清华等学术界的诸多师长好友! 同时,这部书稿的形成也参考与汲取了学术界很多学人的有价值的研究成果与思想见解,特在此一并致谢。

　　当然,我还特别想表达对我的博士生导师俞吾金先生的谢意,尽管斯人已逝,但恩师对我的教诲与影响早已融入我的学术生命之中,唯愿他在另一个世界安好!

　　此外,我要感谢我的亲人们。如果说,十年之前的我还太年轻,不知道所有命运赠送的礼物,其实早已在暗中标好了价格;那么,十年之后的我已经知道并从内心最深处谢谢与我长期两地分居的爱人对我的包容与等待;感谢孩子给我的陪伴与成长;感谢母亲与年迈的公婆总是在我需要的时候无条件地支持我。

　　最后,对于为本书的出版提供机会与付出辛勤劳动的人民出版社的编辑老师们致以最真诚的感谢,尤其是感谢洪琼编辑对书稿的耐心等待、细致审稿与可贵修改意见;亦要感谢2012年国家社科基金青年项目"英国马克思主义哲学中的阶级理论研究"(12CZX005)、中国博士后科学基金面上项目"英国马克思主义的阶级理论研究"(2011M501247)与中南财经政法大学哲学院出版基金的资助,正是因为它们,书稿作为项目成果可以顺利出版。当然,囿于本人的学识能力等诸多因素,这一书稿中的疏漏与不足还请各位专家学者、同行学友多多批评指正!

　　正如维特根斯坦所言,"凡是可以说的东西都说清楚;对于不能谈论的东西必须保持沉默",语言抑或文字并不能完全穷尽我的心意;但是无论如何,对于生命中所经历过的一切,好的、不好的,我唯有坦然接受。为了这部迟到太久的书稿,谨记之。

方　珏

2018 年 12 月 28 日

于武汉南湖

责任编辑:洪　琼

图书在版编目(CIP)数据

嬗变与重建:英国马克思主义阶级理论研究/方珏 著. —北京:人民出版社,
　2019.12
ISBN 978 - 7 - 01 - 021627 - 0

Ⅰ.①嬗…　Ⅱ.①方…　Ⅲ.①西方马克思主义-阶级-理论研究-英国
　Ⅳ.①B089.1

中国版本图书馆 CIP 数据核字(2020)第 001634 号

嬗变与重建
SHAN BIAN YU CHONGJIAN
——英国马克思主义阶级理论研究

方　珏　著

人民出版社 出版发行
(100706　北京市东城区隆福寺街 99 号)

北京汇林印务有限公司印刷　新华书店经销

2019 年 12 月第 1 版　2019 年 12 月北京第 1 次印刷
开本:710 毫米×1000 毫米 1/16　印张:15.25
字数:250 千字

ISBN 978 - 7 - 01 - 021627 - 0　定价:59.00 元

邮购地址 100706　北京市东城区隆福寺街 99 号
人民东方图书销售中心　电话 (010)65250042　65289539

版权所有 · 侵权必究
凡购买本社图书,如有印制质量问题,我社负责调换。
服务电话:(010)65250042